法学典型案例分析

陈　军　编著

哈尔滨工程大学出版社

内容简介

当前，在我国“依法治国、建设社会主义法治国家”的伟大实践中，随着市场经济因素在我国的发展和社会主义市场经济目标的确立，人们也越来越关注现实生活中出现的一些具有代表性的个案，并由此引发学术界、民间和官方的极大关注。对个案的了解与探究无疑激活了被人们认为是枯燥、抽象的法学。这些典型的个案，让我们开始积极接触相关的法学知识，深入思考相关的法学理论问题，也进一步思考法的社会功能及其对我国的法治实践所产生的各种积极或消极的影响。

图书在版编目(CIP)数据

法学典型案例分析/陈军编著. —哈尔滨:哈尔滨工程大学出版社,2009.2(2021.1 重印)
ISBN 978-7-81133-383-1

Ⅰ.法… Ⅱ.陈… Ⅲ.法学-案例-分析-中国
Ⅳ.D920.5

中国版本图书馆 CIP 数据核字(2009)第 011717 号

出版发行 哈尔滨工程大学出版社
社　　址 哈尔滨市南岗区南通大街 145 号
邮政编码 150001
发行电话 0451-82519328
传　　真 0451-82519699
经　　销 新华书店
印　　刷 哈尔滨市石桥印务有限公司
开　　本 787 mm×960 mm 1/16
印　　张 20
字　　数 440 千字
版　　次 2009 年 6 月第 1 版
印　　次 2021 年 1 月第 7 次印刷
定　　价 38.00 元
http://www.hrbeupress.com
E-mail:heupress@hrbeu.edu.cn

序

中国的法学教育既需要培养理论研究型法学人才，也需要培养应用型法律人才。我国传统的法学教育模式可能更接近于大陆法系国家，因而其培养理念与方式更倾向于前者。而现实社会对实务型法律人才的需求量越来越大。这种矛盾与困境已引起法学界的充分关注，法学教育改革遂成热点。因此，在法学教育中引入英美法系国家的教育理念，推崇诊所式、判例式、案例式教学法既符合时代潮流，又能吸引广大学子的兴趣，一时间，此种案例教育方式成为法学课堂上的一朵奇葩。

中南财经政法大学作为一所以“经、法、管”为核心的人文社科类大学，结合自身实际，深化教学改革，确立培养“懂法律、懂经济、懂管理”的复合型人才目标，致力于法学通才的培养。本书作者陈军副教授在长期讲授我校特色课《法学通论》的基础上，又率先开设了面向全校本科生的《法学典型案例分析》选修课，学生反映很好，但教学用书成为同学们反映的一个突出问题。当前虽有各种以部门法为标准划分的案例研究和教学用书，但囊括法学理论以及各部门法的典型案例书几乎没有。当陈军同志初次向我谈起学生要求有一本专门的学习用书时，我是极为赞赏的！经过一年多的努力，这样一本面向一般学生、致力于法学通才教育的法学案例教学用书终于呈献在我们面前。它所传递的核心信息是“以学生为中心，为学生服务”，尽显高等教育“以人为本”，尊重、关爱学生的人文精神与人文本质。尽管该书在内容与形式上还略显稚嫩，但毕竟迈出了探索性的第一步。实在可喜、可嘉！

这本书主要有这样几个特点：第一，所选案例涉及面广、典型性强。本书选择案例注意贴近现实、贴近学生，面向我国司法改革实际，所选案例往往是社会上、学术界、司法界以及和大学生相关并且在大学生中广受关注的案例，涉及法理学、宪法学、行政法学、刑法学、民法学、环境法学、经济法学等多个领域。这些案例不一定是成功的或完美的，但都涉及到一些重大的法律问题，如法与道德的关系问题，宪法的适用性问题，公民宪法权利的保护问题，大学生犯罪问题，计算机犯罪问题，知识产权的保护问题等，极具典型性，能够引起学生的兴趣和关注。第二，案例的分析打破“权威”观念，援引各方观点，引导学生在广泛接受信息的基础上，进行法理分析，有利于提高学生的思辨能力和实践能力，也有利于培养学生的法律意识、法制观念和法律信仰。第三，全书体例新颖，服务学生。本书设置了“法理链接”“典型案例”“问题与思考”“案例评析”“主要参考文献”等基本栏目，同时根据需要设置了“相关案例链接”“法条链接”“他山之石（即推荐阅读书目）”“请你断案”等栏目。栏目新颖、实用，便于学生自学和练习。也为学生进一步进行法学学习和思考留下了广阔的空间。

当然，教学理念与教学方法的突破和创新都有一个长期的摸索过程，希望陈军同志在教学实践中，能进一步结合实际，听取各方意见和建议，不断改进和完善，在法学通才教育之路上有更多更好的创新。

张德淼

2008 年 12 月 31 日

CONTENTS 目录

上编　法学理论探究

下编　热点案例简评

CONTENTS

上　编

法学理论探究

导论：法学案例之精彩

——求索案例中的法学理论与知识

人生之精彩，在于积极地生活和互爱互助；学习之精彩，在于深入地思考与求索创新；而法学案例之精彩，则在于寓理于案、寓学于思、寓教于乐、寓积极关爱于美好人生之中。

法学作为人类最古老的实用学科之一，是一门以法律现象及其发展规律为研究对象的人文社会学科，具有很强的实践性，这是早在公元前2世纪古罗马法学家们就形成的共识。[①] 法学理论直接指导法律制度的确立和发展。而产生于一定的法律制度中的案例，是法律对实际生活进行影响、作用和调整的产物。可以说，所有的案例，都是现实与法学理论和制度的结合；所有的案例，都在反映着一定的理念和思想。因此，通过案例来了解、掌握法学理论和知识，可以使我们进一步感触到法学的魅力所在。

当前，在我国"依法治国、建设社会主义法治国家"的伟大实践中，随着市场经济因素在我国的发展和社会主义市场经济目标的确立，人们也越来越关注现实生活中出现的一些具有代表性的个案，并由此引发学术界、民间和官方的极大关注。对个案的了解与探究无疑激活了被人们认为是枯燥、抽象的法学。这些典型的个案，让我们开始积极接触相关的法学知识，深入思考相关的法学理论问题，也进一步思考法的社会功能及其对我国的法治实践所产生的各种积极或消极的影响。

因此，中国法学教育的发展已到了一个必须要有所转变的时刻。新中国成立以来受前苏联法学影响，概念和定义往往被视为唯一正确的结论，由此导致讲台上的专横和讲台下的被动接受的情形必须响应当前学生对法学课程要求的变化，使教学内容日益注重实际，越来越细致和关心一些具体的、可操作的问题。因此，以往完全是"法律教科书"所忽略的案例分析开始走向法学教育的前台。

---

① 何勤华. 西方法学史，中国政法大学出版社1996年版，第43页。

在这样的背景下，尝试法学案例教学，体会法学案例之精彩，须明确以下几个问题。

一、克服以往专制教学的重重阻力

法学案例教学从幕后走上前台首先必须克服以往专制教学的重重阻力。第一，在我国，案例并不是“法的渊源”，案例分析往往被认为是较低层次的研究，而不宜录入教科书和登上法学的讲台。第二，我国并没有专门的案例编纂机构，案例分散在众多的报刊杂志和编纂方法各不相同的汇编之中。新闻报道所援引的资料的真实性，常须仔细甄别。而经作者加工后收入各种汇编的案例，也往往失去了原始面貌。因此，选择适用于法学教科书的案例需要更多的创造性工作。第三，以往的法学教学往往比较注重“知识”的传授，忽视对学生能力的培养。关于法学教育究竟是传授真理，还是训练学生的法律思维这一问题。应是在二者并重的同时，更注重培养学生的法律思考和推理，使法学教学更加务实。因此，没有理由低估法学案例教学在法学教育中的作用。通过案例分析可使学生观察到法律概念和原理如何适用于具体的案件事实，从而刺激学生思考现实生活中的各种法律问题，如法律与道德之间的关系问题，司法公正与司法独立如何实现问题，大学生在新的市场经济条件下的违法犯罪问题，大学生权益的保护问题等。第四，在传统的法学教学背景下，尝试苏格拉底式的教育方法是需要一定的勇气的。因为一个不向学生推出“正确”结论的教授往往被认为无能，而一个敢于向教授质疑的学生往往被认为不敬，这已是相沿成习、难以改变的课堂规矩。因此，确立一种新的开放式学习理念，尝试创新案例教学方法已迫在眉睫。① 第五，法学教育也要顺应国家统一司法考试注重实务的要求，增加案例教学。以往的司法考试是由司法部统一命题，要求应考人对法律概念作出唯一正确的解释；而今，司法考试的主观题的参考答案已不再是唯一的，允许有多种解释。因此，在如何进行案例分析上，分析得出的答案应当是多种，而不仅仅是一种“正确的”答案。

---

① 方流芳．中国法学教育观察．//贺卫方编．中国法律教育之路，中国政法大学出版社，1997，第42～43页。

二、法学案例教学法的含义

英文中的案例一词为case，原意是情况、事情、病例、案件、战例、盒子等，在法学领域一般翻译为“案例”或“判例”，是指司法机关依据法律规定和法律理论，对受理的案件中涉及的法律问题，通过判决所作出的一种司法判断。英文中的案例教学法一词为case method，是选用典型事例与案例，将其所描述的法律事件情景带入课堂，让学生通过自己对法律事件的阅读与分析，在群体讨论中甚至作为某个角色进入特定的法律情景，建立真实感受，追寻解决实际问题的最佳方案，从而启发其思维，培养其推理和解决实际问题的能力，掌握法学理论知识的一种教学方法。①

case method是根据英美法的形式而设的，英美法中的根本技术是用法律的理解能力，从判决里去找寻法律。因此，为培养学生运用自如的能力，美国的法律教育不得不依此目标定其形式，而案例方法确实极为成功。学生并非学习他人从已判事件中推演出来的原则及其类推适用，而是学习怎样独立发现这些原则及其适用。它能启发学生的分析能力，并使其能根据原则及观念而成为正确的演绎与选择类推理论的始点。②

可见，案例教学是将案例作为课程的核心，围绕案例来进行讨论分析，思考并从案例中归纳总结某些原理性的理论与知识。

三、法学案例教学法的历史发展

（一）早在古罗马时期，就出现了法学案例解答和讲学

法学不是一门纯理论的科学，而是一门应用性很强的学问，它以社会上现实的法律关系为自己的研究对象，而一个社会要形成各种比较成熟的发达的法律关系，要经历一个较长的历史积累。法学的繁荣和发展需要安定的社会条件，需要有统治阶级的肯定与支持。这样立法者才能充分地总结社会的经济生活，制定适合社会需要的法律；才能在社会上形成职业的法学家阶层，使他们能静下心来对

---

① 苏彩霞．论案例教学法在刑法教学中的运用．//改革创新发展——中南财经政法大学教育思想观念大讨论论文荟萃第二辑，北京大学出版社，2006，第83页。

② 庞德．中国法律教育的问题及其变革路向．//贺卫方编．中国法律教育之路，中国政法大学出版社，1997，第329页。

法律作系统的学理研究，著书立说。在古罗马，“随着立法发展为复杂和广泛的整体，出现了新的社会分工的必要性：一个职业法学者阶层形成起来了”。[①] 在罗马共和国后期，这样的法学家有斯卡沃拉（Q. M. Scaevola）等数十人，斯卡沃拉通过对具体案件的解答来阐述法律的含义和精神，议论非常深刻而富有哲理。这一方法被他的学生——五大法学家之一的帕比尼安（Aemilius Papinianus）所继承，并使他的学说具有了很高的权威性。

兴起于13世纪后半叶意大利波伦那大学的评论法学派，开始为阐明原典而编写教学用案例集。他们还继承注释法学派进行“讨论”这种特殊的授课方式，在“讨论”之外开始编辑设问集。设问的内容，主要是提出论据和反证，经过推敲讨论，提出解决方法。具体过程为：案件（casus）——法律问题（quaestio）——赞成或反对的论据——解决（solutio）。[②] 法国近代注释法学派的代表奥普利和劳等人已开始具有现实的精神，即将法律原理运用于解决实际问题，主张支配法律条文注释的是“实用”（“实际需要”）。这在当时显然已与德国自由（科学）法学派的代表人物耶林（R. von Ihering，1818—1892）的观点（法律目的论）站在同一立场上了。在19世纪后期，法国民法典日益不能满足社会生活的需要，从而判例大量出现，各种各样的判例集也大量出版，摆上了学者的书架。此时，拉贝就从注释这些判例入手，从中挖掘适合当时法国社会的原理和原则。[③]

在英国，通过对判例的分析、解释，阐明其中内涵的法理和原则，以推动法学的发展，仍是法学研究的一个基本方面。

（二）现代法学案例教学法由美国首创

法学案例教学法由美国哈佛大学法学院前院长、美国著名的法律教育家兰德尔（C. C. Langdel，1826—1906）教授在1870年首创，他废除了以前那种整堂课都由老师讲授，学生只是被动地听的传统教授法，规定教师必须预先指定学生阅读若干参考文献（主要是判例），上课就参考文献的内容，老师提问，学生回答，使学生也成为课堂的主体。这种教授法，对提高学生的学习积极性和主动性，启迪学生的创造性思维，以及提高他们分析和解决实际法律问题的能力是非

① 《马克思恩格斯选集》第2卷，人民出版社1972年版，第539页。
② 何勤华．西方法学史，中国政法大学出版社，1996年版，第78～79页。
③ 何勤华．西方法学史，中国政法大学出版社，1996年版，第136～138页。

常有帮助的。[①]

西方学者认为，兰德尔的改革，尤其是他创立的“案例教学法”，是美国法律教育制度上的一场革命，正是这一贡献，使兰德尔名垂千古。因为，“在兰德尔的‘案例教学法’中，包含了一种理论。他相信，法是一门‘科学’，它必须被科学地研究，包括从最原始的素材（案例）中引出法律原理。”事实上，兰德尔并不是第一个运用“案例教学法”来进行教学的人。在19世纪60年代，波梅诺（J. N. Pomeroy）已在纽约大学法学院运用判例来从事教学。但是，波梅诺并没有将此方法应用到整个法学院的课程中。

兰德尔于1871年出版的判例教科书《契约判例集》（*Cases on Contracts*）之序言中说：“法，是一定的原则和原理构成的科学，掌握这些原则和原理，将其自如地正确适用于人世间发生的各种错综复杂的事件之中，是成为一名真正的法律家的要件……，因此，最有成效地掌握这些原理（虽然不是唯一的）最及时最好的方法，就是学习体现这些原理的各种判例。”[②] 这里，兰德尔强调了作为科学的法学的任务，就是发现法的原则和原理，而原则和原理是体现在判例之中的。因此，法学研究也应从学习分析现行的判例入手。[③]

法学案例教学法于20世纪初开始在美国各大学法学院推行，20世纪中叶，已普及至各个法学院，成为美国法学教育中最主要的教学方法。美国的法学案例教学法是通过对法官的判决进行研究来掌握法律的基本原则与法律推理，用苏格拉底式的问题讨论法（Socratic Method）来代替传统的课堂讲授，核心是围绕判例阅读、分析、理解，从中学习法的原理和原则，从而培养学生的法律思维（Legal Mind）。法学案例教学法在美国得到迅速发展也与美国是一个普通法国家，判例法占有重要地位密切相关。

（三）法学案例教学法的世界性及其在我国的应用

美国著名社会法学派代表庞德曾说过：案例方法亦有其世界性的一面，大陆法学家曾注意及此，加以研究。在法典制度下，分析及类推方法，将条文适用于具体事件，法律家的重要工具是用，但其对于法律上理解力之启发，究不能与案例方法相比。据说中国亦曾采用案例方法而有良好的成绩，所成问题的，倒是不

① 何勤华. 西方法学史，中国政法大学出版社，1996年版，第373～375页。

② 碧海纯一等. 法学史，东京大学出版会，1976年版，第265页。

③ 何勤华. 西方法学史，中国政法大学出版社，1996年版，第377页。

易得适当的“案例汇编”为中国讲学之用。①

当前在我国，由最高人民法院中国应用法律研究所编辑的《人民法院案例选》，对各级人民法院审理案件具有适用法律的指导作用，也可成为我们进行案例教学的绝好素材。

在案例教学中，通过从个案研究的视角来重新审视那些为我们耳熟能详的法学理论和知识是如何在现实生活中对人们的行为、对国家机关的活动起有效的规范指导作用的，这对于我国的法治建设、提高大学生的法律素质等无疑会起重要的促进作用。

四、法学案例教学法的具体实施步骤

（一）教学前的准备

1. 教师的课前准备

要达到案例教学的最优效果，教师必须做好充分的准备。首要的是精心选择或设计案例。选择案例，不仅要注重事件的重大，更重要的是要注意其中的法律问题的重大，能从中抽象出法律原则。选编案例应有多重或多角度的理论性分析，得出的结论除必然如此外，一般不应强调得出一个正确的结论，同时还要展示反对方的意见，以及反对意见的理论假设。案例不必一定是成功的或完美的，案例判决即使有偏差、有错误，只要具有理论和实践意义同样可以选取。②

具体而言，选取的教学案例应做到：(1)具有典型性。典型案例最能反映相关法律关系的内容和形式。(2)具有真实性。真实性最能激发学生探究的兴趣和热情，有利于激发学生的积极性和创造性。(3)具有启发性。启发学生充分认识法不仅是消除人际矛盾、解决社会争端、维护社会秩序的重要工具，更是保障人民各项权利充分实现的最重要的途径。(4)具有可辩性。这有助于锻炼和提升学生的思考角度和深度，使其注意到现实案例的复杂性，从而培养学生全面的思维能力。而且，通过辩证说理，昭显法律的公正性和法治的价值，从而使学生产生对法的信仰和对立法、司法过程的信任和信心。(5)具有一定的针对性。案例要

---

① 庞德．中国法律教育的问题及其变革路向．//贺卫方．中国法律教育之路，中国政法大学出版社，1997年，第330~331页。

② 苏力．法学本科教育的研究和思考．//贺卫方编．中国法律教育之路，中国政法大学出版社，1997年，第76页。

针对探讨的法理话题即揭示的重大理论问题来进行，便于学生集中精力思考某一个法律问题，并适当地深入探讨。

同时，还要通过多种途径和手段了解学生所关心的案例，了解他们思考的侧重点，精心选择教学方法。要充分设想学生在案例讨论中可能提出的各种问题及处理方法，搜集相关的资料，把握学生讨论的范围和方向，加以及时的引导，使案例学习更具发散性、多样性。

2. 学生的课前准备

学生应根据教师的安排，认真阅读案例，了解案例中提供的各方面数据、细节、信息和事实，查阅相关资料和法律、法规条文，为参与课堂讨论做好充分的准备。

（二）课堂教学具体步骤

法学案例教学中，教师要发挥主导作用。教师角色要实现从传统教学中的主讲人到组织引导者这一角色的转变，有效地引导学生成为教学的主体。在教学的每一个环节，教师都要充分调动学生的主动性和积极性，引导学生独立思考、分析并质疑，鼓励学生大胆发表自己的见解，成功地将学生由被动接受转为主动求索，使之成为真正的教学主体。

1. 案例导入

由学生在课前根据专业、兴趣、形势等自主选取案例，并制作成 PPT 课件或视频资料，在上课时利用 5 分钟左右的时间进行介绍。旨在培养学生的自主意识、自学能力、表达能力以及表现能力等，同时也有效地拓展了课堂教学的信息量。

2. 密切关注：今日话题

由此引出课堂上重点探讨的法理问题。精彩的法学案例教学，首先要有一个精彩的法理话题，要符合“贴近现实，面向我国司法改革实际”原则；可联系一些重大的法学问题，也可联系与学生相关的或者学生关注的“热点”法学问题。但无论什么样的话题，都应符合以下条件：(1)能把对现实问题的分析同对基本原理的阐述在相当的理论高度上相结合，寻找出两者的内在结合点；(2)能在对现实问题作分析时力求探索丰富、发展基本原理的生长点，实现理论的拓展和观点的创新。围绕法学问题，通过理论知识简介、历史回顾、法条规定等方式进行相关知识的链接。将学生的注意力集中到一个法学问题上来进行较深入的探讨，避免由于案件涉及的法律问题过多而偏离主题，达不到预期的效果。

3. 案件直击：典型案例

针对法理话题，简明扼要地、有侧重地介绍相关的一个或数个案例，突出案例的特点和难点，尤其是与话题之间的联系。这一环节，要充分发挥现代化教学媒体图文并茂、形象生动的优点，通过组织学生观看如中央电视台的《今日说法》栏目及各省市电视台制作的有关《以案说法》栏目的视频资料，或播放相关案件的庭审视频，或通过多媒体课件展示等方式，拓展课堂信息量，扩大教学的影响力和深度，激发学生的多元深层思考。在适当的时候，可请学生作为法官，对案例进行裁判，以培养学生的综合分析和解决问题的能力。

4. 上帝发笑：我要思考

捷克小说家米兰·昆德拉（获 1985 年耶路撒冷文学奖）在他的《生命中不能承受之轻》的序里引用了犹太民族（古希伯来）的一句谚语："人类一思考，上帝就发笑。"（God smiles when Man think over.）这句谚语可谓是对于人类存在所作的思考中的黑色幽默的典范。相对于统观大局、无所不能的上帝来说，人类的生命只有一次，既不可重复，也没有借鉴，人的认知也是有限的，所以人类所作出的思考，都是狭隘的，只有上帝才能作出正确的思考；所以上帝看到人类煞有介事的思考，却永远找不对门路，当然要发笑了。就像我们人类看到被关在玻璃瓶中的蜜蜂，它想要飞出去，却总是找不对出口，屡屡碰壁，也要发笑一样。尽管我们会惹上帝发笑，但生存的前提仍是思考。

因此，这个环节是针对法理主题与案例先由教师提出几个相关问题，引导学生进行思考。同时，学生根据所了解的信息和掌握的相关知识，提出一个或一些独特的问题，作为课外拓展的话题来处理。那么，这些问题很可能是导向他们成才、成功的一些重要的元素和养分。

5. 教师讲授：案例评析

针对所提出的问题，由教师进行简要评析，提出一些基本的观点和意见；也可以通过观看有关法制栏目的专家点评等方式，力求精练、生动、流畅、深入浅出地将案例分析与所涉及的法学原理、法律条文融合起来，使学生能够通过案例分析来掌握基本原理和基本知识，能够熟练地运用理论解决实际问题。①

6. 请你发言：我有话要说

这是师生互动、观点碰撞的核心环节，也是法学案例教学的高潮环节。由学

① 梁锋. 对法学案例教学的新探讨，《党政干部论坛》2007 年。

生紧紧围绕案例讨论的主题，分别从各自不同的角度剖析案例，阐述自己的观点、见解，相互讨论、辩论，发挥学生的创造性，营造严谨而宽松、严肃而愉悦、有序而活泼的课堂气氛。在案例讨论中教师要注意引出的方法和技巧，不要直接表露自己的观点，以避免约束学生的思维空间。如学生分析判断有错误，可以采取针对性提问的方式，不是正面纠正，而是引导学生认识到问题出在哪里，自我修正。作为学生，除积极参与讨论发言外，还应该聆听别人的分析与见解，比较自己的观点和思路，使自己的认识更全面、更深刻、更完善。

发言结束后，教师应针对学生提出的分析问题的方法和思路、解决问题的途径等方面及时进行总结评价。指出本次案例分析所运用的理论知识，讨论的重、难点及需要深入思考的问题。同时对学生的表现也要作出评价，以激励下次更好地参与讨论分析。

五、法学案例教学的目的

作为一种处于探索阶段的法学教学方式，其真正要义不在于教会学生具体的知识，而是着重培养学生的思维方法、视野和精神境界，并努力寻找一种体现在法学典型案例中的中华民族的独特精神。

（一）确立一种积极入世的人生态度：即“主人翁”态度

春秋战国以来，我国儒、法、道等“百家争鸣、百花齐放”，西汉武帝“罢黜百家，独尊儒术”，使儒家文化成为中国传统文化这条大河的主流，在中华文明发展史中发挥了不可磨灭的作用。儒家学说的创始人孔子，并不像中国封建社会的统治者所神化的那样，是不食人间烟火的圣人。他也是人，人最可贵的是具有人性，有喜怒哀乐。孔子学无常师，他曾问道于老子，习乐于苌弘，学琴于师襄。他“学而时习之”，且一生“学而不厌”，甚至“不知老之将至”。直到晚年还在继续整理《诗》《书》，修订《礼》《乐》，诠释《周易》，撰写《春秋》。他一生主要从事教育，主张“诲人不倦”，宣扬“有教无类”，门下三千弟子，七十贤人。孔子生活的春秋末年，正是中国社会处于被后人称为“古今一大变革之会”的时代。他曾周游列国从事政治游说，但终不见采纳。他以仁爱为基石创立了儒家学说，可以说儒家学说从它创立之时起就以直面人生、参与人生、表现人生的姿态出现，从而成为入世哲学的楷模，指引着后世文化学术之路。而儒家“德主刑辅”的治国方略，将法律作为统治的重要手段。在汉武帝统治时期，引礼入法出现的“春秋决狱”，被视为我国古代的判例法。

而法学自古以来就是一门实用学科，它来源于社会物质生活条件，又返回到社会实践中去，解决现实生活中的各种利益矛盾冲突，产生了浩如烟海的法学案例。它所传导的也是一种积极的人生态度，熔铸了法律积极入世的精神和内涵。

因此，学习法学案例的过程，就是参与、体验法影响现实生活的过程。在这个过程中，确立一种“热情、主动、参与”的“主人翁”态度，真正做到“我的人生我做主，我的学习我做主”。从而为未来的人生涂上一抹亮丽的基调，为精彩的人生打下坚实的基础。

（二）掌握一种科学高效的学习方法：理论联系实际的案例分析法

理论联系实际是实事求是思想路线的要求，是马克思主义学风的体现。任何理论，归根结底都来源于实际，对理论的学习也就不能脱离实际。对于应用性强、实践性强的法学更是如此。法学案例分析法恰能将理论与实际有机结合起来。

案例分析法即通过对经验事实的观察和分析来建立和检验各种理论命题。所谓经验事实，是指可以通过人们的直接观察或间接观察被发现的确定的事实因素。对于法学的实证研究而言，经验事实既包括与法律的制定和实施有关的一切社会事实，也包括法律文本中的词语、句法和逻辑结构等事实因素。①

美国现实主义法学的代表弗兰克认为：“就任何具体情况而论，法律是：①实际的法律，即关于这一情况的一个已经作出的判决，或者是：②大概的法律，即关于一个未来判决的预测。”② 理想状态的法，是能最大限度地实现自由、公平和秩序的法。法学案例是案件发展的实际状态，是已经发生的历史，是法律、法治、法制的一种实然状态。通过对案例中的事实因素的分析，找到与理想状态的法之间的差距，“为未来的判决作一个预测”，探索通往理想状态的有效途径，这是案例分析法的目标所在和动力所在。

掌握法学案例分析的方法，无疑也会为学生学好本专业其他课程和法学专业课程提供特有的方法论支持，为学习插上翅膀。

（三）养成一种良好的习惯：多观察，多思考

习惯是指人的行为倾向，是一种稳定的、自动的行为。著名的心理学家威廉·詹姆士曾说过：“播下一个行动，你将收获一种习惯；播下一种习惯，你将收获一种性格；播下一种性格，你将收获一种命运。”法学案例教学法的精髓

① 张文显．法理学，高等教育出版社、北京大学出版社，1999 年，第 40 页。

② 沈宗灵．现代西方法律哲学，法律出版社，1983 年版，第 105 页。

在于引导学生着重对新时期我国的改革开放、市场经济建设背景下的法制建设进行“现状的深入观察和理性的深入思考”，从而养成多观察、多思考的习惯。

观察是指运用我们的多种感官（眼、耳、鼻、舌、身等）去接触、认识和了解客观事物。对法学案例的观察，需要我们有一双特殊的眼睛，即“法”眼看世界。思考是指人脑对某种事物的感受、情感、直觉以及对先前的知识进行辨认的一种形式。对法学案例的思考，要求我们“Think like a lawyer.”要寻根问底，要有抓住一个问题进行深入探究的科学精神。因为，作为一个有责任的人，“人在自然中、宇宙中，只是一个渺小的生物，如果能以其伟大的心灵去思考，产生伟大的宗教、哲学、艺术、科学，就已足够对宇宙交代、负责。”①

大学生在关注生活的点滴中进行理性思考，发现一些小哲理，享受到学习的过程；在对法学案例的观察与思考中，领悟法学原理，增强学习与生活的自信心。因此，尽管案例已成过去，但观察和思考才刚刚开始，让她陪伴我们一生吧。因为人生只有不断观察、思考与学习，才能像《钢铁是怎样炼成的》的主人公保尔·柯察金所说的那样：“人最宝贵的是生命。它给予我们只有一次。人的一生应当这样度过：当他回首往事时不因虚度年华而悔恨，也不因碌碌无为而羞耻。”

（四）提高综合素质，成就高素质人才

素质（quality）是人在先天生理基础上，受后天环境、教育的影响，通过个体自身的认识和社会实践，养成的比较稳定的身心发展的基本品质。② 人才素质包括思想道德政治素质、文化素质、智能素质、法律素质、生理心理素质等方面。

我国的法学教育具有很强的人文社会科学教育性质，其目标在于：既要有基本的法律思维方式和法律技能，又要有良好的法学素养去总结经验并指导实践，这一切都需要良好的政治素质的指引。因此，法学案例的教学，首先是培养学生的政治素质，加强学生公民意识、参与理念、服务精神、道德自律等方面的引导，使学生认识社会、热爱社会进而服务社会，为社会培养合格的公民和法律职业者。其次是培养学生的法律素养，这是法学教育最基本的任务，它主要包括法律至上的观念、主体意识、权利意识、义务观念、平等意识以及人文精神。案例教学就是通过活生生的司法案例来承载并展示这些内容，将知识、技能、素质有机地结合起来。

---

① 方东美．教育与文化．//生命理想与文化类型——方东美新儒学论著辑要，中国广播电视出版社，1992 年版，第 19 页。

② 陈祖福．迎接时代的挑战、更新教育思想和观念，广西大学学报（哲社版），1997 年第 6 期。

德国比较法学家茨威格特·克茨在评论法国法律教育时说过：“法律并不纯粹是一种专业训练的对象，而是人们可以从中学习清晰地思维、透彻地表达以及练习修辞技巧的一个领域。”① 这些就是基本的法律思维方式和法律技能。生动活泼的案例教学，重视分析而非结论，鼓励学生不满足于教科书或授课教师给定的现成结论而提出自己的想法，甚至语言风格上的别具一格，都会让有才华和原创精神的学生脱颖而出；激发学生学习法学理论的兴趣，正确理解法律条文，掌握法律思维方法，并在教师的不断追问、启发和引导下体验发现知识的兴奋感，都会使追求思想和个性的学生在潜移默化中，全面提高逻辑思维能力（法学与其他专业学生不同视角不同维度的思维的融合）、领导能力、组织能力、决策能力、实践能力、口头与书面语言表达能力、人际交往能力、团队合作能力、创新能力等综合能力。这也有利于学生个性培养，能使他们“成为一个健康的人，一个正直善良的人，一个能够创造并享受快乐的人”。②

（五）塑造一种新型的和谐的师生关系，促进教学相长

教师作为案例教学的主持人、指导者，所能得到的最大的收获就是在这里体会到作为一个教师的责任、学识、爱心和荣誉，促进教学能力和水平的提高。

在有针对性地选取案例的过程中，在提出具有逻辑性和启发性的问题的过程中，在考虑学生可能提出的问题并认真准备如何作答和引导的过程中，充分体现了教师的学识和责任，对教师的知识结构、组织能力、表达能力和反应能力都提出了更高的要求。在分析案例的过程中，学生思考问题的角度和提出的问题对教师也会有所启发，起到了教学相长的作用。

在案例教学中，课堂气氛活跃，师生互相配合，平等的分析和探讨问题，交流频繁，这也必将会缩短师生之间的心理距离，熔铸一种融洽、和谐、平等、创新的新型的师生关系。

探索刚刚起步，疏漏欠缺无可避免，专家、同行、读者的批评建议必将为我们的前行提供强大的支持和动力。让我们以法学案例为起点，走入精彩的法学殿堂。用精彩的案例，演绎精彩的学习生活，演绎精彩的人生。

---

① ［德］茨威格特·克茨．比较法总论，潘汉典等译，贵州人民出版社，1992年版，第242页。

② 于丹教授在接受中央电视台的采访时，谈到教师的职责、任务以及教学的目的时，提出了这个观点，引起本人强烈的共鸣。

第一讲　法与道德的关系问题：彭宇案

★ 法理链接

一、法的本质及特征

（一）法的定义

马克思主义的创始人马克思、恩格斯从唯物史观出发，科学地揭示了法的本质和特征。结合马克思主义关于法的一般理论，并吸收国内外法学研究的成果，法的定义为：法是以人的行为及行为关系为调整对象，以权利和义务为调整内容，由国家制定、认可并依靠国家强制力保证实施的，反映由特定物质生活条件所决定的执政阶级（在阶级对立的社会里，是指统治阶级；在广大人民群众当家做主的社会主义社会里，是指广大人民群众）意志，以确认、保护和发展执政阶级所期望的社会关系和价值目标为目的的行为规范体系。

（二）法的特征

1. 法是调整人的行为及行为关系的社会规范。

2. 法是由国家制定、认可并解释的。法出自国家，代表国家意志。制定、认可和解释是法律创制的三种方式。

3. 法是以规定权利和义务为主要内容的社会规范。

4. 法是依靠国家强制力、通过一定的程序予以实施的。

（三）法的本质

1. 传统的法的本质层次论

关于法的本质问题，在1992年以前，学者们比较普遍的观点是：法的本质具有层次性。

（1）法是上升为国家意志的执政阶级意志的体现，这是法的初级本质。

（2）法的内容由特定的社会物质生活条件所决定，这是法的深层本质。

（3）法是为一定的目的服务的，即以确认、保护和发展执政阶级所期望的社会关系和价值目标为目的。

2. 新时期法的本质新论

1992 年之后，学者们提出的一些新的观点，可概括为如下三点：

（1）法是意志性与规律性的统一；

（2）法是阶级性与社会性的统一；

（3）法是利益性与正义性的统一。

二、道德的本质及特征

（一）道德的定义

道德是指以善恶为评价标准，通过社会舆论、传统习惯和人们的内心信念来评价人们的行为，调整人与人之间以及个人与社会之间关系的行为规范的总和。

（二）道德的特征

1. 道德是以善恶为标准来对人们的行为进行判断和评价的行为规范。

2. 道德是通过社会舆论、传统习惯和人们的内心信念来对人们的行为进行调节的，具有非强制性。

3. 道德要求人们在个人利益和集体利益出现矛盾和冲突时，个人必须作出必要的节制和或多或少的自我牺牲，即主要以义务为调整内容。

（三）道德的本质

道德是人们在长期的历史发展和社会实践中产生的。道德是由社会物质生活条件所决定的，是人类社会生活中一定的社会经济关系的反映，并为社会物质生活条件服务。

三、法与道德的关系

法与道德都是调整人们相互关系的社会规范。法与执政阶级道德之间相互渗透、相互促进。法与被统治阶级的道德相互对立、相互对抗。法与执政阶级道德之间的相互渗透关系主要体现在以下两方面。

1. 某些道德规范具有法律效力，即道德的法律性。这主要体现在立法上。社会上居于主流地位的道德，是执政阶级意识形态的重要组成部分，是维护一定社会统治的价值观念基础。执政阶级总是力图通过法律的形式，把本阶级的道德准则上升为法律，使之成为全社会共同遵循的行为准则。

2. 法体现一定的道德精神，即法的道德性。这主要体现在法的实施过程中，法作为执政阶级意志的体现，是国家颁布的行为准则。在法律规范中，往往凝结着立法者关于善与恶、正义与非正义等的基本道德价值判断。在法的实施中，也充分体现了人们的善恶倾向等基本道德取向。

四、法律调整与道德调整的区别

在整个社会的调整体系中，道德作为一种特殊的社会意识形态，对现实生活的调节方式与法律规范有明显的不同，主要表现为以下五方面。

1. 起源与发展的时间不同。法是随着国家的产生而产生，随着国家的消亡而消亡；而道德随着人类社会的产生而产生并将长期存在下去。

2. 表现形式不同。法律有固定的表现形式，具有制度化、规范化的特点，是经国家以宪法、法律、章程等形式表现出来的执政阶级意志；而道德不具有固定的表现形式，主要存在于人们的意识形态里，表现在人们的视、听、言、行上，深藏于品格、习性之中，是一种不成文的准则。

3. 调整对象不同。道德主要通过对人们内心信念和思想活动的调整来影响人们的外部行为；而法律则主要指向人们的外部行为，体现了内在调整与外在调整的统一性。

4. 调整范围不同。道德调整的范围比法律调整的范围要广泛得多，几乎覆盖社会生活的每个领域和一切社会关系；而法律调整的范围通常限于那些要求并且有可能由国家评价和保障的社会关系，一般性的违背道德的行为不在法律调整的范围之内。

5. 调整内容不同。道德调整的意义在于要求个人对他人、个人对社会应当履行的义务，它并不以行为人取得某种权利为前提条件；法律调整的重心是对行为人的权利保障，它的主体内容是要求行使权利与履行义务之间的一致性。

6. 调整手段不同。道德调整主要通过人们内心“良心”的责备和社会舆论的谴责来保证人们对道德规范的遵守；法律调整则主要通过国家强制力来保证其实施。

五、社会主义法律与社会主义道德之间的关系

在我国建设社会主义法治国家的历史进程中，社会主义法律与社会主义道德之间应当相互协调、和谐发展。

1. 社会主义法律与社会主义道德相互联系、相互补充，共同为和谐社会的发展和建设服务。法律是道德的底线，凡是法律所禁止和制裁的行为，也是道德

所禁止和谴责的行为；凡是法律所要求和鼓励的行为，也是道德所培养和倡导的行为。道德是立法的基础，为立法提供依据，道德调整的广泛性，使之能渗透到法律不作为的范围。

2. 社会主义法治与社会主义德治相辅相成、相互促进。法治以法律的权威性和强制手段规范社会成员的行为，德治以道德说服力和感召力提高社会成员的思想认识和道德觉悟。社会主义法治是社会主义道德的制度前提，同时又是弘扬社会主义道德的可靠保障。社会主义德治是社会主义法治的精神支柱，同时又是重要补充。

3. 社会主义法律与社会主义道德在内容上相互衔接、相互协调，在作用上相辅相成、相互促进。建立健全有关法律法规，把道德建设融入科学有效的社会管理之中，逐步完善道德教育与社会管理、自律与他律相互补充和促进的运行机制，综合运用法律、教育、舆论等手段，更有效地引导人们的思想，规范人们的行为。

★ 典型案例：南京彭宇案

案情概要： 2006年11月20日上午9点左右，南京某通讯公司技术人员彭宇坐83路公交车，在水西门广场站下车。他第一个走下了车，看到徐寿兰老太太跌倒在离站台不远的地方。他忙上前将其扶起，老太太也连声道谢。现场有一名50多岁的陈先生也过来帮忙，一起将老太太搀扶到路边。陈先生看出老太太脸色不好，提出给老太太儿子打电话。9点40分左右，陈先生看到老太的儿子赶来，就走了。彭宇帮老太太及其家人叫了出租车，也准备离开。这时，老太太的儿子提出，待会儿到医院，他又要挂号又要扶着母亲，怕忙不过来，问彭宇能不能帮忙帮到底，一同去医院。彭宇同意了。他们打车直接去了江苏省中医院，挂号、拍片后，医生说，老太太左腿股骨胫骨折，需要更换人工股骨头，可能要花费几万元的医药费。这时徐老太说自己跌倒是被彭宇撞的，要求其进行赔偿。

2007年1月4日，徐老太向南京市鼓楼区人民法院提起诉讼，以彭宇将其撞倒在地致其受伤为由，要求其赔偿总计13.6万余元。南京市鼓楼区人民法院经过四次开庭审理，于2007年9月对彭宇案作出了一审判决，判决书中称："彭宇自认，其是第一个下车的人，从常理分析，他与老太太相撞的可能性比较大。如果被告是见义勇为做好事，更符合实际的做法应是抓住撞倒原告的人，而不仅仅是好心相扶；如果被告是做好事，根据社会情理，在原告的家人到达后，其完全可以在言明事实经过并让原告的家人将原告送往医院后自行离开，但被告未作此等选择，其行为显然与情理相悖。”对于法律责任的承担问题，判决书中称：“原告系在与被告相撞后受伤且产生了损失，原、被告对于该损失应否承担责任，应根据侵权法诸原则确定。本案中，原告赶车到达前一辆公交车后门时和刚从该车第一个下来的被告瞬间相撞，发生事故。原告在乘车过程中无法预见将与被告相撞；同时，被告在下车过程中因为视野受到限制，无法准确判断车后门左右的情况，故对本次事故双方均不具有过错。因此，本案应根据公平责任合理分担损失。”因此，判决彭宇补偿原告40%的损失，即45 876元。从而引发全国范围的关注。

原告、被告均不服该判决，上诉至南京市中级人民法院。进入二审以后，在各有关方面的关心、支持下，南京市中级人民法院在二审的时候做了大量的工作，依法组织调解，双方当事人在二审期间达成了和解协议。该案和解的结果是彭宇承担了10%的责任，赔偿1万余元。并且申请撤回上诉。南京市中级人民法院依法裁定准予双方当事人撤诉。据称双方当事人对案件的处理结果都表示满意。

★ 问题与思考

一、司法实践中法官断案是否应考虑道德评价标准？

二、社会主义道德对社会主义法治的影响有哪些？

三、社会主义法治进程中德法冲突的调控模式是什么？

四、法官应具备的素质有哪些？

◆ 灵感闪存

☆ ....

☆ ....

☆ ....

☆ --

☆ --

☆ --

★ 案例评析

一、我国司法实践中法官断案应考虑道德评价标准

（一）“以事实为依据、以法律为准绳”是我国司法的基本原则之一

“以事实为依据”要求司法机关审理一切案件都只能以与案件有关的客观事实作为依据，而不能以主观臆断作为依据。任何一个案件，都是一种客观存在，由特定的、已经发生的事实所构成。这里的事实，是指由当事人在法庭上所证明的法律事实，而不是那些唯一的客观事实。因此，在对具体案件进行处理时，一定要重证据、重调查研究，不轻信口供。

“以法律为准绳”是指司法机关要严格依据法律的规定办事，切实做到有法必依、执法必严、违法必究。

具体到民事诉讼中，我国《民事诉讼法》第 7 条明确规定：人民法院审理民事案件，必须以事实为依据、以法律为准绳。

（二）民事审判中证据不够充分的情况下，法官可以进行推理，但应符合法律精神和与法律精神相统一的道德评价标准

由于民事审判追求的是高度的概然性，在证据不是非常充分的情况下，法官可以从职业道德、职业素养出发，依照逻辑推理和日常生活经验，将一系列的间接证据串联在一起，形成证据锁链，从而推断出结果，以确定案件中各方的责任。时间无法倒流，事实不可重现。彭宇和徐老太是否相撞，只能依靠证据再借助法官的法律推理来形成证据锁链的做法并不违反法律。

同时，法官以常情常理的推理应该符合法律的精神。法律是道德的底线，法律自身的局限性，注定其不能以圣人的道德要求来评价社会上的每一个人，法律只是最起码的道德要求，且法律更注重对人性恶的防范。在法律的眼里，没有圣人和小人之别，每个人都是自己利益的最佳代表，都是趋利避害的。法官作为一个法律人，他的法官职业道德和法律素养要求他必须以法律人的眼光来看待每一个当事人，尽可能摒弃个人情感的阴翳。

彭宇案之所以备受关注，和法官在对事实的认定上大量使用了常理、常情的推断有着直接的因果关系。法官符合法律精神的推断和社会对崇高道德的渴求在彭宇案中形成了异常尖锐的对立，并通过彭宇案爆发，进而形成群情汹涌道德讨伐的舆论气候。在彭宇有见义勇为的可能性的情况下，符合法律精神的推理否定了这种可能性，因此引起了社会舆论的极大不安甚至愤慨。再加上法院作为国家公权力机关，其符合法律精神却以最起码的道德定位的推理，代表国家公权力对该案件的认定，直接决定当事人的切身利益，具有极强的示范作用，也更容易激发公众对现实道德滑坡的极大忧惧。

现实中，法律精神与人们的崇高道德诉求存在巨大的差距。但如果法官没有违法或违反职业道德要求的行为，法官依据其职业道德和法律素养作出推理形成内心确信的判决，社会应当予以应有尊重，这也是人民法院独立行使审判权的题中之意。司法只能是在法定的程序内依照规则利用法律的弹性来回应社会的需求，它不可能保证任何主体在任何时候任何地点的合理要求都能皆大欢喜地得到满足。而公众认识不到司法权威的有限性，对司法抱有无限期望，一旦司法不能实现其愿望，就会产生一些负面评价和影响。

法官判案，采用经验法则来推理案情，这在法律上是许可的，是法官自由心证的重要组成部分。问题在于法官过分地从人性恶的角度思考问题，这触犯了我国长期以来受理想主义教育出来的人们，人们尽管骨子里坏，但就是不想被人公开推定为恶；他们纷纷抢占道德制高点攻击别人以显示自己的高大与伟岸，实质上是伪善表演而已。但从另一个角度看，本案法官使用的经验法则，其内容确实违反公序良俗，有纵恶抑善之嫌；事实上也是如此，因为按法官认可的经验法则，绝大多数人是避害趋利的，是自私的（从实然性及概然率讲，这个判断没有错）；可是法官使用的经验法则本身就违背了民法的宗旨（理想层面的要求），违反了民法的价值取向（实际上，也是理想与现实、实体法的理想与程序法的操作之冲突）。

二、社会主义道德对社会主义法治的影响

（一）道德因素对立法的影响

建设社会主义法治国家的基础与前提是“有法可依”。法律旨在创立一种正义的、能给整个社会带来福利的社会秩序，它应以完善道德为目的，以最基本的道德标准作为基础才能不失其存在的社会基础。因此，要实现法治的目标，实现

“善法之治”的社会理想，法律的制定必然要受到道德因素的制约，道德对于立法活动有重要指导意义。

社会主义道德是社会主义经济关系和政治关系的内在要求在行为评价标准上的重要表现形态，它反映着人民群众的根本利益和对是非善恶的基本态度。因此，社会主义法的创制必须体现社会主义道德的基本原则，并且通过立法确认某些道德标准为法律标准。道德可分为两类：第一类是社会有序化要求的道德，即社会要维系下去所必不可少的“最低限度的道德”，如不得暴力伤害他人、不得用欺诈手段谋取权益、不得危害公共安全等；第二类包括那些有助于提高生活质量、增进人与人之间紧密关系的原则，如博爱、无私等。其中，第一类道德通常上升为法律，通过制裁或奖励的方法得以推行。而第二类道德是较高要求的道德，一般不宜转化为法律，否则就会混淆法律与道德。我国宪法规定了社会主义道德的基本要求，民法确认了民事活动中的“霸王原则”即诚实信用原则，尊师重教、尊老爱幼的传统美德在《教师法》《老年人权益保障法》《未成年人保护法》中得以反映等，无一不是道德法律化的表现。只有如此，法律才会有正义的基础，才能得到广大人民群众的认同和支持，才会有强大的力量。如果法律的制定脱离了道德的基础，法律就失去了它应有的合理性，就难以得到人民群众的认同和支持，并因此难以有效发挥作用。总之，社会主义道德为社会主义立法提供道义基础和评价准则，以其不断的进步促进法律的完善和发展。

此外，道德对法律创制的影响还表现在法律的修改和废止上。如针对社会上“包二奶”的不良现象，新《婚姻法》增加了“禁止有配偶者与他人同居”的条文，这无疑是社会主义婚姻道德要求在法律上的体现。对此现象，法学界称之为“道德的法律化”，即由道德规范提升为法律规范。综观世界各国的立法活动，可以看出，道德的法律化比较普遍，因此有学者得出这样的结论：“越是文明发达，法制完善健全的国家，其法律中所体现的道德规范就越多。可以说，一个国家的法制是否完善和健全，主要取决于道德规则被纳入法律规则的数量。从某种意义上讲，在一个法制完善和健全的国家中，法律几乎成了一部道德规则的汇编。”①

（二）道德因素对法的实施的影响

党的十六大报告指出：“社会主义司法制度必须保障在全社会实现公平和正

① 王一多．道德建设的基本途径，《哲学研究》1997 年第 1 期。

义。”法律的实施过程也是公平、正义等价值目标实现的过程，受道德因素的重要影响。

1．法律的实施受其实施者——执法者、司法者的道德素质的影响和制约。孟子云：“徒法不足以自行。”① 即便再好的法律也需要人去执行（正因为如此，这也成了一些人反对实行“法治”，主张实行“人治”的理由）。恩格斯认为：“在社会历史领域内进行活动的，是具有意识的、经过思虑或凭激情行动的、追求某种目的的人；任何事情的发生都不是没有自觉的意图，没有预期的目的的。”这里的“意识”“思虑”“激情”“意图”和“目的”，显然多是关于道德价值意义上的。中国古代社会认为：“德，才智帅也。”这些论述从不同角度深刻说明，作为实施法律行为的主体——司法者、执法者的道德素质对于实施法律活动极为重要。因此，从某种意义上讲，执法活动既是对执法者业务素质的检验，也是对执法者道德素质的检验。很难想象，一个道德品质低下的执法者能够恪尽职守、公正执法。

2．法的实施需要道德提供心理基础和道义支持，并以其特有的精神力量保障法律的实现。法律秩序的最终实现要靠社会个体的自觉自愿的遵守，而所谓自觉自愿，在很大程度上必须出自个体道德价值观上对法律的认同。很难想象，一个道德感上遭排斥的法律会得到人们的普遍遵守。

当然，法律的实施，本身就是一个惩恶扬善的过程，不但有助于人们法律意识的形成，还有助于人们道德的培养。法律作为一种国家评价，对于提倡什么、反对什么，有一个统一的标准；而法律所包含的评价标准与大多数公民最基本的道德信念是一致或接近的，故法的实施也对社会道德的形成和普及起了重大作用。

（三）道德因素对法的实施效果的评价的影响

法的实施效果，是通过司法活动，使法律得到严格遵守和执行，使法的本质特征得以体现，从而实现法律预期目标的作用和效果。法的实施效果分为法律效果和社会效果。评价法律效果主要关注程序是否得到遵守，法律是否得到严格履行。评价社会效果主要关注法的基本价值的实现以及司法活动得到社会的公认的程度。在现实生活中，公众往往从道德的角度来审视法的实施效果，包括法院做出的判决等。法律与道德固然不能等同，但事实上，往往对案件的判决近乎于道德之情理，更能体现法官的公正与公平。因为，职业道德、社会公德都以实现正义为本。以台湾的一个判决为例：据报道，台湾有一位中学生，呱呱落地就患有

---

① 《孟子·离娄上》。

先天性骨骼发育不全的瘫痪症，人称“玻璃娃娃”。学校基于爱心和有教无类的理念，收留了他。同学们基于爱心和善念，每天背他上下楼。不料，一天因一场小雨，让背他上下楼的学生身不由己地滑了一跤，导致“玻璃娃娃”头颅破裂，不治而亡。此事闹到对簿公堂，法官公事公办依法判决，对背负者和学校判定为过失致死罪，予以惩罚。判决一出便引起公众的非议，因为其缺少道义的支持。①

彭宇案也突出地表现出这一特点，公众从道德的角度出发，认为法官判案所依据的所谓“常理”“常情”与人们的道德取向或者说人们所追求的道德境界相差太大，有抑善扬恶之嫌，认为法官“在判断一个具体的案件时，不能一味迎合世道崩坏人心险恶，还应该保护恶浊中出现的真善美”。

可见，在法治建设的进程中，道德因素始终在发挥着重要影响和作用。

三、社会主义法治进程中德法冲突的调控模式：以法治国与以德治国相结合

在现实社会中，道德与法律往往存在着不和谐之处。在我国，道德至上思潮盛行表明人们企图摆脱法律的拘束以求更随心所欲地实践道德、弘扬道德。人们并不是以崇尚道德来追求一种更趋于合理、科学的法治境界。德国哲学家黑格尔曾对此作出过如下评价：“在中国人心目中，他们的道德法律简直是自然法律——外界的、积极的命令——强迫规定的要求——相互间礼貌上的强迫的义务或者规则。‘理性’的各种重要决定要成为道德情操，本来就非有‘自由’不可。然而他们并没有‘自由’。在中国道德是一桩政治事务，而它的若干法则都由政府官吏和法律机关来主持。”② 在西方，美国法学家德沃金在其著作《法律帝国》中曾举过一则案例：埃尔默用毒药杀害了自己的祖父，他知道他祖父在现有的遗嘱中给他留了一大笔遗产，他怀疑这位新近再婚的老人可能会更改遗嘱而使他一无所获，因此他杀害了他的祖父。③ 纽约州法院针对该案例确立了一条法律原则，即任何人都不得从其错误行为中获得利益。问题是：法官以自己的信仰取代法律条文是否冲击了法治原则？纵观中西法治社会中道德因素的影响，我们应该采取怎样的调控模式呢？我们可以从法治与德治的关系来考察。

法治社会要求人们在处理问题时，首先考虑行为是否符合法律的规定；法官

① 详见《法制日报》2002 年 10 月 31 日第 8 版。

② ［德］黑格尔．历史哲学，北京三联书店，1956 年版，第 11 页。

③ ［美］德沃金．法律帝国，李常青译，中国大百科全书出版社，1996 年版，第 14 ~ 19 页。

判案时，只能以现行法律为依据，不能靠法官的自由裁量。这样势必导致法律无法适应新出现的情况，而道德等非强制性社会规范则可以其主观性调整新生的行为现象。但是，如果以情理断案，就违背了法治的原则。

良法表明法要包含某种道德价值，故法治的概念本身就体现了法治与道德的深刻关系。失去了道德基础的法为恶法，恶法之治与法治精神是根本背离的。解决现实社会中的人们道德缺位、法律的尴尬，是否可以吸取儒家伦理法的合理内核，灵活适用法律，向法治中注入道德的血液，建设有中国特色的法治国家。

法的品质在于使公平、正义通过法而得到实现。中国古代的“中庸”思想追求的是一种和谐、平衡、稳定。中庸主义在法律上的意义就是审判案件要综合考虑各种因素，包括法律以外的情和理，旨在彻底解决纠纷，平息诉讼。现代法同样面临着效率与正义的挑战。一方面，法律要体现其威严，不可侵犯，人们必须遵守；另一方面，法律还要有其缓和的一面，比如法要体现人道，法要尊重私权等。

法治的理念来自西方，德治则来自中国传统法文化，两者的结合顺应了寻根意识与全球意识相结合、民族性与时代性相结合的潮流。应该指出的是，西方的法治，尽管并不排斥道德，但无疑在宣扬法律至上的同时有意无意地忽略了道德，西方社会普遍存在的情感危机与道德沦丧就是明证；传统的德治却是主张德主刑辅，法是德的附庸，贬抑了法的作用，也与时代的发展不相适应。所以，对二者都要加以扬弃和改造，抽取各自的合理内核，进行结构重组，建立全新的德法并治的二元制法体制。

理论的诉求在我国“依法治国，建设社会主义法治国家”的伟大实践中得到了体现。新世纪之初，江泽民同志在全国宣传部长会议上提出了“以德治国”的思想，在党的十六大报告中又指出：“依法治国和以德治国相辅相成。”依法治国必须以道德为依托、为基础。这对我们加强立法工作、提高立法质量，加强对执法人员的道德素质教育，提高全民的道德素质和法律素质，贯彻依法治国与以德治国相结合，建成社会主义法治国家都具有重要的指导意义和积极的促进作用。

四、法官的素质要求

法官代表国家行使审判权，是稳定社会秩序、实现公平和正义的特殊社会群体。法官职业的特殊性决定了必须对这样一个群体在工作和生活中的行为举止提出不同于其他社会群体的特殊要求。一支政治坚定、业务精通、作风优良、清正廉洁、品德高尚的法官队伍，是依法治国、建设社会主义法治国家的重要条件，是人民法院履行宪法和法律职责的重要保障。2007 年 9 月 12 日，时任最高人民法院院长、首席大法官的肖扬曾在国家法官学院建院 10 周年庆祝会上强调：要全面提高法官素质。他说：无智者不能当法官，无能者不能当法官，无德者同样也不能当法官。可见，法官素质主要包括智、能、德三方面。下面仅从德与能两方面作简要分析。

（一）法官的职业道德与职业素养

法官具有良好的职业道德，对于确保司法公正、维护国家法律尊严至关重要。2001 年 10 月 18 日，为规范和完善法官职业道德标准，提高法官职业道德素质，维护法官和人民法院的良好形象，最高人民法院根据《中华人民共和国法官法》和国家其他有关规定制定了《中华人民共和国法官职业道德基本准则》，从保障司法公正，提高司法效率，保持清正廉洁，遵守司法礼仪，加强自身修养，约束业外活动等六方面作出了规定。这些规定，集中体现了法官的司法品格，即法官所必备的守法、护法、公正、廉洁等道德品质和博爱、耐心等人文品格。

1. 法官作为执法者，代表国家形象，必须处处严于律己，带头守法和护法。作为正义的守护神，法官要有护法的胆识和责任，他随时要和各种公然藐视法律的不法行为抗争，必要时甚至付出生命。通过执法者的自觉守法来弘扬法律的价值，通过执法者秉持正义来实现法的公平，维护法律应有的尊严和威信。在提高效率的同时，保障司法公正的实现。

2. 法官道德品质的要求包含着社会公德的要求，“清正”“廉洁”等道德规范，同司法也有特别紧密的联系，是司法工作中特别敏感、特别重要的道德规范，法官必须模范遵守。

3. 法官的职业素养是指在广泛的读书学习中，汲取各方面的知识，融会贯通，品味升华后而形成的一种法官的内在品质，包括博爱、耐心、宽恕、人权意识等主要内容。法官在加强自身修养中形成的彬彬有礼的气质和典雅端正的行为，将赢得社会公众足够的尊重和信赖。

（二）法官的专业素质与专业能力

法官的专业素质和专业能力是法官从事法律工作的基本要求，否则，将无法胜任司法职业。

1. 法官的主要专业素质包括具有深厚的法学理论素养，熟悉法律规范，具备丰富的裁判经验等内容

首先，法官必须具有深厚的法律素养，熟悉法律规范。众所周知，成文法的

制定往往是比较有原则性的，不可能规制得细到社会的每个角落，而法律没有明文规制到的就是所谓的“法律漏洞”。要堵住这些“法律漏洞”，非法官莫属。有学者指出：“法律不只是作为一种条文或规范存在，更重要的是作为一种原则和精神存在。一个合格的法官，并不拘泥于法律条文的有无，而在于对法律精神的理解，以自己的智慧和法律素养，将法律精神融化于案件事实之中，进而发展法律。法律依据不只是法律条文。对法律的原则和精神的理解才是法官的生命。”① 法官适用法律不是完全机械的照搬法条，把法条与案件事实机械的对号入座，而是根据立法意图、法理原则和精神来正确地解释法律，填补法律的漏洞。所以法官必须具有扎实、系统的法学理论功底，熟悉法律规范，法官必须是法律专家。

其次，法官运用法律判案，必须是对法律全面正确的理解和应用，是从立法本意、法理关系来理解法律条文。因此，要求法官不但要具有高深的法学理论修养，更要有一定的社会阅历和社会经验，能够针对社会生活中的个别现象，梳理出符合社会发展要求的因素，并以裁判手段来保障这种发展要求。法律是社会生活规律的反应，只有通过对法律的实践才能深刻体会法律的内在理念和精神，使专业知识进一步系统化、具体化并生动起来，才能把专业知识转化为专业能力。另一方面，法律实践经验是一个人理解案件事实真相、掌握案件事实的实质以及找到解决纠纷的合理方式的必要条件。社会生活的丰富性和复杂性是书生所难以想象的，案情的发展往往有意料之外而又情理之中的多种可能性，只有那些具有丰富的法律实践经验，且善于从实践中学习的人，才能成为职业法律家。

2. 法官的专业能力包括法官从事司法工作所必须具备的洞察力、判断力、逻辑思维和推理能力、写作能力、交往能力等各种具体能力

专业能力是法官把法律应用于裁决案件或解决社会纠纷的各种能力的总和。其中，法官的逻辑思维和推理能力尤其重要。

法官裁判案件进行逻辑推理需要经过四个环节：一是在各方提交的证据中确认案件的事实。这个过程需要法官充分利用道德、价值、专业知识、生活经验等方面的知识尽可能还原案件的真实面貌。二是选择相应的法律法规。法官应当根据案件的性质初步确定可能适用的法律法规。这个过程法官的自由裁量权相对较小，主要是法官对法律法规的解读或者解释。三是作出裁判。通过对案件事实的

① 蒋惠岭．论法官角色的转变，《人民司法》1999 年第 2 期。

确认和对法律法规的选择，法官便可以作出裁判，确定处理结果。四是法官应当将推理的过程以适当的语言表达出来，或向当事人作出全面细致地说明，或在判决书中进行详细阐述，法官应当详细说明对事实认定和法律适用的依据、过程等。在这些环节中，法官不仅要有法律思维，还要有政治思维、经济思维等意识，建立多元化纠纷化解机制。在运用法律思维时，不仅要适用归纳法、演绎法、类比法等逻辑思维方式，还要有辩证思维方式，对案件进行严密的逻辑推理，得出令人信服和尊重的裁决结果。

而逻辑推理如果不够严密则会将案件推向不公正的一边。备受争议的南京彭宇案的判决书中多处使用了“常理”或“情理”，虽然这些“常理”或“情理”也属于逻辑推理的范畴，但是这样的推理实际上是以“人性为恶”为基础的，它与社会中普遍存在的助人为乐的价值观截然相反，从而导致判决书中的“常理”或“情理”并不被公众所认同，让人觉得这是法官的“主观臆断”。因此，法官为了确保公正必须进行严密的逻辑推理，并且这种推理应当符合社会主流的价值观念，否则便可能会导致案件裁判的不公正。

同时，法官在遵循正确的证据规则和论辩程序规则和推理逻辑规则时，还要在司法裁判中坚持后果主义的思维。

后果主义的倡导者们主张从基于后果的考虑来解决司法中裁判的合理性问题，试图以此来寻求实现司法判决正当性和可接受性的途径。英国学者麦考密克是这一问题的强力主张者，他认为后果主义应当作为符合实践理性的司法裁判方法，是获得正当和合理的法律判决不可或缺的要素。以麦考密克之见，在处理案件时法官理应对摆在其面前的各种可供选择的裁判结论所可能造成的后果予以审慎考量，以权衡利弊；从正义的前瞻性视角来看，在不同的判决之间作选择，也意味着在被认为是不同的社会行为模式之间作选择，对于选择哪种判决之间的区别就在于获致的后果大为不同，正是这种后果的差异决定了区别的内容。所以，在司法裁判中后果主义思维所关注的是不同判决方式带来的后果如何，它通过考量各种判决可能引发的情势来决定作出哪一种判决。德国学者阿列克西在他的法律论证理论中把考虑后果情形作为判决形成的一种特殊形式。在他看来，如果对某一规范所做的解释在某种层面上来说将导致不可承受的、无意义的、不可理喻的后果，那么造成这个后果的解释应被看作是禁止的。彭宇案正给人们提供把握后果主义思维的良好契机，它告诉我们运用后果主义的思维方式进行案件的裁判，可以让法官看清某些从表面看来似应予以肯定的行为或决定暗含着的内在不良品质和可能后果，从而为作出某一行为或决定提供更符合要求的辨别工具。

人们普遍的理念和道德取向以及公众对法治的良好态度是我们这个社会值得珍视的价值。现在看来，彭宇案的一审判决对我们社会公共道德和司法公信度确实造成了一定程度的不良影响，甚至要改变人们的道德价值观，这是我们应该感到遗憾的事情。我们可以假设，当初彭宇案在一审过程中法官如果能够事先考虑到对人们行为所可能造成的后果，并把这种后果建立在对我们社会公众的道德取向上衡量，对案件判决采取有利于社会道德价值的措施，这种判决的正当性和可接受性就会大大提高。彭宇案原本可以避免这样的结果，法院原本可以作出一个引起社会较少争议的判决。

★ 他山之石

张建伟. 南京"彭宇案"调解结案：信任问题值得深思，《检察日报》2008年4月17日。

朱卫华. "彭宇案"对社会的伤害是致命的，《光明观察》2007年9月13日。

★ 请你断案：原告张学英诉被告蒋伦芳遗赠纠纷案

案情简介：2001年10月11日，四川省泸州市纳溪区人民法院经过4次开庭后对张学英诉蒋伦芳遗赠纠纷一案作出了一审判决。经法院审理查明，被告与其夫四川省泸州市某公司职工黄永彬于1963年结婚，但一直没有生育，后来只得收养了一个儿子。由此给家庭笼罩上了一层阴影。1994年，其夫黄永彬认识了原告张学英，并与张于认识后的第二年同居。被告发现这一事实后，进行劝告但是无效。1996年底，黄永彬和张学英租房公然以"夫妻"名义生活。2001年2月，黄到医院检查，确认自己已经是肝癌晚期。在黄即将离开人世的这段日子里，一直由被告蒋伦芳及其亲属护理、照顾直至逝世。原告张学英面对旁人的嘲讽，也以妻子的身份守候在黄的病床边。黄永彬在2001年4月18日立下遗嘱，将其所得的住房补贴金、公积金、抚恤金和卖泸州市江阳区新马路6-2-8-2号住房所获款的一半40000元及自己所用的手机一部，赠与原告张学英所有。2001年4月20日，泸州市纳溪区公证处对该遗嘱出具了（2000）泸纳证字第148号公证书。2001年4月22日，遗赠人黄永彬去世。作为黄的妻子的被告蒋伦芳没有按照黄的遗嘱执行，张学英当即将蒋伦芳告上了纳溪区人民法院，要求法院依据《中华人民共和国继承法》和《民法通则》的有关规定，判令蒋伦芳执行遗嘱，同时对遗产申请诉前保全。法院受理该案后，因原告申请，泸州市纳溪区公证处于 2001 年 5 月 17 日作出（2001）泸纳撤证字第 02 号《关于部分撤销公证书的决定书》，撤销了（2000）泸纳证字第 148 号公证书中的抚恤金和住房补贴金、公积金中属于蒋伦芳的部分，维持其余部分内容。

假如你是本案主审法官，请判断法院将如何裁决此案？

★ 参考答案

一审：四川省泸州市纳溪区人民法院认为，遗赠人黄永彬的遗赠行为违反了法律规定和公序良俗，损害了社会公德，破坏了公共秩序，应属无效行为，原告张学英要求被告蒋伦芳给付受遗赠财产的主张本院不予支持。被告蒋伦芳要求确认该遗嘱无效的理由成立，本院予以支持。据此，依照《中华人民共和国民法通则》第七条的规定，判决驳回原告张学英的诉讼请求。

二审：四川省泸州市中级人民法院认为，应当首先确定遗赠人黄永彬立下书面遗嘱的合法性与有效性。尽管遗赠人所立遗嘱时具备完全行为能力，遗嘱也系其真实意思表示，且形式上合法，但遗嘱的内容却违反法律和社会公共利益。《婚姻法》第 26 条规定："夫妻有相互继承遗产的权利。"夫妻间的继承权是婚姻效力的一种具体体现，蒋伦芳本应享有继承黄永彬遗产的权利，黄将财产赠与张学英，实质上剥夺了蒋伦芳的合法财产继承权，违反法律，应为无效。二审法院认为，《婚姻法》和《继承法》为一般法律，《民法通则》为基本法律。依据《立法法》，《民法通则》的效力高于《继承法》，后者若与《民法通则》的规定不一致，应适用《民法通则》。该院认为原审事实清楚，适用法律正确，作出维持一审判决的裁定。

第二讲　中国宪法的司法适用性问题：齐玉苓案

★ 法理链接

一、宪法的适用

宪法的适用是法的适用的一种特殊形式，宪法的适用与宪法的监督模式密切相关。宪法监督是指由宪法授权或宪法惯例认可的机关，以一定的方式进行合宪审查，纠正和处理违宪行为，以保障宪法实施的一种制度。

（一）世界各国的宪法监督模式主要有三种①

1. 普通法院行使宪法监督权模式，典型代表是美国

1803 年，美国联邦最高法院就马伯里诉麦迪逊一案作出判决，首席大法官马歇尔代表最高法院第一次明确宣布它有权对国会通过的法律进行司法审查，并第一次判决一条联邦法律违宪。由此开创了由普通法院实行司法审查的先例。这种违宪审查模式也被称为美国模式。随着美国国力的增强和世界影响力的与日俱增，其宪法监督模式对国际社会产生了巨大的冲击力，很多国家开始模仿、移植美国模式，如法国、德国、意大利、日本等国。据统计，世界上采用美国模式的国家有 60 多个，其中绝大多数是与美国同属普通法系的国家和地区。

但美国模式的缺陷在于司法活动本身也难保证是绝对客观中立的过程，法官的主观性往往干扰了他准确体现立宪意图。

2. 议会或权力机关行使宪法监督权模式，典型代表是英国

英国是世界上三个没有成文宪法的国家之一。早在君主立宪制度确立之初，《权利请愿书》与《权利法案》就明确表示，法律由普通法院与衡平法院独立适用。英国的宪法性法律《王位继承法》明确规定，英国法律是英国人民与生俱来的权利，君主及其大臣必须批准与确认。英国奉行议会主权即议会至上原则，

① 罗峰. 全球三种违宪审查模式比较，《国际先驱导报》2004 年 6 月 29 日。

奠定了议会监督的基础。英国人认为，议会是人民选举产生的民意代表机关，其地位至高无上，其权力广阔无垠，法律由其制定，也应由其解释、监督实施，行政机关、司法机关也要遵循其制定的法律。内阁和法院由议会产生并对其负责，议会可以制定、修改和废止任何法律，包括各种宪法性文件。任何一部法律如果违宪，议会有权修正或废止。

这种监督模式的最大优点在于它的权威性和有效性，从而保证了立法机关制定的法律得以更有效地贯彻和执行。但是缺陷在于立法机关自己审查自己，有时就失去了审查的意义。

3. 专门机关行使宪法监督权模式，如法国的宪法委员会和德国、俄罗斯、意大利、韩国等国的宪法法院

专门机关监督模式又称凯尔森模式、欧洲模式。奥地利在1920年建立宪法法院，在世界各国中率先确立了专门机关监督模式。专门机关监督模式具体可分为两种形式，即以德国为代表的宪法法院制度和以法国为代表的宪法委员会制度。德国设立宪法法院来进行宪法监督，审查违宪，宪法法院受理涉及宪法性问题的具体争议案件，有权根据宪法作出裁决。依照法国1958年宪法，法国成立了由9人组成任期9年的宪法委员会，对法律是否违宪实行最高监督，确切地说，就是对国内发布的一切规范性文件是否违宪实行独立监督。基本法律、国会两院议事规程和实现个人权利和自由的法律，都必须由它进行监督。但这只是宪法委员会的一个基本职能。宪法委员会还有两个重要特权，即预先审议应予批准的、在法兰西共和国范围内签订的条约和协议；对全民投票和共和国总统选举实行监督。宪法委员会有权宣布撤销选举、宣布规范性文件违宪和无效裁定。建立专门机关来监督宪法实施成为世界宪法监督制度的发展潮流。目前，这一潮流呈现出愈来愈强劲的势头。采用这一模式的国家主要是西欧、东欧及韩国、土耳其等少数亚洲国家。

这种模式的缺陷在于专门机关不可避免地会受到政策影响，政治倾向性强，很难保证客观公正的监督。

（二）我国的宪法监督模式

1. 我国现行宪法在第六十二条、第六十七条及有关国家机关组织法明确规定我国宪法监督模式为：权力机关监督模式，即全国人民代表大会及其常委会行使宪法监督权，同时通过全国人大及其常委会下设的专门委员会的辅助作用，以保障宪法监督的权威性和有效性。这在很大程度上是对前苏联经验的借鉴，虽然自建国以来发挥了相当重要的作用，但也存在着很大的局限性，特别是在目前强

调依宪治国的条件下，不能完全保障宪法的贯彻执行。

2. 我国宪法监督制度存在的缺陷

（1）有效性较差。由于全国人大及其常委会身兼立法与监督二职，必然造成全国人大及其常委会不重视对自己颁布的法律进行监督。

（2）时间不足。全国人大每年开一次会，全国人大常委会每两个月开一次会，会期短，职能却分别多达 15 项、21 项，根本无法适应宪法监督的经常性需要。

（3）人员素质不适应。宪法监督是一项专业性、技术性很强的工作，而全国人大代表和常委会委员绝大多数不熟悉宪法和法律。

（4）制度不健全。目前我国还没有关于宪法监督程序、宪法诉讼的具体规定，宪法监督的可操作性差。因此，无论是从宪法监督的理论还是从宪法监督的实践，无论从宪法监督的规范还是从公民的监督意识来看，我国的宪法监督制度都是不完善的。

3. 完善我国宪法监督模式的有效措施

（1）合宪性审查应作为立法的一道必经程序。宪法是国家的根本法，具有最高的法律效力。一切法律、行政法规和地方性法规都不得同宪法相抵触，这样才能维护社会主义法制的统一和尊严。现在，很多关于法律草案的说明，都仅仅着重于叙述起草过程，阐释基本原则，或者再对有关问题作介绍，往往就忽视了说明该法律与宪法的关系，不太注意它是否与宪法相协调。如果把关于法律草案的说明也作为一种法律文书的话，那么，在规定其程式时就应该把合宪性报告作为一项必不可少的法定内容。这是保证立法水平和立法质量的重要手段。

（2）我国现行的宪法监督基本上是事后违宪审查，全国人大及其常委会在法律、行政法规和地方性法规制定出来以后发现违宪而予以改变或撤销。因此，有必要考虑制定一部《违宪审查法》，或者至少在《监督法》中专门设置有关章节。

二、中国宪法的司法适用

在我国现行的宪法监督模式上，我国宪法不具有司法适用性，我国的人民法院和人民检察院并不是宪法适用的主体。

★ 典型案例：山东齐玉苓案[①]

案情概要：齐玉苓，是山东省鲁南铁合金总厂的一名普通维修女工。1998年的一天，突然有个陌生人来找叫齐玉苓的人，但却说要找的"齐玉苓"在中国银行滕州支行工作。由此，齐玉苓才得知自己被人"冒名顶替"的真相。1999年1月29日，齐玉苓以侵犯姓名权和受教育权为由将被告人陈晓琪、陈父以及山东省济宁市商业学校、山东省滕州市第八中学、山东省滕州市教育委员会告上法庭，要求停止侵害、赔礼道歉并赔偿经济损失费16万元和精神损失费40万元。

枣庄市中级人民法院受理此案后经审理查明：齐玉苓曾名"齐玉玲"，与被告之一陈晓琪都是山东省滕州市第八中学学生。在1990年的中专考试中，陈晓琪在预选考试中成绩不合格被淘汰。而齐玉苓通过预选考试后，又在当年的统一招生考试中取得了超过委培生录取分数线的成绩。山东省济宁市商业学校给齐玉苓发出录取通知书，由滕州八中转交。陈晓琪在陈父——原村党支部书记陈克政的策划下，从滕州八中领取了济宁市商业学校给齐玉苓的录取通知书，以齐玉苓的名义到济宁商校就读直至毕业。毕业后，陈晓琪仍然使用齐玉苓的姓名，在中国银行滕州支行工作。

枣庄市中级人民法院经过审理后认定：被告陈晓琪在其父陈克政策划下盗用、假冒齐玉苓姓名上学，是侵害姓名权的一种特殊表现形式。原告齐玉苓主张的受教育权，证据不足，不能成立，故不予支持。1999年5月，枣庄市中级人民法院一审判决陈晓琪停止对齐玉苓姓名权的侵害，赔偿精神损失费3.5万元，认定陈晓琪等侵害齐玉苓受教育权不能成立，并驳回齐玉苓其他诉讼请求。

齐玉苓不服，认为被告的共同侵权剥夺了其受教育的权利并造成相关利益损失，原审判决否认其受教育权被侵犯，是错误的。遂向山东省高级人民法院提起上诉。在该案二审期间，围绕陈晓琪等的行为是否侵害了上诉人的受教育权问题，山东省高级人民法院向最高人民法院递交了《关于齐玉苓与陈晓琪、陈克政、山东省济宁市商业学校、山东省滕州市第八中学、山东省滕州市教育委员会姓名权纠纷一案的请示》。2001年8月13日，最高人民法院作出了《关于以侵害姓名权的手段侵

① 韩大元. 中国宪法事例研究（一），法律出版社，2005，第1~2页。

害宪法保护的公民受教育的基本权利是否应当承担民事责任的批复》（以下简称《批复》）。其主要内容如下：我们认为，根据本案事实，陈晓琪等以侵犯姓名权的手段，侵犯了齐玉苓依据宪法规定所享有的受教育的基本权利，并造成了具体的损害后果，应承担相应的民事责任。

2001年8月24日，山东省高级人民法院作出了终审判决。作为实体法依据，该判决引用了宪法第46条、教育法第9，81条的规定。这一判决突破了我国法院不得直接引用宪法条文作为民刑裁判依据的司法惯例。（1956年，最高人民法院作出《关于在刑事审判中不宜援引宪法作论罪科刑的依据的批复》：中华人民共和国宪法是我国国家的根本法，也是一切法律的“母法”。刘少奇同志在关于中华人民共和国宪法草案的报告中指出：“它在我国国家生活的最重要的问题上，规定了什么样的事是合法的，或者法定必须执行的，又规定了什么样的事是非法的，必须禁止的。”对刑事方面，它并不规定如何论罪科刑的问题，据此，我们同意你院的意见，在刑事判决中，宪法不宜引为论罪科刑的依据。）其判决书中写道：“这种侵犯姓名权的行为，其实质是侵犯了齐玉苓依据宪法所享有的公民的受教育的基本权利，各被告应当承担民事责任。”法院判令陈晓琪停止对齐玉苓姓名权的侵害；齐玉苓因受教育权被侵犯而获得经济损失赔偿48045元及精神损害赔偿5万元。2001年11月20日，齐玉苓案执行完毕。

此案在理论和实务界引起了强烈反响。从此案的发生经过看，对于齐玉苓而言，关键之处在于法院是否支持其关于受教育权被侵犯的诉求，因为这决定了齐玉苓可以得到的赔偿数额。按照初审法院、二审法院对待侵权赔偿救济的方法，若法院不予支持（恰如山东省枣庄市中级人民法院所为），齐玉苓只能得到其姓名权被侵害的损害赔偿，即精神损害赔偿；若法院予以支持（恰如山东省高级人民法院所为），齐玉苓就可以得到一切与其受教育权被侵害有着因果关系的物质损失、精神损失。然而，由于民法通则没有规定受教育权，而此案又是一个民事诉讼案件，山东省高级人民法院故而认为法律的适用是疑难问题，向最高人民法院请求解释。最高人民法院于是作出了上述《批复》，认定陈晓琪等侵犯了齐玉苓依据宪法享有的受教育权。此《批复》，乃直接针对正在审理中（二审阶段）的齐玉苓案，因涉及具体争议点而具备司法性质，其与最高人民法院另一类颇具立法色彩的司法解释迥异；并且，在当事的侵权一方是否应承担民事责任这一问题上，法院未以其他具体法律为依据而直接地、单一地适用宪法。就此两点而言，司法界、学术界、媒体多称此案为“宪法司法化第一案”，被认为“开创了我国宪法司法化的先例”，“具有里程碑式的意义”。

★ 问题与思考

一、本案是在怎样的社会背景下发生的?

二、法院是否应该支持本案原告齐玉苓主张陈晓琪等的行为侵犯了其受教育权，并要求陈晓琪等承担侵权责任的诉讼请求?

三、齐玉苓案的重要意义表现在哪些方面?

四、“宪法适用性问题”的其他不同观点。

◆ 灵感闪存

☆ ....

☆ ....

☆ ....

☆ ....

☆ ....

☆ ....

★ 案例评析

一、本案发生的社会背景[①]

（一）中国社会的整体民主意识和公民宪法权利意识不高，未形成足以促使宪法诉讼制度出现的社会条件

马克思在分析法与社会的关系时指出：“法的关系正像国家的形式一样，既

① 张德瑞. 齐玉苓案引发的宪法问题评析Ⅱ. //韩大元. 中国宪法事例研究（一），法律出版社 2005，第7～9页。

不能从它们本身来理解，也不能从所谓人类精神的一般发展来理解，相反，它们根源于物质生活关系，这种物质生活关系的总和，黑格尔按照18世纪的英国人和法国人的先例，称之为‘市民社会’”。这一论断显然隐含着“市民社会”中其他因素对于法的影响的思想。中国宪法未进入诉讼制度的存在与维持，与中国社会的民主意识和公民的宪法权利意识存在直接联系。即宪法适用制度的完备与整个社会的民主化意识和公民宪法权利意识相一致，有什么样的社会民主化意识和公民宪法权利意识，就必须有与其相适应的宪法适用制度。任何宪法适用制度的完善都无一不是随着社会民主意识的提高和公民宪法权利的增强而发展完善的。从世界宪法发展的历程来看，第一次世界大战之前，虽然已经有不少国家实现了宪法的司法适用，然而，世界性的宪法的司法适用趋势，还是在第二次世界大战之后，随着世界各国民主化、法制化进程而出现的。由此可见，宪法的司法适用作为民主化、公民宪法权利意识普及的产物，只能是在社会民主意识和公民宪法权利意识不断提高的条件下才有可能实现。

新中国的成立，虽然理论上说为建立高度发达的社会主义民主和法制奠定了基础，但是由于诸多原因，中国社会的整体民主意识和公民宪法权利意识不高，却是无法否认的事实。目前，就所能见到并已见诸报刊杂志的有关权利争议的材料来看，整个社会涉及宪法权利、权益的案件、事件、问题较之于其他权利、权益争议，不仅较为罕见，而且基本上出现在20世纪80年代之后，近几年才逐步呈上升趋势。从逻辑上说，有宪法就必须有有关宪法权益的争议，而中国的宪法实践中，这种宪法权利之争如此稀少是与公民宪法权利意识较低有关的。从学术研究上说，真正有关这一问题的学术研究，也不过是20世纪80年代之后。显然，过去很长一段时期，中国社会的民主意识和公民的宪法意识未形成足以促使宪法诉讼制度出现的社会条件。

（二）法律作为一种经验是在社会需求的前提下应运而生，最高人民法院的《批复》体现了对人们宪法权利的需求的一种回应

美国学者伯纳德·施瓦次指出：“法律是从经验中总结出来的道理。”这非常明确地表明了法律与社会实践的关系。法律是一种经验，而不是一种先验。作为社会实践的产物，它不仅要回应、关怀社会的需求，也必须是在一定社会需求基础上产生的。脱离了这种需求就失去了法律及其制度存在的价值。由此可见：不仅中国民主意识和公民宪法权利意识较低的社会条件不可能产生具有现代意义的宪法司法适用制度，而且，这一社会基础和条件也正是中国宪法进入诉讼领域

赖以存在的重要社会原因和社会基础。因此，齐玉苓案及最高人民法院对此案的《批复》，能够引起学术界和司法界人士的普遍关注也就不足为奇了。

最高人民法院的《批复》公布后，社会舆论对宪法的具体实施和宪法中规定的公民基本权利受保护的现状表现出了很大关注。不久，山东又有几名高考学生认为高考分数线的地区差异侵犯了自己依照宪法规定所享有的平等受教育的权利，因而提起行政诉讼状告教育部，这从一个侧面反映了《批复》对于唤醒人们几近沉睡的宪法观念和宪法权利意识所起的巨大作用。在学术界和司法界都普遍认为我国的宪法不具有司法适用性。当有些人以宪法上规定的其应有的某种基本权利遭受践踏为由而诉诸法院，却一次次地被拒之门外时，还是有不少睿智的法官，通过对宪法作笼统性、变通性规定，或者以宪法和具体法律相结合的形式，不同程度地适用宪法作为裁判案件的依据，这反映出我国法官具有无穷的创造性智慧。

最高人民法院的《批复》短短数语，却使公民权利的现实化问题再度浮出水面，引起社会的广泛关注。有学者指出，随着有关公民宪法权利的实际保障问题的讨论日益深入，必定会在立法和制度建设层面上对这一问题的解决起巨大的推动作用，从而使我国社会主义民主宪政建设和公民基本权利的保障事业进入一个新的水平。如果真能这样，此案和最高人民法院的《批复》将成为中国宪政史上的一个重要发展标志。

二、法院应该支持本案原告齐玉苓主张陈晓琪等的行为侵犯了其受教育权，并要求陈晓琪等承担侵权责任的诉讼请求①

由于受教育权在《民法通则》和当时的相关法律（当时教育法还未颁布）中未规定，所以，对于原告主张是否应当支持，必须首先解决以下三个问题：第一，齐玉苓可否向陈晓琪等主张受教育权；第二，法院能否依据宪法进行裁判；第三，陈晓琪等的行为如果违反了宪法的规定，能否要求其承担民事责任。

（一）基于宪法基本权利的第三人效力，齐玉苓可以向陈晓琪等主张受教育权

关于宪法基本权利的第三人效力问题，学术界争议较多。学者们多认为宪法是

---

① 屠振宇．齐玉苓案引发的宪法问题评析Ⅰ．载韩大元主编．中国宪法事例研究（一），法律出版社 2005，第 2 ~ 6 页．

规定政府主要机构的组成、权力和运作方式的规则以及政府机构与公民之间关系的一般原则，规定的是个人和公民与政府之间的关系，而不是个人和公民相互之间的关系。但这种传统理论由于社会经济条件的变化和西方宪政赖以奠基的人权理念的进一步发展而受到了质疑。在德国，以尼伯代（Hans Carl Nipperdey）为代表的"第三者效力理论"在二战以后得以兴起，该理论的要义为：第一，私法乃统一、自由的社会整体法律秩序的最重要成分，人类尊严既是整体法律秩序的基础，也是私法体系的基础；第二，社会结构变迁导致强有力的团体、协会以及公众、个人必须和社会、团体发生关系，面对社会实力者以及经济上之强者时，个人个别价值之保障应受到宪法承认；第三，基本权利之绝大多数为古典的、针对国家权力而设的，在私人关系中不适用。但是，仍然有一些基本权利可以在私法关系中直接适用，可以废止、修正、补充甚或重设私法规则；第四，德国基本法虽只第九条明文规定具有直接私法适用性，可历史地看，19 世纪的人民主要担心国家权力之滥用，对私人的社会势力者的防御视为次要，而工业社会使得个人遭受其他个人及社会势力者侵害亦大，所以，不必拘泥于传统基本权利观念。①

根据我国宪法的规定，公民有受教育的权利和义务，公民的受教育权属于宪法保护的公民的基本权利。基本权利的实现与否对法治社会的意义和重要性不言而喻。公民的基本权利不仅可能受到来自国家力量的侵犯，社会上拥有优势地位的团体和个人，对于其他居于劣势之私人，也有可能以压倒的势力妨碍其基本权利的实现。仅仅赋予公民得以基本权利对抗国家，仍难以保证其基本权利的实现。宪法作为国家的最高法，它所追求的价值和理念为法治社会之首要。宪法必须得到实施，公民的基本权利也必须得以实现。对于第三人侵犯宪法所保护之基本权利，应当给予法律上的救济。

我国宪法明确规定，宪法是国家根本法，具有最高的法律效力。全国各族人民、一切国家机关、武装力量、各政党和各社会团体、各企业事业组织，都必须以宪法为根本的活动准则，并且负有维护宪法尊严、保证宪法实施的职责。一切法律、行政法规和地方性法规都不得同宪法相抵触。一切国家机关和武装力量、各政党和社会团体、各企业事业组织都必须遵守宪法和法律。一切违反宪法和法律的行为必须予以追究。任何组织或者个人都不得有超越宪法和法律的特权。这

---

① 陈新民．宪法基本权利及对第三者效力之理论．//德国公法学基础理论（上册），山东人民出版社 2001：292～297.

些规定，都无一例外地表明宪法基本权利不容侵犯，宪法所保护的基本权利不仅仅对抗国家的侵害，同时也对抗私人的侵害。陈晓琪等人的不当行为，造成齐玉苓受教育的权利难以实现，齐玉苓有权向陈晓琪等主张受教育权。

（二）我国宪法和法律没有规定法院审判不得援引宪法，因此法院有权适用宪法

1. 宪法的适用权来源于宪法的实施权。宪法的实施又与宪法适用紧密相连。因为宪法规范是一种较为原则和抽象的规定，同时立宪者也不可能预见到未来社会的发展，因此，宪法要得到实施必须赋予实施机关以宪法适用权。我国宪法规定，人民法院依照法律独立行使审判权。人民法院作为宪法的实施机关，自然应当享有宪法的适用权。

2. 人民法院在适用宪法时对宪法进行解释，并不与宪法将宪法解释权赋予全国人民代表大会常委会的规定相违背。人民法院行使的仅仅是行宪解释权，行宪解释就其实质而言是有权国家机构在实施宪法、履行宪法所规定的权力和职责时，对宪法条文、规范原则以结构、功能和相关法律关系所作的进一步的说明。从法理上看，行宪解释一般只是适用、实施宪法的解释，并不是终极的宪法解释。

进一步说，人民法院在民事审判中适用宪法是其神圣职责。首先，人民法院作为国家审判机关，有责任保障宪法的正确实施。在民事审判中遇到有违反宪法规定的行为，自然应当依照宪法规定予以纠正，在普通法律没有规定但宪法有规定的情况下自然有义务直接适用宪法中的规定，并对违反宪法的行为予以纠正。人民法院不履行这种职责的行为是违宪行为，应当由宪法监督机关予以纠正。其次，违反宪法的判决是无效的判决。宪法第五条规定："国家维护社会主义法制的统一和尊严。""一切法律、行政法规和地方性法规都不得同宪法相抵触。""一切国家机关和武装力量、各政党和各社会团体、各企业事业组织都必须遵守宪法和法律。一切违反宪法和法律的行为，必须予以追究。""任何组织或者个人都不得有超越宪法和法律的特权。"因此，一个违反宪法的判决自然不能成为有效的判决。人民法院的审判权是宪法赋予的，其行使审判权自然不得违反宪法的规定。人民法院在普通法律没有规定但宪法有规定的情况下，不顾宪法的规定对公民违反宪法的行为不予纠正，对公民应受宪法保护的权利不予保护，作出这样的判决本身就是违宪的，这样的判决是没有法律效力的。

人民法院行使宪法适用权也是有限制的。首先，人民法院仅应在其职责范围内行使宪法适用权，超越其职权行使宪法适用权是应当禁止的；其次，人民法院行使

宪法适用权应当尊重立法机关和行政机关等国家机关的宪法适用权。人民法院在审理案件中，宪法和法律、法规中都作了规定，人民法院应当选择适用法律、法规，而不是直接适用宪法。因为全国人民代表大会及其常委会制定法律、国务院制定行政法规的活动也是在其职权范围内适用宪法的活动，在宪法实施的监督机关未作出否定评价之前，这种宪法适用的活动具有法律效力，应当给予尊重。

（三）陈晓琪等人违反宪法的行为应当承担民事责任

从法理上讲，民法侵权行为法上的救济权是为救济私益而设，但对私益的保护，不仅仅体现在民法中，同样也体现在行政法、刑法等公法中。所以，这些公法中所设定的某些公权其目的除了保护公益外，也保护私益。公法的保护不能取代私法的保护。宪法是一门综合性的法律，宪法所保护的基本权利本身也是公权和私权的混合。因此，当第三人的行为侵犯宪法上保护的公权，并构成对私益的侵犯时，也应当得到民事上的救济。违反宪法所承担的责任形式可能是多样的，民事责任是一种责任形式。

正当的民事利益，应当和民事权利一样得到民事上的保护。一些国家和地区民法典已经明确规定了给予公法上的私益以直接民事救济的方式。例如，《德国民法典》第八百二十三条规定："因故意或过失不法侵害他人之生命、身体、健康、自由、所有权或其他权利者，对被害人负赔偿损害之义务。(1)违反以保护他人为目的之法律者，负相同之义务；(2)如依法律之内容，虽无过失亦可能违反法律者，在有过失时，始负赔偿损害之义务。"根据霍恩的解释，"这里所说的保护性法律，包括所有以保护个人和个人群体为主要目的的私法规范和公法规范。"

在本案中，受教育权虽然不是一项民事权利，而是作为一项基本权利规定在宪法上，但是受教育权的实现与否对于个人将来的发展、收入的高低具有重要影响，受教育作为一种利益对于个人具有现实价值，并且具有正当性。因此，受教育权应受到民法上的保护。陈晓琪等的行为构成了对齐玉苓受教育利益的侵害，理应追究其民事责任。

三、齐玉苓案的重要意义[①]

最高人民法院的《批复》，不能简单地看作是就地方法院对有关法律适用问

---

① 张德瑞．齐玉苓案引发的宪法问题评析Ⅱ．//韩大元．中国宪法事例研究（一），法律出版社，2005年，第9～12页。

题请示的一个惯例性答复，实际上，透过该《批复》我们可以看到背后包含的巨大而深远的意义。这一《批复》创造了我国宪法司法化的先例。

（一）它提出了人民法院可以依照宪法规定保护公民的基本权利

我国宪法虽然规定了公民在政治、社会经济、教育文化及人身自由等方面的基本权利，这些权利除了一部分通过普通法律法规得到切实有效的保护外，还有相当一部分基本权利并没有具体化为普通法律法规上的权利，公民的这部分权利在受到侵害时，法院往往因为没有具体的法律法规可以援引，而导致公民在宪法上所享有的这些基本权利得不到应有的保护。如1998年北京民族饭店员工王春立等16人在人大换届选举时，在民族饭店登记为合法选民，但民族饭店没有给他们发放选民证，也没有通知他们参加选举。于是，他们以该饭店侵犯了其宪法上规定的选举权为由，向北京市西城区人民法院提起诉讼，要求饭店承担法律责任。但西城区人民法院作出裁定不予受理。他们不服，上诉至北京市第一中级人民法院。而北京市第一中级人民法院以上诉人的诉讼请求没有法律依据为由，驳回上诉。我国公民依照宪法规定享有的基本权利有相当一部分在司法实践中长期以来处于“睡眠”或“半睡眠”状态。最高人民法院在《批复》中第一次打破了法院对此问题的“沉默”，旗帜鲜明地指出，公民宪法上所享有的基本权利受到侵犯时，也应当得到保护。这在我国司法实践中无疑具有里程碑式的意义。

（二）它指明了人民法院可以直接适用宪法进行裁判

1988年10月14日，最高人民法院曾就天津市高级人民法院请示的《关于雇工合同中注明“工伤概不负责”应如何认定其效力问题》作过批复，认为“对劳动者实行劳动保护，在我国宪法中已有明文规定，这是劳动者所享有的权利，受国家法律保护，任何个人和组织都不得任意侵犯”。雇主在招工登记表中注明“工伤概不负责”，这是“违反宪法和有关劳动保护法规的，也严重违反了社会主义公德，对这种行为应认定无效”。这一批复虽然间接涉及到宪法的适用问题，但由于雇工合同本质上属于平等主体之间形成的民事法律关系，当事人对合同内容发生的纠纷，其实质仍属于民事权益之争，如果雇主对雇工的工伤事故不予赔偿，法院实际上可以将其视为雇工的民事权利受到侵害而加以保护。对当事人在该法律关系中约定的这一条款的效力的认定，除了根据宪法规定的加强劳动保护的精神可以确认其无效外，根据民法通则关于民事活动应当尊重社会公德的原则，是完全可以认定其无效的。这与齐玉苓案直接适用宪法进行裁决具有实质性的区别，因此，该批复还难以视为我国法院直接适用宪法判案的先例。而齐玉苓案当事人的受教育权则属于民法理论难以包容的权利，明显属于宪法规定的公民的基本权利，如不直接适用宪法的规定，司法救济是无法实现的。

（三）它首次正式提出以民法方法保护公民的宪法上的基本权利

公民在宪法上所享有的基本权利通过何种方法进行保护，这在我国司法实务中一直是一个悬而未决的问题，就齐玉苓案而言，陈某实际上先后侵害了齐玉苓的姓名权、受教育权以及劳动就业权等三种不同的权利，最高人民法院从本案的实质出发，认为齐某主要受到侵害的是公民的受教育权，侵害姓名权只是侵害受教育权的一种手段，劳动就业权的侵害也只是侵害受教育权的后果。这就抓住了该案的重心和关键。应指出的是，该《批复》并未将公民在宪法上所享有的受教育权利视为一种民事权利，而是将其作为宪法上的专有基本权利来看待。这就将公民宪法上的基本权利与普通民事权利区别开来。

将齐玉苓案定性为受教育权纠纷之后，如何对公民的这一权利提供救济就是需要认真进行考虑的问题。最高人民法院这一《批复》明确指出应当用民事赔偿的方法解决双方当事人的争议。这一救济手段的科学性在于，尽管本案是因公民受教育权受到侵害而产生的宪法上的纠纷，但在受教育权遭到侵害而进行司法救济这一问题上，它是平等主体之间的一种权利与义务关系。因此，它既不能适用刑法的方法，也不能采取行政法的方法，只能依据民法的方法提供救济。这不仅拓展了民事责任的适用空间，而且为公民基本权利的司法救济开辟了新径。

四、“宪法适用性问题”的其他不同观点①

很多学者极力主张宪法基本权利规范具有直接的法律效力，认为它可以由法院在审理案件过程中直接适用。但是如仔细分析，就会认识到宪法基本权利并不具有直接的法律效力。

（一）宪法基本权利的创设目的，在于保护公民权利不受国家而不是其他公民的侵害

公民的权利可分为宪法权利和普通权利。宪法权利是个人所必不可少的权利，是由宪法规范的。法律权利是由普通法律所规范的具体性的权利。由于宪法是立法的基础，因此法律权利可视为宪法权利的具体化。

---

① 杜强强．齐玉苓案引发的宪法问题之不同意见．//韩大元．中国宪法事例研究（一），法律出版社，2005 年，第 12～18 页。

宪法权利与法律权利的功能虽然同为启动法律制裁程序，但它们的创设目的是完全相异的。法律权利的创设目的，在于保护公民利益免受其他公民、组织等的侵害。而宪法权利的创设目的，在于保护公民利益不受国家的不当干预。从某种角度讲，保护公民利益不受其他公民等私法主体的侵害法律权利足堪此任。但法律权利这一规范技术并不能保障公民利益不受国家的不当干预，因为国家立法机关可以按照自己的意志改变法律，进而干预公民的利益。因此宪法权利这一规范技术应运而生。宪法详细规定是拘束立法机关，法律详细规定不过是拘束行政机关，法律可因立法机关自由修改，所以宪法详细规定与法律详细规定，在实益方面并不相同。

因此，宪法基本权利条款的意义，主要并不在于宣称或确认公民的基本权利，而在于为国家权力确定一定范围和方向。即宪法上规定的基本权利其指向的对象并不是公民个人，而是针对着国家；它并不赋予公民直接的、可以具体行使的权利，而在于为国家设定义务。更具体地说，公民个人并不能够直接依据宪法的基本权利条款，向其他公民要求履行义务，而只能要求国家立法机关积极地履行立法的义务。诚如王世杰、钱端升先生所说，各国宪法上关于个人权利义务的规定，其用意在于昭示未来的立法者以立法的方针、未来的行政者与司法者以行使行政权与司法权的规范，或者为未来立法、行政、司法机关的行为设定范围。

宪法基本权利条款在于为国家的立法、行政、司法行为设定范围。对宪法任何条文的理解都应以此为出发点。例如，我国宪法第三十三条规定：中华人民共和国公民在法律面前一律平等。该条文在宪法学上的意义就不仅意味着公民的平等权，意味着行政、司法机关不得对人民采取不平等的措施；它更表明，立法机关不得对公民制定不平等的法律。又如，宪法第四十一条规定：由于国家机关和国家机关工作人员侵犯公民权利而受到损失的人，有依照法律规定取得赔偿的权利。它的含义，一是要求立法机关必须制定国家赔偿法，立法机关不制定即构成失职；二是如果某项法律规定国家机关或国家机关工作人员侵犯公民合法权益不承担任何法律责任，该项法律即构成违宪而无效。因此，宪法第四十一条的规定依然是针对法律而言的，而不是针对国家机关和国家工作人员的侵权行为的。总之，宪法关于公民基本权利的规定，其含义在于调整国家与公民之间的关系。虽然它也是为公民设立的权利，但它更是为国家设定的义务。

因此，可以说宪法权利与法律权利是两套不同的权利体系，一套针对国家，一套针对除国家以外的其他主体。这两套权利体系各司其职，共同构成了一个完整的公民利益的保障机制。那种认为宪法可以解决公民之间权利义务纠纷的观点，实际上也就是让宪法权利去超越其目的，启动对公民的法律制裁程序，这不仅有越俎代庖之嫌，而且破坏了这两套权利体系之间的协调，实不可取。

（二）宪法基本权利具有极为不同的性质和内涵，不能一刀切式地对待

基本权利规范构成了宪法的重要内容之一。从宪法的规定来看，基本权利规范大都比较笼统和抽象。如我国宪法第三十五条规定；中华人民共和国公民有言论、出版、集会、结社、游行、示威的自由。宪法并未具体规定这一基本权利的内涵、权利限制以及救济方式。在法学领域，“权利”是一个非常笼统的概念。法律规范中写满了“权利”，但这些权利在不同的地方却有着不同的含义。

宪法上的基本权利也有不同的内涵。如自由权、社会权的差异极为明显。现代宪法一方面确立了自由权，另一方面又确立了对社会弱者“社会权”的保障。尽管宪法将社会权纳入基本权利体系，但是社会权与传统的自由权之间的差异，不仅在内容上是巨大的，而且在保护方式上也是巨大的。人身自由权和社会权，虽然同为基本权利，但前者在性质上是一种消极的权利，即排斥国家不当干预的权利；而后者在性质上则是一种积极的权利，它要求国家的积极介入。它们的这一区别决定了人身权利是一种可受司法保护的基本权利，而社会权则基本上在大多数国家被排除在司法保护的范围之外。社会权的本质，如日本著名宪法学者宫泽俊义所言，是为了保障国民在立法上和行政上要求国家的作为。换句话说，社会权所体现的法律关系，仅仅局限于公民与国家之间。公民的社会权利，其指向的目标就是国家应当承担的保障公民社会权利的义务，而不可能是其他公民。任何公民不应当为其他公民社会权利如劳动权的实现承担任何法律上的责任。事实上，社会权利的实现有赖于国家立法机关积极制定保障公民社会权利的法律，以及行政机关采取积极的行政措施实施保障社会权利的法律。

正因为宪法权利具有极为不同的性质和内涵，因此对于不同的宪法权利就应当有不同的对待，而不能做“一刀切”处理。换言之，如果我们不对各种基本权利的特性及其内涵加以具体分析，而只停留于“基本权利”的笼统概念上，就贸然主张“基本权利的直接效力”或“宪法司法化”，那极有可能使我们处于不利的境地。

（三）从比较宪法的角度看，各国大都不承认宪法权利具有在私法领域的直接效力

传统的西方宪法学认为，与普遍法律不同，宪法中权利规范的效力，主要限定于个人与国家或公共权力之间的关系，以及国家或公共权力内部的关系，而不

及于个人与个人之间的关系这一领域。这是宪法学上的一个传统的占主流的学说。虽然学说的发展逐渐承认宪法基本权利规范在私法领域也有“第三者效力”，也可以适用于私人之间的法律关系，但是在承认宪法基本权利“第三者效力”学说的德国和日本，学说和判例大都认为宪法基本权利的效力不是直接的，而且一种间接的效力。具体说来就是，宪法基本权利条款只能透过私法领域中的那些一般条款例如民法的善良风俗规定发挥其效力。林来梵先生对此评价道：从宪法权利规范对私法领域的无效力说到第三者效力说，客观地反映了立宪主义自身的展开过程。相反，如果从一开始就否定宪法权利规范对私法领域的无效力说，将宪法权利规范所调整的范围加以无限泛化，看似能够解决问题，而实际上却可能导致“个人与国家的二元对峙结构”的相对化或稀释化，从而恰恰没有把握到近代以来立宪主义的根本精神。

★ 相关案例链接

一、贵州省安龙县平乐乡政府诉韦其明案①

2001 年 9 月，贵州省安龙县平乐乡居民韦其明在“姑娘读书没有用”的错误观念支使下，迫使正在读初中一年级的女儿韦元芬辍学。在老师动员、乡政府下达复学通知书以及乡政府作出行政处罚决定的情况下，韦其明仍未送女儿上学。为此，乡政府以韦其明为被告提起诉讼，要求被告送其未成年子女上学。最后，人民法院作出判决，要求被告停止对未成年子女接受九年制义务教育的侵害，立即送子女上学。

二、强制分流学生案②

学校怕一部分考生考不上大学，影响学校高考升学率，所以在高二学生余亭亭升学时故意增加难度，致使她与一些同学考试不及格，而不能升入本校高三参加高考，只能留级或进入分流班。余亭亭被迫转入私立学校，并经一年努力，考上了大学。2001 年 5 月，正读大一的余亭亭以其曾就读过的北京市朝阳区机械工程学院附中高中部侵犯其受教育权为由向朝阳区人民法院起诉。11 月 9 日，朝阳区人民法院认为余亭亭的诉讼理由“均属于教育改革中出现的问题，不应由人民法院主管，而应由有关部门处理解决”。并依据《民事诉讼法》第一百一十一

① 参见《南方周末》2001 年 11 月 1 日。
② 参见《人民法院报》2001 年 11 月 23 日。

条第（三）款，作出驳回起诉的裁定。

★ **法条链接**

◆《**中华人民共和国宪法**》

第四十六条　中华人民共和国公民有受教育的权利和义务。

国家培养青年、少年、儿童在品德、智力、体质等方面全面发展。

第六十二条　全国人民代表大会行使下列职权：

（二）监督宪法的实施

第六十七条　全国人民代表大会常务委员会行使下列职权：

（一）解释宪法，监督宪法的实施

◆《**中华人民共和国民法通则**》

第九十九条　公民享有姓名权，有权决定、使用和依照规定改变自己的姓名，禁止他人干涉、盗用、假冒。

★ **他山之石**

童之伟："宪法司法化"引出的是是非非——宪法司法适用研究中的几个问题，《法学》2001 年第 11 期。

申素平、杨建敏：受教育权利及其法律保护——对当前教育纠纷中一个热点问题的分析与思考，《中国教育学刊》2002 年第 4 期。

李红雁：受教育权的可诉性研究，《湖湘论坛》2006 年第 19 卷第 3 期。

王亚琴、任端平：公民受教育权及其宪法救济，《法律适用》（国家法官学院学报）2002 年第 12 期。

★ **请你断案：2003 年宪法事件之一：三博士上书全国人大常委会**

案情简介：2003 年 5 月 17 日，《南方都市报》报道：5 月 14 日，俞江、滕彪、许志永三位法学博士，以传真形式向全国人大常委会提出《关于审查〈城市流浪乞讨人员收容遣送办法〉的建议书》，认为 1982 年由国务院颁布的《城市流浪乞讨人员收容遣送办法》与我国现行宪法和有关法律相抵触，应予以改变或撤销。

请判断该案涉及全国人大常委会何种权力、普通公民的何种权利，它们如何实现？

★ 参考答案

1.《城市流浪乞讨人员收容遣送办法》有违宪之嫌疑，应予以改变或撤销。这是因为《城市流浪乞讨人员收容遣送办法》第六条的规定、其实施细则第十三条的规定实际上为限制公民自由条款。而根据现行宪法第三十七条规定，公民的人身自由不受侵犯；《行政处罚法》第九条规定，限制人身自由的行政处罚只能由法律设定；《立法法》第八条和第九条规定，对公民政治权利的剥夺、限制人身自由的强制措施和处罚，只能制定法律；根据《立法法》第八十七条的规定，对超越权限和下位法违反上位法的行政法规应予以改变或撤销。

2. 全国人大常委会享有宪法监督权。现行宪法第六十七条第一项规定全国人大常委会有解释和监督宪法实施的职权，第四项规定其享有解释法律的职权，第七项规定其享有撤销国务院制定的同宪法、法律相抵触的行政法规的权力。

3. 公民享有提请全国人大常委会进行违宪审查的权利。因为根据《立法法》第九十条规定，公民认为行政法规、地方性法规、自治条例和单行条例同宪法或者法律相抵触的，可以向全国人民代表大会常务委员会书面提出进行审查的建议。三位博士向全国人大常务委员会递交《关于审查〈城市流浪乞讨人员收容遣送办法〉的建议书》的行为，是公民主动行使宪法和法律监督权的具体体现。

另：国务院已于2003年6月30日颁布《城市生活无着的流浪乞讨人员救助管理办法》，同时宣布废止《城市流浪乞讨人员收容遣送办法》。

第三讲　中国公民宪法权利平等权的保护与实现问题：蒋韬案

★ 法理链接

一、宪法是公民权利的保障书[①]

从社会正义、法律正义以及宪法演进的历史逻辑来看，宪法就是一部公民权利的保障书，其核心价值就在于保障公民权利。宪法的基本内容可分为两大块：规范国家权力的运行和对公民权利的保障，但它们之间并不是处于平等的地位，就本原上来说，公民权利的保障应当处于支配地位。公民权利产生国家权力，国家权力为公民权利服务，公民权利制约国家权力。国家权力的运行是为了营造一个良好的社会秩序，为公民权利的实现提供切实和有效的保障。宪法对国家权力运行的规范还意味着对公民权利的保障，防止国家权力侵犯公民权利。虽然说国家权力来自于公民权利，但公民权利在这种特别关系中并没有处于优势的地位，它一方面需要国家权力提供保障，另一方面又最害怕来自国家权力的侵犯。在此，宪法就成为保障与救济公民权利的重要途径和手段。宪法发展的历史就是权利斗争的历史。英国在资产阶级革命时期，为了确认取得的权利、巩固胜利成果，先后制定了《人身保护法》和《权利法案》。1789 年的法国的《人权宣言》就宣布：凡是权利无保障和分权未确立的社会就没有宪法。后来的 1791 年宪法就将《人权宣言》作为序言。美国 1787 年宪法虽然对公民权利没有作出规定，但在后来的宪法修正案中对其作了全面规定。列宁也指出："宪法就是一张写着人民权利的纸。"我国《宪法》用专章对公民权利作了规定。在我国宪法建设的实践中，只有把握宪法的核心价值才能明确改革与发展的方向。

① 吴汉东. 法学通论，北京大学出版社，2007 年，第 79 ~ 80 页。

二、宪法对公民基本权利和自由的保障①

从各国宪法、法律的有关规定及其政治实践看，对公民权利和自由的保障主要表现在三个方面：一是物质保障。资本主义国家的生产资料的私有制，决定了宪法、法律规定的公民基本权利和自由对广大劳动人民来说无法实现；而社会主义国家的生产资料公有制和广大劳动人民直接掌握国民经济命脉，则为公民基本权利和自由的实现提供了物质条件。二是政治保障。这主要是指国家政权的归属对公民基本权利和自由的保障。资产阶级专政的国家政权决定了为资产阶级服务，以实现有产者的基本权利和自由为其根本宗旨。社会主义国家人民当家作主的国家政权则决定了全力维护广大劳动人民享有的基本权利和自由，是社会主义国家政权的核心职能之一。三是法律保障。由于资本主义国家的法律是资产阶级意志和利益的体现，因此它不可能真正从法律上保证广大人民享有的基本权利和自由，而社会主义国家的宪法和法律由于是广大劳动人民意志和利益的体现，因而它不仅规定公民的基本权利和自由，而且通过依法制裁侵犯公民基本权利和自由的行为，保证公民基本权利和自由的实现。

宪法的价值是通过对公民权利和自由的保障来实现的。正如黑格尔所说：公民必须体会到宪法是自己的权利，可以落到实处。否则，宪法就只是徒有其表，不具有任何意义和价值。

★ 典型案例："中国法院受理的宪法平等权第一案"蒋韬案

案情概要：2001 年 12 月 23 日，四川大学法学院 1998 级学生蒋韬看到成都某媒体刊登了一则中国人民银行成都分行招录公务员广告，其中规定招录对象条件之一为：男性身高 168 公分，女性身高 155 公分以上。蒋韬恰巧因为身高不符合招聘要求而丧失报名资格。他认为，中国人民银行成都分行招考国家公务员这一具体行政行为违反了我国宪法第 33 条关于中华人民共和国公民在法律面前人人平等的规定，限制了他的报名资格，侵犯了他享有的依法担任国家机关公职人员的平等权和政治权利，应当承担相应的法律责任。于是蒋韬以中国人民银行成都分行作为被告向成都市武侯区人民法院提起行政诉讼。该案受到社会各界的

① 周叶中. 宪法，高等教育出版社、北京大学出版社，2000 年，第 259 页。

广泛关注，媒体竞相报道，被称为“中国宪法平等权第一案”。

2002年1月7日，成都市武侯区人民法院受理此案。1月9日、10日，中国人民银行成都分行重新刊登广告，删除了身高条件。原告对这一行为表示赞赏，同时也表示，为推进宪法诉讼，并不打算撤诉。

诉讼中，被告方答辩称，自己在媒体上刊登《招录行员启事》的行为不属于自己行政职责的范围，不是自己所作出的行政行为，更不具有具体行政行为的法律特征；另外，自己已于1月9日、1月10日分别在不同媒体上重新刊登了启事，对以前刊登启事的内容进行了调整，因而对原告方实体上的权利并没有造成事实上的侵犯。因此，原告方的诉讼请求不成立。

2002年4月25日上午，该案在成都市武侯区人民法院公开开庭审理。参加旁听的有四川大学的大学生、用工单位的负责人以及一些有类似蒋韬经历的人。他们直言是来学经验的。认为此案对他们今后找工作“有很好的借鉴作用”。

2002年5月21日，成都市武侯区人民法院对本案作出裁定认为，被告成都分行2001年12月23日对外发布的《中国人民银行成都分行招录行员启事》中对招录对象规定身高条件这一行为，不是其作为金融行政管理机关行使金融职权、实施金融行政管理的行为，因此，不属于行政行为的范畴，亦不是法院行政诉讼的主管范围；并且被告在该行为产生效力之前就已经自行修改了招录启事的有关内容，因而实际上并未给原告及其他相对人报名应试的权利造成伤害，原告的诉讼请求也不具有可诉性。据此，法院作出裁定，驳回原告蒋韬的起诉。

一审判决后，原告蒋韬未提起上诉。

★ 问题与思考

一、什么是平等与平等权？

二、平等权在世界各国的宪法地位如何？

三、平等权与“合理差别”。

四、公民的平等权如何实现？

◆ 灵感闪存

☆ --

☆ --

☆ --

☆ --

☆ --

☆ --

★ 案例评析

一、平等与平等权的基本含义

(一) 平等的含义

1. 机会平等与结果平等

所谓“结果平等”，就是要求各人同样获得最后所要实现的目标，而机会平等则只是要求个人获得平等机会去实现目标，现代国家的宪法要求一般限于机会平等。

2. 程序性平等与实体性平等

程序性平等是指仅要求法律在适用过程中平等，并不考虑法律本身是否平等，而仅考虑那些在法律上处于平等地位的人是否在法律适用过程中享受了平等；实体性平等则指法律内容的平等，其又包含两层含义：表层的含义是法律在文字上的平等，更深层含义则是指法律在效果上的平等。在宪法学领域里，平等原则不应仅限于程序性平等，而应进一步要求实体性平等，否则宪法对于普通法律就失去了控制作用，平等原则也就失去了宪法意义。在美国法上的平等保护中也可以从实体与程序两个方面理解，其中，程序性的平等保护主要是行政法的内容，实体性平等保护才是宪法学内。

3. 表面平等与实际平等

表面平等是指法律在文字形式上的平等，而实际平等则指形式上平等的法律在运用过程中也获得了平等的效果，因而实现了实质意义的平等。与平等相对立的是歧视，不符合表面平等的法律构成了“法律上的歧视”，符合表面平等但不符合实际平等的法律或措施则构成了“事实上的歧视”，“事实上的歧视”可能发生于两种情形：第一，法律本身就带有歧视目的或必然产生歧视的效果；第二，法律本身不带有歧视，但在适用过程中发生了歧视。

（二）平等权的含义

平等权最先是一种政治性权利，体现的是人在社会中的地位，反映了人的尊严和价值。后来平等权的含义不断延伸，不仅涉及政治上的问题，而且在经济、文化、社会、家庭等各方面都有表现。平等权是指公民在政治、经济和社会的一切领域内与其他公民享有同等的权利，不允许区别对待。我国宪法第 33 条明确规定：“中华人民共和国公民在法律面前一律平等。”平等权的主要内容包括：第一，所有公民平等地享有权利、平等地履行义务，权利与义务具有一致性；第二，任何公民享有的平等权都不是绝对的，受到法律的约束；第三，法律面前的平等指权利能力的平等，而非行为能力的平等；第四，在我国理论界，平等权通常是指适用法律的平等，而不包括立法上的平等，这是我国法学界在 1982 年宪法修改后基于当时法律阶级性观点进行的一种学理理解，正如 1996 年全国人大常委会办公厅研究室政治组在对这种具有代表性的观点进行分析时所指出的那样，宪法规定的公民在法律面前一律平等，“是指在法律实施上的平等，而不是指立法上的平等。这一观点是基于马克思主义关于法律是有阶级性的观点而产生的，它认为法律只体现统治阶级的意志，而不能体现被统治阶级的意志。在这一点上，统治阶级与被统治阶级存在事实上的不平等。目前在理论界，法律阶级性的观点受到了很大的挑战，现实中用阶级观点很难解释许多法律现象。随着法律阶级性观点的动摇，宪法关于法律上一律平等应作出新的解释。”

从宪法的发展历史来看，平等权的含义经历了一个从适用平等到立法平等的发展过程。比如，在 19 世纪中期的欧洲大陆国家，平等权还主要被认为是指适用法律的平等，而不是制定法律的平等。20 世纪以来，欧洲各国逐渐改变了这种看法，承认在平等权的问题上，国家立法机关不得制定违反关于法律面前人人平等规定的法律，即公民在宪法上所享有的平等权对立法机关亦具有拘束力。

二、平等权在世界各国中的宪法地位

近代宪法将平等、自由和财产作为最重要的三大基本人权予以确认。1776 年，作为美国第一个“人权宣言”的《独立宣言》揭开了基本人权保护的宪法原则，而其中的“平等权”即被视为一切基本人权之基础。《独立宣言》宣布：“所有国民不论男女、种族、宗教，在法律上一律平等，而后自由权利和其他权利之保障，始得普遍与彻底。”1789年法国《人权宣言》亦确认平等权为基本人权的第一项内容，第一条规定：“在权利方面，人们生来是而且始终是自由平等的。只有在公共利用上面才显出社会上的差别。”法国宪法第六条规定：实质上是指“任何人不分种族、哲学或宗教信仰、政治信念，皆不能被排斥在某一职业之外，或被剥夺某一权利，任何表明具有这种排斥性的法律都将违背《人权宣言》中的原则”。在法国《人权宣言》和宪法以后，欧洲大陆各国制定的宪法，都明确宣布法律面前人人平等这个近代宪法基本原则，将平等作为一项重要的个人权利予以保障。

在我国宪法规定的基本权利体系中，被置于宪法基本权利体系中的首要位置的就是平等权，这表明“平等权在宪法上主要是作为一种基本权利而存在的，但它与其他基本权利不同，在整个宪法的基本权利体系中具有一定的超越地位。它不但通过民族平等，男女平等、而且还广泛地通过政治平等权、社会经济平等权以及其他具体的基本权利来体现其作为一种基本权利上的具体内容，为此是一种原理（原则）性的、概括性的基本权利”。从这个意义上来说，平等权要求国家权力平等地保护公民的权利并平等地要求公民履行法律义务，不得在法律上对公民进行区别对待。

三、平等权与“合理差别”

（一）与平等权相关的“合理差别”问题以及我国宪法中“合理差别”的体现

各国宪法在规定平等权的同时，一般根据个人在自然的、生理的和社会的不同情况，作出了差别待遇的规定。其目的在于弥补平等原则对不同的情况、不同的人不作区别的对待可能造成事实上的不平等。在宪法学理论上，出现了一些判断立法者的决定是否符合宪法平等原则的标准。德国宪法学中称之为“立法者的理智决定”，提出立法者若未经理智的公益考量，对于相同事务进行差别对待的立法，即构成“恣意”。联邦宪法法院认为，立法者应当对法律规范的人或事物，依照事物本质进行理智的决定，相同者同等对待，不同者区别处理，否则将违反宪法平等权。

我国宪法中“合理差别”主要体现在以下五个方面：①根据履行特定国家职务而对公民行使某些权利方面采取合理差别措施；②根据人的生理自然差异上

的不平等而采取合理差别措施；③根据民族、性别等原因造成的事实上的不平等而采取合理差别规定，如基于对女性的特殊情况所给予的特殊照顾和保护，选举中对少数民族的政策性照顾等；④根据特定职业需要对任职资格所采取的合理限制；⑤根据实际负担能力情况进行的合理区别对待，如税法中要求高收入者纳税的规定。

（二）“合理差别”的限度

1. 基于平等自身的矛盾性必须界定合理差别的限度

平等权的内容毫无疑问是平等，然而平等却是很难界定的，平等自身就包含着矛盾，一方面是形式上的平等，人人生而平等，人们在法律上享有同等的权利，形式上的平等也就是一种机会上的平等，这种平等观与自由紧密联系，将社会中的“人”抽象化，而全然不顾现实中的“人”由于先天与后天的因素而导致的强弱之分，只是保障人们在自由竞争中的机会平等；另一方面是实质上的平等，这种平等观从人人生而不同出发，现存的客观情况是“以变异性或多样化为基石的生物学，赋予了每一个个人以一系列独特的属性，正是这些特性使个人拥有了他以其他方式不可能获得的一种独特的品格或尊严”，因此我们决不能忽视人与人之间的差异，即使人们在相似甚至相同的环境下长大，个人之间的差异性决不会因此而减少，在这个基础上如果赋予人们形式上的平等即机会平等，将会导致事实上的不平等，而要使人们在事实上达到平等只能给予差别对待，可以说，实质平等是从保护社会上的弱势群体的角度出发的；还有一种平等观念，即结果上的平等，也就是绝对意义上的平等，这也是我们常说的平均主义。在这三种平等观念之间确实存在着内在的矛盾，形式上的平等对于生而不同的人们来说，必然会导致结果上的不平等，在给予人们形式上平等下的自由竞争只会导致强者越强，而实质上的平等从人的差异性出发，给予人们差别对待，也不可能是对每个人予以纠正，将差别对待具体到每一个个人是不现实也是不可能的。因此，实质上的平等也不是意味着结果上的平等，给予人们差别对待也不意味着会达到绝对的平等。而从另外一种意义上讲，如果保障人们实现了结果上的平等，那么这种平等也无视了人们在过程中的努力程度以及能力差别等因素，相对来说是不是也是一种“不平等”呢？因此，这里的关键问题是要界定给予什么样的人以及给予他们什么样的差别对待才是合理的，也就是合理差别的限度的问题。结果上的平等在现实条件下只能存在于理想当中，在现实中人们不仅存在先天差别，而且在劳动程度、分配条件、发展环境等方面还存在很大差别的情况下，无论使用何种方法，人们都不能预料能否实现结果上的平等。因此，在保证人们机会上平等的基础上引入实质上的平等，予以纠正机会上的平等所会导致的事实上的不平等，是非常现实的做法，然而实质上的平等也要有一定的限度，毕竟一项制度无法针对每一个人具体的差异而给予差别对待，这正如要求结果上的平等一样不现实。

2. 界定“合理差别”应注意的问题

第一，是对什么样的主体给予差别对待？关于合理差别的主体，可以从三方面考虑。一方面从量的角度考虑，即给予相对来说处于少数且弱势的群体以差别对待，所谓的“少数”应该同时有一个与之严格对应的“多数”，比如说我国的汉族与少数民族之间的对应，但仅仅具备了“少数”这个要件还不能构成差别对待的理由，比如不能因为一个国家中男人比女人的数量少而给予男人以差别对待，这个“少数”的群体必须同时处于明显弱势的地位，如美国的黑人和妇女从历史来看一直处于受歧视的地位，为了弥补这种长久以来的歧视，立法或行政机构于是采取了一系列的“赞助性行动”（affirmation action）给予这些阶层一定的优惠。另一方面从先天的生理的角度考虑，即给予明显处于弱势的个体以差别的对待，如残疾人即存在着客观上的生理上的弱势，而女性在一般情况下不应被认为是弱势，但由于其存在经期孕期哺乳期等客观生理状况而不易从事高强度劳动，因此我国在《劳动法》中规定了女性在“三期”中的特殊照顾。第三个方面是从经济的角度去考虑，即给予经济上明显处于弱势或无经济来源的个体一定的生活保障，如我国规定的给予下岗职工的最低生活保障费等。

第二，差别对待的实质内容是什么？即给予什么样的差别对待才是合理的问题。总的来说差别对待可以分为两种情况，一种是歧视，一种是优惠。歧视显然是一种不平等，然而同时优惠也要有一定的限度，而不至于构成“反向歧视”，比如给予下岗工人生活保障费不能高到与本地区的平均工资水平持平等。

（三）蒋韬案中的“身高限制”并非“合理差别”，而是区别对待，即歧视

蒋韬认为中国人民银行成都分行的招录广告侵犯了他担任国家公职人员的平等权和政治权利，这可从招录广告的内容来展开分析。此招录广告的内容中包含了男女身高条件的规定，由此我们可以得出如果公民不符合招录广告中的身高条件，公民将没有资格参加考试，因此更谈不上担任国家的公务员，这样公民平等的参政权将得不到实现。成都分行的招录行员的广告确实以“男性身高 168 公分，女性身高 155 公分”为标准，而给予了身高在这之下的公民以差别对待，这

种差别显然不属于合理差别的范围，因为成都分行的工作性质对身高没有特殊的要求，这明显是对这些公民的歧视。因此我们可以认定成都分行确实侵犯了蒋韬的平等权。

四、平等权的实现途径——从司法审查的角度来予以分析

（一）从行政诉讼的角度

在现有制度框架下，此种方式成本和代价都最小，但是仍可以起到保护公民平等权的作用。选择一个行政诉讼案件来进行突破，无疑是一个极佳的策略。原因主要有行政诉讼要求对行政行为的合法性进行审查，因此法院可以通过对法律条文的解释来满足原告的诉求。另外，现有的一些条文对公民平等权有了相应的规定，可以作为法官审判的依据。如，民族区域自治的立法保护少数民族的平等权；妇女权益保障法、未成年人保护法、老年人权益保护法、华侨归侨侨眷权益保护法、残疾人保障法等保护特殊群体和弱势群体的平等权；教育法、义务教育法等保护教育平等权等。

并且通过行政诉讼的判决结果可以使行政机关意识到作为具体行政行为依据的行政立法或规范性文件存在合法性问题，自行修改，并且会产生一种辐射效应，会注意审查自己的其他文件是否也有类似的问题。其他行政机关也会从类似的诉讼中吸取教训，主动改正。

在我国的现行宪政体制下，普通法院无法受理一般意义上的宪法诉讼或者违宪审查。但是，这并不妨碍普通法院在审理案件的过程中引用宪法判案。我国《行政诉讼法》规定了行政诉讼的对象是“具体行政行为的合法性”，在这里我们没有任何理由将宪法排除在外，同时虽然《行政诉讼法》将行政诉讼的受案范围局限于受理侵犯公民的人身权和财产权的案件，但我们看到行政诉讼的受案范围应该是一个逐步扩大的过程，如果将合法权益仅仅理解为人身权和财产权必将使公民许多的合法权益得不到保障，而最高人民法院关于执行《行政诉讼法》若干问题的解释也反映了逐步扩大行政诉讼受案范围的意图。在蒋韬案中中国人民银行成都分行在性质上属于行政机关，因此本案的性质是属于行政机关的行政行为侵犯了公民的宪法上的平等权，从法律关系上来看其本质上属于行政法律关系，应该属于行政诉讼的受理范围，但由于侵犯的是宪法上的平等权，因此必须引用宪法作出判断。法院在日益复杂的形势面前不应再恪守消极主义的理念，而

应该充分发挥司法能动性，这样才能充分而有效的保障我国公民的基本权利。

（二）从行政诉讼走向宪法诉讼

行政诉讼虽然可以在有限的范围内解决行政机关侵犯公民平等权的问题，但是却不能解决更深层次更广范围的问题。比如，一方面，它没有办法解决立法过程中侵犯公民平等权的问题；另一方面，我国《行政诉讼法》的审查范围仅指具体行政行为，抽象行政行为不受审查，但是当抽象行政行为置身于司法审查之外的时候，对公民、法人或其他组织权利的保护范围是很狭窄的，甚至行政机关可以通过将具体行政行为转化为抽象行政行为的方法来规避司法审查。

对于侵犯宪法基本权利的行为，首先，在目前的宪法框架下，最高人民法院无权审查法律的合宪性，但是应当逐步扩张其可以审查的文件的范围，如通过修改《行政诉讼法》将一部分抽象行政行为纳入法院司法审查的范围。其次，对于法律的合宪性审查问题，可以尝试设立宪法委员会。设立在全国人民代表大会下与全国人大常委会和全国政协平级的宪法委员会，由其行使原来规定由全国人大享有的改变或撤销其常委会的决定的权限、由全国人大常委会享有的撤销行政法规和地方性法规以及进行宪法解释和立法解释的权限、由最高人民法院享有的在撤销已经生效的法院判决方面的最终决定权等。

同时，还可以探索保护平等权的其他途径，如通过完善宪法规范中的平等权保护的条款来解决，加入配套的“禁止歧视”条款，来强调对公权力机关的制约；通过自由权的规定和“合理差别”的法律完善来保护正常的差别，防止绝对平等观；加大宪法的宣传和保障力度，真正确立“宪法至上”的理念；将自由和平等的理念浸润于人们的观念当中，树立健康的公民观念等。

此外，也可参考借鉴国外的有效经验。

● 美国：目前有《雇用年龄歧视法》《公平就业机会法》《公平工资法》《怀孕歧视法》和《残障人士法案》等，惩治年龄、残障、国籍、种族、信仰、性别等方面的就业歧视行为。

● 英国：目前有《就业促进法》。2006 年 3 月初，英国贸工部向议会提交了《2006 年就业平等（年龄）条例》。该条例涵盖了就业与职业培训领域，禁止直接或间接的非法年龄歧视。

● 爱尔兰：1998 年颁布了《就业平等法》，规定在同劳动关系相关的任何方面禁止直接和间接歧视。

● 日本：日本女人一旦结婚就回家，女人退休比男人早，构成性别歧视。

日本在1985年制定了《雇佣机会平等法》，作出了相应的反歧视规定。

● 香港：1995年，香港成立了平等机会委员会，运用政府的有关专门法律监管就业中的性别歧视等问题。

如同勒鲁所言："平等这个词概括了人类迄今为止所取得的一切进步，也可以说它概括了人类过去的一切生活。从这个意义上说，它代表着人类已经走过的全部历程的结果、目的和最终的事业。为了平等的实现，所有的启蒙者和启示者前赴后继，在一切领域进行探索，绵延不断的战争使无数人的鲜血洒遍了江河大地，在多少个世纪中，全人类洒下多少汗水。人们个人的苦难，正像他们经受的集体的苦难一样，其神圣的目的正是为了平等，为了平等的感情，平等的观念。"①我们对平等权的保护仍然任重道远。

★ 相关案例链接

一、陈林案

2002年底，34岁的陈林通过了深圳市国税系统公务员招考，却没能被录用，唯一的原因是身高不足1.5米。人事处给她的答复是：《广东省国家公务员录用体检实施细则（试行）》第十二条清清楚楚地写着，"男性身高1.60米以上""女性身高1.50米以上"才可视为合格。其时，陈林已经在国税系统内部以合同工的身份工作了七年。

陈林认为，招考公务员设置身高限制是对矮个子们就业权的侵犯。于是，2003年2月，她向深圳市福田区人民法院递交了诉状，被告方是深圳市人事局和深圳市国税局。5月，她接到法院的裁定书，裁定书称"国家机关的人事任免问题不属于人民法院受理行政诉讼的范围"，因此不予受理。

2003年7月，陈林又向深圳市中级人民法院提起上诉。2004年2月初，陈林接到了深圳市中级人民法院的"不予受理"裁定书："组织招考并按一定要求录用公务员是国家行政机关内部人事管理行为，对该类行为提起的诉讼，不属于人民法院行政诉讼的受案范围。"

二、成都市温江区公平镇公平中学红蓝两种校服事件②

2003年10月23日，中央电视台《经济半小时》以"公平中学红蓝校服真

① ［法］皮埃尔·勒鲁．论平等，王允道译，商务印书馆，1988年版，第266页。
② 韩大元．中国宪法事例研究（一），法律出版社2005年，第47~49页。

相”为题作了以下报道：成都市温江区公平镇公平中学是一所普通的镇办中学。不过，这个学校有着一个与众不同的现象：这里的学生并不是身着统一的校服，而是分穿红蓝两种校服。在学校里同学们称穿红校服的是红领，穿蓝校服的是蓝领。按照学校的说法，为了管理的方便，让住校的孩子穿红校服，走读的孩子穿蓝校服。事实上，学校按照收费的多少，把学生分为三种。第一种是交3 000多元的封闭班，老师24 小时监护，三餐营养搭配外带课外辅导。第二种是交1 000多元的半封闭班，除了不在学校住宿、吃饭外，其他待遇都跟封闭班一样。这两种学生构成了学校的红领。第三种是交几百元的普通班，他们是学校的蓝领。据记者调查，公平中学的封闭班，孩子们穿的是红校服，教室里配有电视、VCD，一个班有 30 多个学生，教师用普通话授课；而穿蓝校服的普通班，教室里没有电视和 VCD，学生人数却多了一倍，有 60 多人，教师用方言授课。学校的教师向记者介绍：“第一，封闭班的师资配备属于全校最好的，全校优秀教师全部配备在封闭班里担任各科教学；第二，我们封闭班的教师利用晚上、周末很多时间辅导孩子，普通班就不能达到这一点。”除此之外，两种校服的学生也不在同一个地方用餐：穿红校服的孩子在食堂用餐，而穿蓝校服的孩子在教室用餐。

据记者调查，公平中学是一所镇办公立初中，按校方的说法就是一个乡村中学，经费靠政府拨款，主要的生源是公平镇当地的孩子。按教育部门的规定，一学期一个学生的学杂费为二三百元，因此学校当时的经济状况很困难。后来，学校开始收借读生，按照教育部门的规定，借读生入学可以收取每人1 000元的借读费。如今公平中学已经招收了近 200 个借读生。据记者估算，公平中学借读生一学期就能给学校带来近 80 万元的收入，这相当于3 000个普通生带给学校的收入。按照谁投资谁受益的原则，难怪最好的设备、最好的师资都会向红领们倾斜。

在学校，身着蓝校服的学生都觉得受到了不公平的对待。记者采访校长，校长说：“可能这个（不公平）不会有，人应该是有自知之明的。”成都市温江区教育局副局长熊宗辉说：现在对一个学校穿几种校服，政策法律法规都没作规定，这也属于一个真空地带。此事经媒体报道后，有关部门及学校作出了积极的反应。公平中学所在的成都市温江区区委、区政府责成该校对这种做法立即进行了全面整改。

★ 法条链接

◆《中华人民共和国宪法》

第三十三条　中华人民共和国公民在法律面前一律平等。

★ 他山之石

李国惠："大头"女孩遭遇相貌歧视——上班第一天就被退回、要求仲裁坚决维权，《每日新报》2007年2月8日。

白俊峰、钟杰：立法中加强反就业歧视内容，《天津日报》2007年3月7日。

覃正爱、孙雪梅：也论男女就业不平等问题，《中华女子学院学报》2005年第17卷第1期。

★ 请你断案：平等视野下的"人造美女"案①

案情简介：2004年5月，北京天九伟业公司和其他单位共同举办了第33届环球洲际小姐北京大赛。比赛组委会所公布的报名参赛条件中未限制经过整形的选手参赛。杨媛于同年2月做了面部整形手术，手术后多次为给其做整形手术的北京双华医院进行广告宣传。同年5月13日，杨媛向比赛组委会报名参赛。组委会接受其申请后，与其签订了《"第33届环球洲际小姐北京大赛"参赛选手公约》，公约中有参赛选手在参赛期间不得参加国内外有关时装表演、广告、摄影、影视等活动，否则组委会有权取消其参赛资格的约定。杨媛参赛后，通过了初赛和复赛，并进入了决赛。在决赛前，天九伟业公司于5月21日书面通知杨媛，称"鉴于有关证据表明，你是人造美女，故组委会决定取消你参加总决赛的资格"。此后，一些新闻媒体对天九伟业公司取消杨媛参赛资格一事进行了报道。5月26日，天九伟业公司再次书面通知杨媛，称"鉴于您对'第33届环球洲际小姐北京大赛'的热情和一再表示继续参赛的强烈愿望，经北京赛区组委会认真研究，并征得'第33届环球洲际小姐北京大赛'总部的同意，兹决定恢复您参加此次大赛的资

① 韩大元．中国宪法事例研究（一），法律出版社，2005年，第40~42页。

格”。杨媛收到通知后，向天九伟业公司表示拒绝继续参赛，并将书面通知撕毁。杨媛以其人格权受到侵害为由向北京市东城区人民法院提起诉讼。原告杨媛认为被告擅自取消原告参加总决赛的资格，是对原告的歧视，给原告的人格和名誉造成了极大损害，同时也使原告彻底丧失了参加总决赛可能获得较好荣誉的机会。由于被告的行为给原告身心造成了极大的伤害，杨媛要求被告公开向自己道歉，并支付精神损害赔偿费人民币 5 万元。

请判断法院将如何裁决?

★ 参考答案

此案经北京市东城区人民法院审理认为，被告天九伟业公司与其他单位共同举办选美比赛，其有责任保证比赛公平、有序的进行。其组委会在公布的报名参赛条件中，对此次比赛参赛选手是否可以整形未提出明确的要求，致使原告杨媛做整形手术后报名参加了比赛。在比赛中，被告发现杨媛做过整形手术，认为其与未整形选手同台比赛有失公平，且有误导公众之嫌，又决定取消原告继续参赛资格，致使原告认为受到损害，是导致此次纠纷的主要原因。对此，天九伟业公司应承担组织工作失误并引起双方产生纠纷的主要责任。但审理法官指出，人格尊严是对个人价值作出评价，并能获得他人尊重的权利，因此人格尊严是主客观评价的结合。原告的人格尊严是否受到侵害，不能仅以自我感觉作为评判标准，还应有客观评价作为依据。根据现有证据证实，被告作出取消原告参赛资格的决定，应是基于对选美比赛特定要求的考虑，其并未对原告做整形手术的行为提出非议，不能仅以此推断被告有侵犯原告人格权的主观故意。至于其在通知书中所使用的“人造美女”一词，审理法官认为，这是对整形后女性的特定称谓，该称谓已为社会普遍接受，并在各类媒体上广泛使用，不足以认定其中带有歧视、侮辱的内容，或是对原告个人价值作出贬低评价。且杨媛曾为整形医院做广告宣传，对公众并不隐讳其做过整形手术的事实，故被告天九伟业公司通知取消其参赛资格的行为，不会导致公众对杨媛个人价值客观评价的降低。法官认为，原告认为被告侵犯其人格权，理由不足，不予认定。原告要求被告公开道歉、支付精神损害赔偿金，不予支持。关于原、被告双方就原告能否参加选美比赛，以及各方是否有违约行为的争议，属于合同范畴的权利义务关系，原告并未就参赛合同争议提出相关诉讼请求，故不予处理。综上所述，判决驳回原告杨媛的诉讼请求。

第四讲　中国死刑的存废及适用问题：刘涌案

★ 法理链接

一、刑罚与刑罚的目的

（一）刑罚及其特征

刑罚是指刑法规定的，由国家审判机关依法对犯罪人适用的，以限制或剥夺犯罪人一定的权益为内容的处罚方法。

我国刑罚具有以下五个特征。

1. 刑罚只能由国家最高立法机关制定。
2. 刑罚只能针对犯罪人适用。
3. 刑罚只能由人民法院依法适用，其他任何机关都无权适用。
4. 刑罚是由特定的机关执行的强制方法。
5. 刑罚的内容是剥夺或者限制一定的权利。

（二）刑罚的目的

关于刑罚的目的问题，中外刑法学者争论已久。在我国，曾经出现过惩罚说、改造说、教育说、预防说、预防与消灭犯罪说、根本目的与直接目的说等多种观点。当前，大多数学者较为赞同的观点是：刑罚的目的可分为根本目的和直接目的两个层次，根本目的是刑罚追求的最终目标，直接目的具体指导刑罚的制定、适用和执行。根本目的决定直接目的，直接目的则是实现根本目的的必要条件。

1. 刑罚的根本目的

我国制定、适用、执行刑罚的根本目的在于：保护公民合法权益和社会秩序，保障具有中国特色的社会主义建设事业的顺利进行。这在我国刑法的第 2 条作了明确的规定，即“保卫国家安全，保卫人民民主专政的政权和社会主义制度，保护国有财产和劳动群众集体所有的财产，保护公民私人所有的财产，保护公民的人身权利、民主权利和其他权利，维护社会秩序、经济秩序，保障社会主义建设事业的顺利进行”。

2. 刑罚的直接目的

我国刑罚的直接目的是预防犯罪，包括特殊预防和一般预防两方面。

（1）特殊预防。是指针对犯罪分子本人进行的预防，即预防犯罪分子本人再重新犯罪。特殊预防包括两方面内容：一是将犯罪分子改造成为弃恶从善的新人，不再进行犯罪活动，这是我国刑罚的特殊预防的主要内容；二是淘汰犯罪分子，使之不再危害社会，这主要针对极少数罪大恶极怙恶不悛的犯罪分子，为使其不再危害社会，不得不对他们适用死刑，将他们从社会上淘汰。

（2）一般预防。是指针对社会上的一般人进行的预防，即预防社会上可能犯罪的人实施犯罪，防止社会上的不稳定分子走上犯罪的道路。一般预防包括三方面内容：一是警告、威慑社会上的不稳定分子，使他们不致走上犯罪的歧途；二是教育和鼓舞广大人民群众积极地同犯罪作斗争，防止不稳定分子实施犯罪；三是安抚被害人、防止他们进行私人报复。

（3）特殊预防与一般预防的关系。特殊预防与一般预防是对立统一的关系。

第一，二者的对立是以预防对象为前提展开的。由于预防对象不同，决定了适用刑罚所追求的效果的差异，从而使二者处于矛盾的对立状态。首先，对于某些犯罪人来说，其再犯的可能性较大（如累犯、惯犯），因而需要判处较重的刑罚，以达到特殊预防的目的；但对于一般人而言，由于缺乏该犯罪人的类似情况，不可能实施类似犯罪，对一般人来说对犯罪人判处重刑是不必要的。这种情况下，特殊预防的需要压倒一般预防。其次，对于某些犯罪人来说，其再犯的可能性不大，甚至根本不可能再犯（如过失犯罪、基于义愤的犯罪、不知法而犯罪），但由于一般人具有实施类似犯罪的可能，就不得不依法重判，以达到一般预防的目的。这种情况下，一般预防的需要压倒特殊预防。

第二，二者的统一在于其目的是完全一致的，即为了预防犯罪。而二者的方式和实现途径也是基本相同的，即都有赖于刑罚各种功能的充分发挥。因此，制定、适用和执行刑罚，既要考虑特殊预防，又要考虑一般预防。正确处理二者的关系，有助于刑罚预防犯罪目的的实现。

第三，特殊预防和一般预防在刑罚的制订、适用和执行的不同阶段应各有侧重。在刑罚制定阶段，应侧重一般预防；在刑罚适用阶段，应二者并重；在刑罚执行阶段，应侧重特殊预防。

尤其是人民法院在对犯罪分子适用刑罚时，应重视特殊预防和一般预防两方面的目的，不仅在于预防犯罪分子本人重新犯罪（特殊预防），而且在于警戒、威慑社会上的不稳定分子，使之不实施犯罪；教育和鼓舞广大人民群众积极同犯罪作斗争，防止不稳定分子犯罪（一般预防），从而促进我国刑罚目的的完满实现。一方面要防止只考虑刑罚的一般预防，忽视特殊预防，过重判刑，追求“罚一儆百”的威慑作用，不利于对犯罪分子的改造的倾向；另一方面也要防止只考虑刑罚的特殊预防，忽视一般预防，过轻判刑，不利于警戒、威慑社会上的不稳定分子、不利于鼓励人民群众同犯罪作斗争的倾向。

二、死刑的历史

死刑是指剥夺犯罪分子生命的一种刑罚方法。死刑是人类历史上最古老的刑罚，刑罚中最严厉的刑种。死刑的历史始终是一部充斥着血腥、残虐的历史，是残害生命价值、贬抑人性尊严的恐怖的历史。

（一）中华法系的死刑发展历史

我国古代，死刑因其特有的威慑力，受到了历代统治者的青睐。

1. 我国古代死刑条目繁多

清末著名的法律学家和立法专家沈家本曾对我国死刑作了通盘的考察，他在《虚拟死罪改为徒流折》中指出：“中国刑法，周时大辟（即死刑）二百，至汉武帝时多至四百九条，当时颇有禁网渐密之议。元魏时大辟二百三十条。隋开皇（律）中除死罪八十一条。唐贞观中又减大辟九十三条（永徽律），比古死刑殆除其半，刑法号为得中。（清）国朝之律，沿之前明。顺治时律例内真正死罪凡二百三十九条，又杂犯绞三十六条。迨后杂犯渐改为真犯，他项又随时增加，计现行律例内，死罪凡八百四十条。”

2. 我国古代死刑的执行十分苛酷

在唐虞时代有大辟。据《淮南子·真训》记述：“夏桀殷纣，燔生人，辜谏者，为炮烙，铸金柱，剖贤人之心，析才士之胫，醢鬼侯之女，菹梅伯之骸”，“刳谏者，剔孕妇，攘天下，虐百姓”，极其残酷。周有斩、杀、膊、辜、焚、车、环磬、踣、磬、磔等。秦有腰斩、戮尸、枭首、车裂、阬、弃市、射杀、定杀、具五刑、囊扑、凿颠等十二种。汉代和晋朝死刑都分弃市、腰斩、枭首三等。北齐则分四等即轘、枭首、斩、绞。北周也有五等即磬、绞、斩、枭、裂。后魏有五等即斩、绞、腰斩、环、沈（沉）渊。至隋代时始定死刑为斩和绞。唐代沿用之，后改斩绞为重杖处死，较历代残酷的死刑执行方式渐趋文明。宋代沿用唐律，增加凌迟之刑。辽于斩、绞、凌迟之外，有腰斩、戮尸、投高崖、射鬼箭、肢解等。元有斩与凌迟两种。宋辽元较唐代死刑之轻缓又复为严苛。直至明、清，正式入律的行刑方式仍有凌迟、斩、绞、枭首、缘坐和戮尸六种。

（二）外国的死刑发展历史①

《汉谟拉比法典》，是迄今为止有据可考的人类历史上最古老的成文法典。该法典全部条文282条，其中规定可以直接处以死刑的条文有36条，涉及罪名不仅包括杀人罪这样的重罪，而且包括盗窃、诬告、通奸和过失犯罪。死刑执行方法则有焚刑、溺刑、刺刑以及用牲畜撕裂犯人身体等。

古罗马《查士丁尼法典》则规定，个人犯谋反、通奸、鸡奸、公开出售致命毒药、强奸处女和寡妇、出于杀人目的而携带武器等罪行，均可以判处死刑。死刑执行方法也极端残酷，计有杖毙刑、斩刑、绞刑、十字刑、兽食刑、鸡犬蛇猿分食刑、焚刑等。

古希伯来法典中也规定了大量的死刑，死刑执行方法主要有石击刑、火刑、斩刑、绞刑四种，可以适用死刑的罪名有30多种。

古印度《摩奴法典》规定的死刑罪名极其繁多，死刑分单纯死刑和加重死刑两大类。单纯死刑适用斩刑，适用对象广泛；加重死刑有桩刑、火刑、象踩刑、溺刑、热油刑、兽刑、分尸刑、箭射刑等八种，分别适用于不同的犯罪。

中世纪欧洲国家滥用死刑的典范是德国的《加洛林纳刑法典》，根据该法典，在池塘捕鱼和堕胎，都要处死。而且执行死刑的方式十分残忍，包括火烧、车裂、四马分尸、尖物刺死等。英国的死刑制度之残酷丝毫不亚于德国，普通法对于谋反、亵渎神灵、巫术、重伤害、盗窃、抢劫、大量侵占他人财产、强奸、放火等犯罪都规定了死刑。

（三）古今中外死刑的执行方式

据统计，自古至今各国不同的死刑执行方式共计有36种之多，具体包括：动物刑、割喉刑、剖腹刑、投掷刑、饥饿刑、囚笼刑、隔离刑、十字架与架刑、活埋、木桩刑、活剥、肢解、凌迟、车裂刑、碾刑、火刑、烤刑与炙刑、锯刑、箭刑与贯穿刑、碎身刑、毒杀、吊刑、鞭刑、棒笞、扼杀、石绞刑、击刑、溺刑、水刑、斩首、绞刑、枪决、电椅、毒气室、注射等。当前各国常用的主要有枪决、电椅、毒气室、注射等几种。

---

① 甘雨沛．比较刑法学大全，北京大学出版社。

★ **典型案例：东北黑社会性质组织头目刘涌案**

案情概要：2000年7月，沈阳警方悬赏5万元通缉刘涌。7月10日下午，刘涌携妻在企图逃往俄罗斯的过关审查时被边检人员发现。黑河警方布网堵截，于11日晚在一出租车里将刘涌及其同伙高伟抓获，2000年7月11日，刘涌被沈阳市公安局刑事拘留，同年8月10日经沈阳市人民检察院批准逮捕。

刘涌，1960年生，沈阳市人。1995年创办民营企业嘉阳集团，从事服装、餐饮、娱乐、房地产等生意。下属公司26家，员工2 500人，资产7亿元。刘涌曾任沈阳市人大代表、致公党沈阳支部副主任委员、嘉阳集团董事长。刘涌还曾获得当地优秀民营企业家、扶贫先进个人称号，成为沈阳市和平区政协委员。自1995年以来，刘涌以沈阳嘉阳集团为依托，采取暴力、威胁等手段聚敛钱财，称霸一方，以商养黑，作案47起，致死致伤42人，其中1人死亡、16人重伤；其中刘涌参与和单独作案32起，造成1人死亡、多人伤残及巨额财产损失等严重后果。

2001年8月10日，辽宁省铁岭市人民检察院向铁岭市中级人民法院提起公诉，指控刘涌犯组织、领导黑社会性质组织罪，故意伤害罪，抢劫罪，敲诈勒索罪，私藏枪支、弹药罪，妨碍公务罪，非法经营罪，偷税罪，行贿罪。2002年4月17日，辽宁省铁岭市中级人民法院对刘涌等22人组织、领导黑社会性质组织及故意伤害等案一审公开宣判。刘涌被以组织、领导黑社会性质组织罪，故意伤害罪，非法经营罪，故意毁坏财物罪，行贿罪，妨碍公务罪，非法持有枪支罪等多项罪名判处死刑，立即执行。判决宣告后，刘涌不服，向辽宁省高级人民法院提出上诉。

2003年8月11日，辽宁省高级人民法院作出二审刑事附带民事判决，撤销了原一审判决中对刘涌故意伤害罪的量刑部分及对附带民事诉讼原告人扈艳的民事赔偿部分。认定刘涌犯故意伤害罪，判处死刑，缓期两年执行，剥夺政治权利终身；犯组织、领导黑社会性质组织罪，判处有期徒刑十年；犯故意毁坏财物罪，判处有期徒刑五年；犯非法经营罪，判处有期徒刑五年，并处罚金人民币1 500万元；犯行贿罪，判处有期徒刑五年；犯非法持有枪支罪，判处有期徒刑三年；犯妨碍公务罪，判处有期徒刑三年。“鉴于其犯罪的事实、犯罪的性质、情节和对于社会的危害程度以及本案的具体情况”，决定执行死刑，缓期两年执行，剥夺政治权利终身，并处罚金人民币 1 500 万元。

在刘涌被改判死缓的两个月之后，即二审法院判决生效后，最高人民法院以原二审判决不当为由，于 2003 年 10 月 8 日依照审判监督程序对刘涌案作出了再审决定。并向刘涌送达了再审决定。

2003 年 12 月 18 日，最高人民法院在辽宁省锦州市中级人民法院开庭再审刘涌案。合议庭成员由最高人民法院的 5 名法官依法组成，最高人民检察院指派了 3 名检察官出庭支持公诉，被告人刘涌委托北京万森律师事务所的律师佟林和北京天为律师事务所的律师徐冲为他进行辩护。经过法庭允许参加旁听的人员有 20 多人。在现场，公诉方准备的刘涌案的卷宗就接近 200 卷。2003 年 12 月 22 日，最高人民法院在辽宁省锦州市对刘涌案再审后作出判决：以故意伤害罪，判处刘涌死刑，剥夺政治权利终身；与其所犯其他各罪并罚，决定执行死刑，剥夺政治权利终身。随后，刘涌在判决书上签字，随即被押往锦州市殡仪馆，11 时 35 分被执行注射死刑。

◆ 本案花絮①

一、“刘涌是否该死”法律专题会

2001 年 9 月 19 日，北京部分刑法专家、刑事诉讼法专家、法医学专家，在钓鱼台大酒店第一谈判厅对案件进行了专题讨论。包括中国政法大学前校长、著名刑事诉讼法学教授陈光中，北京大学法学教授、刑法学专家陈兴良，中国青年政治学院副院长、刑法学教授周振想在内的人士，出具了一份《沈阳刘涌涉黑案专家论证意见书》，并在上面签了字。

《意见书》的主要内容是：“与会专家一致认为：本案的证据方面存在严重问题。”本案的主要书证《伤害鉴定书》和《物价评估鉴定书》因为存在瑕疵，“不能作为定罪量刑的证据”。

① 林楚方. 沈阳刘涌案改判调查，《南方周末》2003 年 8 月 28 日。

二、人大代表的质询

2002年秋天，一批知识界的辽宁省人大代表对辽宁省高级人民法院进行质询，该院负责审理刘涌案件的两个法官接受了质询。“有的人大代表态度很强硬，当着法院人的面就说，‘你有什么权力为刘涌平反，你有什么背景？交代出来，现在案子影响这么大，全国都知道了，如果是假的，那么连上面都是错的了？如果刘涌不应该被判死刑，这么炒作的目的是什么？谁在搞名堂，应该揪出来。”有十几个省人大代表联名向辽宁省高级人民法院递交了一个报告，主张维持原判。

★ 问题与思考

一、世界范围内的死刑存废运动状况如何？

二、我国现行的死刑适用制度及其发展趋势如何？

三、本案首犯刘涌到底应适用死刑立即执行，还是死刑缓期二年执行？

◆ 灵感闪存

☆ ....

☆ ....

☆ ....

☆ ....

☆ ....

☆ ....

★ 案例评析

一、世界范围内的死刑存废运动

（一）废除死刑观念的提出和论争

1764年，著名的意大利刑法学家贝卡里亚在他的成名作《论犯罪与刑罚》中提出了一个大胆的问题：“在一个组织优良的社会里，死刑是否真的有益和公正？人们可以凭借怎样的权利来杀死自己的同类呢？”由此倡导废除死刑。他认为：①从国家刑罚权的角度，国家没有处死公民的权力；②从死刑本身的缺陷出发，论证死刑存在着许多弊病；③从死刑的正面效益不如无期徒刑的角度，论述了死刑的无效性和不必要性。①

而主张保留死刑的人们认为：①死刑并不违背社会契约，人们在建立社会契约时所让渡给国家的权利包括生命权在内；②废除死刑是不人道的，因为这样就贬低了犯罪所侵害的个人权益或社会利益的价值；③死刑是剥夺某些犯罪分子再犯罪能力的最有效手段，同时死刑具有其他刑罚方法所不具有的特殊威吓效果，故对于犯罪的特殊和一般预防都是必要的；④死刑与国家禁止杀人的法律规定并不矛盾，相反，死刑就是为了更好地使国家禁止杀人的法律得到执行；⑤自由刑的适用要使社会花费更大量的财富，而死刑更为经济；⑥对重犯罪人不处死刑才违背罪刑等价原则，而废除论者所说的以终身监禁代替死刑也并无差别和幅度可言；⑦可能的误判不能成为废除死刑的理由，且在现代司法之下，误判的可能性极小；⑧死刑不是残酷的刑罚，故并不违宪，也不侵犯人的生命权。另外，死刑保留论者还认为，在避免私刑、实现社会正义、符合民意等方面，死刑都有着相当重要的功能。② 如今，200 多年过去了，关于死刑存废的论争依然没有停止。

（二）世界各国死刑存废的现状

据大赦国际统计，截至 2003 年 1 月 1 日，世界上已有 76 个国家（包括地区，下同）在法律上明确废除了所有罪行的死刑，15 个国家废除了普通犯罪的死刑（军事犯罪和战时犯罪除外），还有 21 个国家在实践中事实上废除了死刑（过去 10 年内没有执行过死刑，并且确信其不执行死刑的政策将继续下去或已向国际社会作出承诺不再使用死刑），三者加在一起共有 112 个国家；相应的保留死刑的国家只有 83 个。从 1976 年至今每年平均有 3 个国家从法律或者事实上废除死刑。

1．亚洲国家大多保留死刑

新加坡刑法极为严厉，死刑一般在周五执行。日本法律规定内乱罪、外患诱致罪、外患援助罪、放火罪（致人死亡）、杀人罪、强奸致死罪等会被判处死刑。日本官方在 2004 年作的民意调查显示，超过 80% 的日本人支持死刑，而反

① ［意］贝卡利亚．论犯罪与刑罚，黄风译，中国大百科全书出版社，第 45 ~ 63 页。
② 赵秉志．关于死刑存废及其发展趋势的思考，《法律科学》1991 年第 1 期。

对者还不到6%。在日本，执行死刑采用绞刑。印度保留有死刑，印度现行刑法典始于1861年，死刑采用绞刑方式执行。斯里兰卡、尼泊尔、泰国、柬埔寨、不丹和蒙古虽然近年来都没执行死刑，但是监狱中仍有死刑犯。

2. 美国各州死刑存废状况和执行方式不一样

美国加利福尼亚、得克萨斯、佛罗里达等38个州及联邦司法管辖区保留死刑，但美国废除死刑运动在150多年前即已开始。早在1847年，密西根州就正式废除了除叛国罪以外的所有犯罪的死刑。其后又有罗德岛（1852）、威斯康星（1853）、衣阿华（1872）、缅因（1876）、堪萨斯（1907）、明尼苏达（1911）、华盛顿（1913）、俄勒冈（1914）、南达科他、北达科他、田纳西（1915）、亚利桑那（1916）、密苏里（1917）等13个州陆续加入了废除死刑的行列。后来个别州又恢复了死刑。目前，废除死刑的州有密西根、明尼苏达、威斯康新等12个州。美国各州执行死刑的方式不完全一样，大部分都是采用药物注射的方式，而美国内布拉斯加州仍保持着电椅的方式。

在1972年6月29日，美国关于死刑人道还是有效的争论终于走到了十字路口，美国最高法院宣布死刑判决违背宪法第八条修正案。但是到了1976年夏天，法院又支持将死刑应用于某些罪责，因此又再次敞开了死刑的大门。从1977年到2001年春天，美国执行了710例死刑，其中545人是注射药物、149人用电刑、11人进入了毒气室、3人被绞死、2人被枪决。目前美国对于死刑的争论主要在于注射致命物质的方法和时间。很多人认为现在的方法不够人道，在加利福尼亚州，曾经发生过医师认为不人道而拒绝参加，导致死刑停止的事件。2002年，美国最高法院裁定对弱智犯人执行死刑违宪。2005年3月1日，美国最高法院废除了未成年人的死刑判决。

3. 中小国家最先废除死刑

最先废除死刑的国家都是一些中小国家，包括拉美的委内瑞拉（1863）、圣马力诺（1865）和哥斯达黎加（1877）。二战之后，联合国在1966年通过的《公民权利和政治权利公约》第六条规定，不得任意剥夺人的生命，在未废除死刑的国家，只能对犯有“最严重罪行”的人判处死刑。

4. 欧洲很多人希望恢复死刑

1976年以来，欧洲各国逐步废除了死刑。但根据《时代》杂志的调查显示，在欧洲很多国民支持死刑，在某些国家甚至大多数人都支持。1949年德国制定基本法时，更多的国民支持执行死刑。在英国，政府于1965年推动国会废除对谋杀罪适用死刑时，只有20%的人赞成废除死刑。即使在已经废除死刑的1966年，仍然有高达85%的民众支持对谋杀罪适用死刑。在舆论压力之下，英国议会直到1998年才彻底废除了国事罪中的死刑。英国在2002年发生杀害女童案件，《每日邮报》公布了最新的民意测验结果，56%的英国人希望恢复死刑。英国发行量最大的日报《太阳报》刊登的读者来信中说："死刑是唯一适当的震慑，是对绑架杀害儿童的恶魔的唯一解决之道。"在意大利，也有一半左右的民众希望恢复死刑。法国在1976年发生了帕特尼克·亨利绑架杀人案，公众对死刑的认同和支持达到顶点。2007年1月17日，法国政府决定向议会提交一份关于修改现行宪法的法案，将禁止死刑条款纳入法国新宪法。尽管法国已经正式废除了死刑，但是法国各界关于死刑问题的争论并未就此结束，死刑支持者依然众多。

5. 支持和反对死刑是个悖论，但废除死刑已成为世界性的发展趋势

"刑罚既是人类自由的重要保障，又构成对人类自由的主要威胁。如果有远虑地、人道地适用刑罚，刑罚就会成为人类自由的保障；但是，如果无差别地、强制性地适用刑罚，刑罚则会成为对人类自由的威胁。内植于刑罚之中的这种保障自由与威胁自由之间的张力不可能完全被消除，但是，我们应当努力缓解这种张力。"① 死刑是一把双刃剑。支持与反对的争论在世界上任何一个国家都存在着，在死刑存废问题上，我们应该在支持与反对死刑之间寻找平衡点。

以2001年6月美国的蒂莫西·迈可韦死刑判决为例：迈可韦制造了美国俄克拉荷马大楼爆炸案，造成168人死亡。迈可韦后来在俄克拉荷马州被处决，引起了人们的大讨论。死刑支持者认为死刑可以阻止犯罪，而且给予被害人家属情绪上的补偿。但反对者则从人权的角度予以回击，表示执行死刑是对于人权的侵犯，特别是在当事人有可能是无辜的情况下。另外，对于智力低下者和青少年应用死刑尤其残酷。

联合国在1961年至1965年通过分析各国谋杀罪的发案率与死刑废止间的关系，得出下列结论：①谋杀罪发生率较高时，死刑的废止并无促成其增加的作用；②谋杀罪发生率较低时，死刑的废止并无阻止其降低的作用；③谋杀罪情形稳定不变时，与死刑的存废不发生任何关联；④没有一个国家因死刑的废止而使

① Herbert L. Packer. The Limits of the Criminal Sanction, Stanford University Press, 1968年版，第296页。

谋杀罪发生率出现不可理解的提高；⑤也没有一个国家因死刑的恢复而使谋杀罪发生率出现不可理解的降低。

只要死刑高于其他刑罚方法的一般威慑效果得到定量分析研究（而非空洞的定性分析结论或者似是而非的常识感觉）的科学验证，死刑就丧失了其存在的功利基础。支持保留死刑论者唯一能够坚守的立场就是死刑的现实功能是满足报应观念，抚慰人们的报复心。如果能够破除对死刑的道义报应以及满足国民情感的迷信，死刑制度的不必要性、不合理性和非正义性就将赤裸裸地展示在世人面前。因此，必须分清对死刑的理性认识和本能要求，必须分清现实的“是”与理性的“应该是”。只能以理性的眼光来审视死刑，才能以现实的态度来改造死刑。当前，进行理性思考的结论是：①死刑是从原始社会血腥的以血复仇制度遗留演变而来的产物，它必然随着人类文明的发展而废止；②死刑并不具备人们所想象的预防犯罪的有效威慑力；③死刑所真正发挥的现实功能只是满足民众的报应观念，而这已不符合人类文明发展的要求；④国家为了满足民众的报应要求而适用死刑，应当说是一种不得已而为之的措施，对其只能采取谦抑而非扩张的态度。废除死刑已是世界性的大趋势。[①]

二、我国现行的死刑适用制度及其发展趋势

（一）我国保留死刑

我国自古以来的传统观点就是：杀人必须抵命，从刘邦的“杀人者死”到清康熙18年的“一命必有一抵”原则都鲜明地反映了中国人的死刑观，同时还由于20世纪50年代以来，阶级斗争理论的盛行以及人斗人、人杀人在社会活动中长期存在，重刑主义大有市场。目前，死刑在我国刑法体系中共有44个条文，设66种罪名，涉及除我国刑法分则第9章“渎职罪”以外的诸章。[②]

（二）设置死缓制度，控制死刑的实际执行

1. 什么是死缓制度

死缓是独具特色的中国死刑执行制度，是为了贯彻少杀尽量不杀原则制定的，是我国慎用死刑的重要表现。我国刑法第四十八条、第五十条（见法条链接）规定了“死刑缓期执行制度”（简称死缓制度）。死缓制度是对应当判处死

① 马克昌．刑罚通论，武汉大学出版社，2002年，第91～109页。
② 马克昌．刑罚通论，武汉大学出版社，2002年，第117页。

刑的犯罪分子，在是否执行死刑的环节上留了一线生机，只要不是必须立即执行的，均可适用死缓的规定，而缓期二年后，只对故意犯罪的执行死刑。因此，死缓制度在本质上是对死刑适用的更严格的规定。死缓制度萌芽于中国革命的特殊时期，1979 年刑法确立以后，又逐步向前发展，直到 1997 年刑法修改完善。在司法实践中，被判死缓者只要在缓刑期间不再犯重大刑事案件，不被发现隐瞒重大刑事案件，一般不会再执行死刑而改为无期，因此死缓实际就是保住了命，而死刑则是命归西天，与死缓可以说有着天壤之别。随着刑法发展的国际化，死缓制度必将为完成减少死刑，乃至废除死刑的历史使命发挥积极的作用。

近年来，随着死缓的广泛应用和死刑判决与执行的严格限制，实际的死刑已是相当的少。因此这一制度也得到了国际同行的认可。日本甚至一度有引入我国死缓制度的想法。但这一制度并不是十全十美，在执行中难免出现一些问题，刘涌案所表现出来的弊端，不但国内影响比较大，在国际上也引起了相当关注，最终不得不打破惯例，使被辽宁省高级人民法院已经终审的案件重新由最高人民法院提审，重新作出判决，这在共和国法制史上还是首例。

2. 我国死缓制度存在的问题

（1）我国死缓制度的适用条件和标准比较模糊，因此在司法实践中的可操作性不强，造成司法随意性较大。像美国各州可以根据各地实际情况制定州法律，而联邦法律只是总体的概括，各州在审判时一般是根据各州的法律，而不是联邦法律，当然各州法律不可和联邦法律相冲突，但这并没有影响各州法律具体应用。而我国地域广阔，各地实际情况复杂，东中西部相差甚远，在这一方面应向美国借鉴，这也有利于解决法律适用的地域差异。

（2）刑法涉及到的死罪罪名中涉及的法定刑幅度较大，造成司法任意裁量，宽大无边，严之无限。如强奸罪涉及的法定刑就有：有期徒刑、无期徒刑和死刑。在有期徒刑中幅度又是从 3 年一直到 20 年，死刑又包括了死缓和死刑立即执行，而死缓和死刑立即执行是有着本质区别的。

（3）我国地区间、案件间对死刑适用也是不平衡的，特别是经济犯罪，东西差距相当大。比如在经济犯罪中巨额的认定上，东部至少要达到 10 万元以上，而在西部，特别是西部经济比较落后的省市，5 万就被认定为巨额；在判决上也存在不平衡，同样的案件在西部可能判死刑，而在东部发达省份可能只判了有期徒刑，而且较短。这造成法律执行中产生地域上的不公平，处理不好会造成人们对法律公平公正的怀疑。

（4）我国在贯彻少杀慎杀的死缓制度同时，在有期徒刑和无期徒刑以及死缓的实际执行上是比较轻的。在我国有期徒刑最高为 20 年，若是数罪并罚有期徒刑也不可超过 20 年，且不可改变判刑性质，即不可改变刑种，无论你犯多少罪，只要不够死刑和无期，在监狱最多呆 20 年。明显的是犯罪与犯罪成本成反比例，犯罪成本低，相应犯罪便会上升。因此在没有有效的降低犯罪情况下死刑不应废除，死缓应用也应严格，不要让刘涌之徒有机可趁，另外在死缓大量应用情况下，应当考虑延长有期徒刑，这样也许可以减少一些像刘涌案之类的尴尬事件。

（三）我国死刑制度的发展趋势

1.“保留死刑、少杀慎杀”是我国一贯的死刑政策

我国死刑政策是基于对死刑的正确认识而确立的。我国不推崇死刑、不迷信死刑，也从来没有为了震慑一般人而强调死刑；保留死刑是为了特殊预防和满足人民群众的报应要求；死刑有消极作用，多杀乱杀后患无穷。因此，符合我国国情，又顺应了历史发展的潮流。①

2. 死刑复核权收归最高人民法院行使，充分体现了“慎用死刑、少杀慎杀”的方针

十届全国人大常委会第二十四次会议审议《关于修改人民法院组织法的决定草案》时表示，为了加强对死刑判决的审查复核工作，严格掌握判决死刑的标准，确保死刑案件定罪量刑准确，应当依法将死刑核准权统一收归最高人民法院行使。会议通过了这一修改决定。

1983 年，为了更有力地打击犯罪，六届全国人大常委会第二次会议对人民法院组织法作出了修改，规定：“杀人、强奸、抢劫、爆炸以及其他严重危害公共安全和社会治安判处死刑的案件的核准权，最高人民法院在必要的时候，得授权省、自治区、直辖市的高级人民法院行使。”此后，由于死刑二审与核准在同一个法院，死刑案件缺少了真正意义上的监督。这导致了部分冤假错案的发生。2005 年底，最高人民法院发出通知，要求自 2006 年 1 月 1 日起，对案件重要事实和证据问题提出上诉的死刑第二审案件，一律开庭审理；2006 年 7 月 1 日起，对所有死刑第二审案件实行开庭审理。这被认为是死刑核准权统一收归最高人民法院行使前的一项重要改革。

---

① 马克昌. 刑罚通论，武汉大学出版社，2002 年，第 110～111 页。

2006年12月28日，最高人民法院发布《关于统一行使死刑案件核准权有关问题的决定》，明确废止过去依法发布的关于授权高级人民法院和解放军军事法院核准部分死刑案件的所有通知。自2007年1月1日起，死刑除依法由最高人民法院判决的以外，应当报请最高人民法院核准。

3. 死刑复核权收归最高人民法院行使采取的具体措施①

首先，是硬件准备，最高人民法院增设3个刑事审判庭。为了适应死刑案件核准权收回后的现实需要，最高人民法院增配了两名分管刑事审判工作的副院长，两名专司刑事审判工作的专职审判委员会委员。并于2005年下半年，在原有的两个刑事审判庭的基础上增设三个刑事审判庭，三个刑事审判庭都参与死刑案件复核工作。最高人民法院复核死刑案件，依法由三名法官组成合议庭，采取书面审查和讯问被告人相结合的方式办理。凡是二审法院应当开庭而没有开庭报请核准死刑的案件，最高人民法院将发回二审法院开庭审理。

最高人民法院要求各级人民法院继续坚持"严打"方针，依法从重从快打击危害国家安全犯罪、恐怖组织犯罪和黑社会性质的组织犯罪以及爆炸、杀人、抢劫、强奸、绑架、放火、毒品等严重危害社会治安、严重影响群众安全感的犯罪。时任大法官肖扬强调，对于那些罪行极其严重，罪证确实充分，依法必须判处死刑立即执行的，要坚决依法判处死刑立即执行，决不手软。

第二，严格掌握和统一死刑适用的标准，统一死刑证据标准，充分运用死缓制度，贯彻执行宽严相济的刑事政策。最高人民法院研究制定故意杀人、抢劫、毒品、故意伤害等死刑案件较多的几类犯罪适用死刑标准的指导意见，为全国高、中级人民法院判处死刑案件提供指导。最高人民法院明确要求，办理死刑案件，必须坚持刑事诉讼法规定的"事实清楚，证据确实充分"标准，对于采用刑讯逼供或者威胁、引诱、欺骗等非法方法取得的被告人供述、被害人陈述和证人证言，坚决予以排除，不能作为定案的根据。如果认定犯罪的事实不清、证据不足，特别是影响定罪的关键证据存在疑问，不能排除合理怀疑得出唯一结论的，就应当坚决依法作出证据不足、指控的犯罪不能成立的无罪判决，做到"有罪则判，无罪放人"。最高人民法院提出，要注意充分发挥死缓制度既能依法严厉惩罚犯罪又能有效减少死刑执行的作用。凡是符合法定条件，不须判处死刑立即执行的，就应当适用死缓；可杀可不杀的，一律不杀。贯彻执行宽严相济的基

① 最高人民法院决定收回死刑核准权、最大限度减少死刑，《楚天都市报》2006年12月29日。

本刑事政策，对具有自首、立功、从犯等法定从轻、减轻情节的，可以依法从轻或者减轻处罚，一般不判处死刑立即执行。对于因婚姻家庭、邻里纠纷等民间矛盾激化引发的案件，因被害方的过错行为引起的案件，案发后真诚悔罪并积极赔偿被害人损失的案件，慎用死刑立即执行。

第三，死刑复核工作必须坚持正当的程序即核准死刑原则上要提讯被告人。最高人民法院副院长张军表示："复核死刑工作中，将严格办理程序，依法严谨、理性地行使复核权。"具体要求包括：一是坚持全面审查的原则。复核死刑案件，应当对原审裁判的事实认定、法律适用和诉讼程序进行全面审查。其中，要对被告人判处死刑的犯罪事实和证据、影响量刑有关情节的认定以及法律适用等问题进行重点审查。二是合议庭成员必须全部认真阅卷。三是死刑原则上要提讯被告人，当面听取被告人的意见。被告人还可以通过信函的方式，向合议庭提出自己的辩解意见。四是严格案件审核程序。肖扬表示，统一行使死刑核准权后，最高人民法院将进一步加强刑事法官队伍廉政建设。他强调，"人民法院将继续加大查处违法违纪案件的力度，对于滥用职权、贪赃枉法、徇私舞弊、索贿受贿的，一旦发现，一律清除出法官队伍；构成犯罪的，坚决依法追究刑事责任。"

三、刘涌应适用死刑立即执行

刘涌的死刑适用问题，人们议论最多的就是，基于同一个罪名，犯罪集团的主犯宋健飞被判处死刑立即执行，而首要分子刘涌却被判处死刑缓期两年执行，其中有没有枉法裁判的因素？这一问题需要辽宁省高级人民法院在判决书中予以回答。但恰恰是这份至关重要的判决书，却含糊地以"具体情况"回避了所有的问题。可见，辽宁省高级人民法院的判决在程序法上有问题。首先，改判的理由不披露，违背了司法公开的原则，损害了公众的知情权。其次，从诉讼权利上来看，对诉讼当事人各方提出的理由予以公开评价，是维护当事人诉讼权利的基本表现，辩护人的哪些证据被采纳，哪些证据没有被采纳，公诉人的哪些理由不成立，羁押期间是否有刑讯逼供的情况等，所有这些都需要判决书予以说明，遗憾的是，辽宁省高级人民法院不恰当地采取了回避的策略，使得这一案件变得扑朔迷离。

从实体法的角度来看，辽宁省高级人民法院的论证也有待商榷。刘涌是否指使手下伤害竞争对手，需要通过对其组织的性质进行深入的分析。如果是一个盗窃集团，那么首要分子就不应该对集团成员盗窃以外的其他犯罪活动承担刑事责任；如果是“以暴力、威胁或者其他手段，有组织进行违法犯罪活动，称霸一方，为非作恶，欺压、残害群众，严重破坏经济、社会生活秩序的黑社会性质的组织”，那么，首要分子显然要对“以暴力、威胁或者其他手段，有组织的违法犯罪活动”承担刑事责任。我国刑法总则第二十六条规定，三人以上为共同实施犯罪而组成的较为固定的犯罪组织是犯罪集团，对组织、领导犯罪集团的首要分子，按照集团所犯的全部罪行处罚。因此，依照刑法总则规定，不存在犯罪集团的首要分子比“犯罪集团其他成员”处罚还轻的问题。一些人认为刘涌与实施犯罪行为的被告人之间不存在共同故意的问题，其实，刑法已经明确规定了黑社会性质犯罪组织的共同犯罪故意内容，作为首要分子，无论是直接故意还是间接故意，都应当承担刑事责任，以集团所犯的全部罪行处罚。因此，刘涌应适用死刑立即执行。

★ 法条链接

◆《中华人民共和国刑法》

第三十三条　主刑的种类如下：（五）死刑。

第四十八条　死刑只适用于罪行极其严重的犯罪分子。对于应当判处死刑的犯罪分子，如果不是必须立即执行的，可以判处死刑同时宣告缓期二年执行。

死刑除依法由最高人民法院判决的以外，都应当报请最高人民法院核准。死刑缓期执行的，可以由高级人民法院判决或者核准。

第四十九条　犯罪的时候不满十八周岁的人和审判的时候怀孕的妇女，不适用死刑。

第五十条　判处死刑缓期执行的，在死刑缓期执行期间，如果没有故意犯罪，二年期满以后，减为无期徒刑；如果确有重大立功表现，二年期满以后，减为十五年以上二十年以下有期徒刑；如果故意犯罪，查证属实的，由最高人民法院核准，执行死刑。

第五十一条　死刑缓期执行的期间，从判决确定之日起计算。死刑缓期执行减为有期徒刑的刑期，从死刑缓期执行期满之日起计算。

第二百九十四条第一款、第三款　组织、领导和积极参加以暴力、威胁或者其他手段，有组织地进行违法犯罪活动，称霸一方，为非作恶，欺压、残害群众，严重破坏经济、社会生活秩序的黑社会性质的组织的，处三年以上十年以下有期徒刑；其他参加的，处三年以下有期徒刑、拘役、管制或者剥夺政治权利。

犯前两款罪又有其他犯罪行为的，依照数罪并罚的规定处罚。

◆《中华人民共和国刑事诉讼法》

第二百零五条第二项　最高人民法院对各级人民法院已经发生法律效力的判决和裁定，上级人民法院对下级人民法院已经发生法律效力的判决和裁定，如果发现确有错误，有权提审或者指令下级人民法院再审。

第二百零六条　人民法院按照审判监督程序重新审判的案件，应当另行组成合议庭进行，如果原来是第一审案件，应当依照第一审程序进行审判，所作的判决、裁定，可以上诉、抗诉；如果原来是第二审案件，或者是上级人民法院提审的案件，应当依照第二审程序进行审判，所作的判决、裁定，是终审的判决、裁定。

◆《最高人民法院关于执行〈中华人民共和国刑事诉讼法〉若干问题的解释》

第三百一十二条第二项　再审案件经过重新审理后，应当按照下列情形分别处理：

（二）原判决、裁定认定事实没有错误，但适用法律有错误，或者量刑不当的，应当改判。

◆《全国人民代表大会常务委员会关于〈中华人民共和国刑法〉第二百九十四条第一款的解释》

刑法第二百九十四条第一款规定的“黑社会性质的组织”应当同时具备以下特征：

（一）形成较稳定的犯罪组织，人数较多，有明确的组织者、领导者，骨干成员基本固定；

（二）有组织地通过违法犯罪活动或者其他手段获取经济利益，具有一定的经济实力，以支持该组织的活动；

（三）以暴力、威胁或者其他手段，有组织地多次进行违法犯罪活动，为非作恶，欺压、残害群众；

（四）通过实施违法犯罪活动，或者利用国家工作人员的包庇或者纵容，称霸一方，在一定区域或者行业内，形成非法控制或者重大影响，严重破坏经济、社会秩序。

★ 他山之石

王乾荣：从对刘涌案的议论说到死刑，《中国青年报》2006 年 1 月 18 日。

李曙明：对沈阳黑帮头目刘涌改判死缓的质疑，上海《外滩画报》2003 年 8 月 21 日。

杨中旭：从人治走向法治、中国死刑复核下放的27年长路，《中国新闻周刊》2007年1月3日。

吴兢：最高人民法院提出：被害方过错、慎用死刑立即执行，《人民日报》2007年9月17日。

★ 请你断案：绝望股民掐死女儿案①

案情简介：2006年4月18日凌晨3时许，南京22岁的女大学生许祯正在沉沉的酣睡中，一双颤抖的大手紧紧地扼住了她的脖颈，直至她机械性窒息死亡。伸手掐死她的是她从小到大相依为命的父亲许国鸿。

许国鸿是南京市药业股份公司职工。妻子去世后与女儿相依为命，结下了非常深厚的父女情。许国鸿有一项业余爱好——喜欢研究股票，不仅研究，他还投身股市，对股市起伏波动有良好的感觉。其个人股资从几千元开始，一度高达200多万元人民币。由于他炒股的名气越来越大，他从2000年起，开始帮朋友们炒股。据许国鸿交代，他帮别人炒股时，手里的钱数曾经一度高达600余万元。可从2001年7月开始，中国股市进入大熊市。至案发前数日，许国鸿股票账户内的资金所剩无几，委托炒股金额本息全无。这时委托他炒股的人由于想到已无钱可嫌，就开始向他索要钱款。他感到自己还不了钱款，对不起委托人，他彻底绝望想到了死。但他唯一放心不下的是自己的女儿。女儿大学还未毕业，他担心自己撒手一走，女儿失去经济来源，日后不仅无人照顾，还要替他背负天文数字的巨债。于是他决定“带”走女儿，亲手掐死女儿后，他自杀未遂。于2006年4月24日，被警方刑事拘留，同年5月12日被批准逮捕。

请判断法院将如何裁决？

★ 参考答案

一审：南京市中级人民法院经审理认为，被告人许国鸿故意杀害其女儿的行为构成故意杀人罪。鉴于其有主动向公安机关交代罪行的自首行为，依法从轻处罚。南京市中级人民法院于2006年12月7日，依法以故意杀人罪判处被告人许

① 周益、邓文锋．炒股失败掐死女儿、一股民的灭门之灾，《南方周末》2007年5月30日。

国鸿无期徒刑，剥夺政治权利终身。

二审：许国鸿在接到一审判决后没有像一般犯人那样想减轻刑罚，他却一反常态向江苏省高级人民法院上诉称，其罪当处死，强烈要求判处其死刑。2007年2月8日，江苏省高级人民法院依法作出终审裁定：驳回上诉，维持原判。

第五讲　中美刑事审判制度的差异问题：辛普森案

★ 法理链接

一、中西方法律信仰

（一）法律信仰的内涵

“信仰”是指“对某人或某种主张、主义、宗教极度相信和尊敬，拿来作为自己行动的榜样和指南”。[①]“信仰”一词源于宗教，后为法律及其他社会领域所移植。

我国学者认为：“法的信仰是社会主体对社会现象的一种特殊的主观把握方式，是社会主体在对法的现象理性认识基础上油然而生的一种神圣体验，是对法的一种心悦诚服的认同感和依归感，是人们对法的理性的感情和意志等各种心理因素的有机的综合体，是法的理论和激情的升华，是主体关于法的主观心理状况的上乘境界。”[②] 法律信仰“一方面是指主体以坚定的法律信念为前提并在其支配下把法律规则作为其行为准则；另一方面是主体在严格的法律规则与支配下的活动”。[③] 可见，它既是个主观范畴的概念，也是一个可见之于主体行为的客观的概念。法律信仰是长期的法律实践经验的积累和理性思维活动的结晶，是人类把握社会法律现象的特殊存在方式，是社会法文化系统中各种主观因素的有机整合和高度凝练，是社会主体法的主观心理状况的上乘境界。

法律信仰作为社会公众对法律的神圣怀有的一种宗教信仰般的情怀，是现代法治得以生存、发展的根本前提和保障。“法律必须被信仰，否则它将形同虚设。所以，人类历史上凡是主张依法治国的国家或民族，都十分注重弘扬法的精神，

---

① 《现代汉语词典》，商务印书馆，1983 年版，第 1286 页。

② 姚建宗．信仰：法治的精神意蕴，吉林大学社会科学学报，1997 年。

③ 谢晖．法律信仰的理念与基础，山东人民出版社，2003 年版。

唤起人们的热忱，使依法而治由少数决策者的思想变为大多数人的自觉行为。”①

（二）法律信仰源自民情——在法治现代化过程中发挥了巨大的作用

追溯西方国家现代法治的由来可以发现，其也是经由一场艰苦而漫长的以弘扬法的公平、正义精神，使法律逐步获得并保有神圣性的精神文化建设运动为其开辟道路的。后来的人文主义者，自然法学派和学者们则公开打出“自由、平等、天赋人权”的旗帜，主张以人为中心，反对以神为中心；提倡人道，以反对神道；提倡个性自由，以反对中世纪的等级特权观和君权神授观，并最终引发了资产阶级革命，这场运动中提出的一些纲领和口号，几乎毫无例外地成了欧洲各国建立资产阶级国家及其现代法治模式的政治法律基础和伦理准则。

法律信仰之所以在法治现代化的进程中具有如此强大的力量，究其实，不是来自于政府的强力，而是源自公民的内心，源自公民对法律的自我认同。历史早已证明“除非人们觉得那是法律，否则，他们就不会尊重法律”，这就是“民情”。民情是一个民族的唯一的坚强耐久的力量，它使司法精神作为人们对法律现象的价值把握的理情积淀，内化入个人的认识、动机、情感、态度和组织的目标取向上，使社会公众以强烈的主人翁独立意识和自觉意识，主动、积极地投身于社会法治化进程，使法治成为全体社会公众共同参与的一项正义事业。正是在这种精神氛围中，法律与人的内在需求最大限度地达到了从内容到形式的一致，法律成为人性的一部分，法和人在本质上达到了某种契合和同一。用法学家哈特的术语说就是，在法治社会中，社会公众普遍地对法律持有“内在观点”，而不是旁观者立场的“外在观点”。因为，法律被遵守的主要原因在于集团的成员从信念上接受并在行为中体现法律表达的价值，人们效忠规则是因为规则能够表达人们的参与其中的共同目的，而不是靠强制实施规则所必然伴随的威胁。

（三）中国的法律信仰：民情之匮乏——以电影《秋菊打官司》为例

电影《秋菊打官司》的故事发生在西北的一个小山村。秋菊的丈夫王庆来为了自家的承包地与村长王善堂发生了争执，被村长一怒之下踢中了要害后，王庆来整日躺在床上干不了活。秋菊是一个善良有主见的女人，此时已有六个月的身孕。她要讨个“说法”，大致是要上级领导批评村长，村长认个错。但村长不肯认错，秋菊认为这样的事一定得找个说理的地方。于是，便挺着大肚子去乡政府告状。经过乡政府李公安的调解，村长答应赔偿秋菊家的经济损失，但当秋菊

---

① ［美］伯尔曼．法律与宗教，生活·读书·新知三联书店，1991年版，第28页。

来拿钱时，村长把钱扔在地上，受辱的秋菊没有捡钱，而又一次踏上了漫漫的告状路途。秋菊来到了几十里外的县公安局。县里的裁决与乡政府一样，只是对村长进行经济处罚。秋菊不服，拖着沉重的身子又来到了市公安局。市公安局最终也是维持了县和乡的调解与裁决内容。一心只为讨一个“说法”的秋菊又一次来到市里，这一次她找了律师，决定向人民法院起诉，结果败诉。但秋菊坚持要讨回公道，于是又上诉市中级人民法院。除夕之夜，秋菊难产。在村长和村民的帮助下，连夜踏雪冒寒送秋菊上医院。秋菊顺利地产下一个男婴，秋菊与家人对村长感激万分，官司也不再提了。可当秋菊家庆贺孩子满月时，传来了市中级人民法院的判决，村长被判处15天行政拘留。影片的结尾是：望着载着村长远去的警车扬起的烟尘，秋菊感到深深的茫然和困惑，她不懂得为什么法律是这样运作的。

秋菊的困惑说明了法律制度供给的问题，制度供给的不适用，“产品”的不对路。她仅仅是尝试性地诉求了正式法律，而她不仅没有获得她所希望的“说法”，而且无法理解正式法律运作的结果；她无意伤害他人却事实上伤害了他人，原来是她有理的现在却似乎亏了理。她和无数个他或她怎么可能很快接受这种令他（她）们尴尬的、正式的、据说会保障他（她）们的权利并带来实际利益的现代法律制度呢?[①]

由此我们看到的是，在中国法律与公众之间不是一种血浓于水的柔情，而是血浓于水一样的难以融合，正是法律与公众之间的这种隔离关系，正是民情资源的匮乏，决定了中国法制现代化的步履维艰。

二、中美两国不同的诉讼程序

美国属于英美法系国家，和大陆法系国家相比，诉讼程序有明显的不同。

（一）审讯制度不同

大陆法系国家审讯制度是以法官为主，一问一答，采取讯问制；英美国家主要采取辩论制（对抗制）。

（二）陪审制度不同

大陆法系国家由陪审员与法官共同组成合议庭，共同对案件自始至终进行审理；英美法系由陪审团认定事实并作出基本结论，法官适用法律作出判决。

从本质上看，我国的诉讼制度与西方国家的诉讼制度有着本质的区别。从形

① 苏力. 法治及其本土资源，中国政法大学出版社，1996年版，第32页。

式上看，我国与大陆法系国家大致相似，实行的是讯问制和合议庭制，但在司法改革中，我们又吸取了英美法系国家之所长，如在庭审过程中规定了法庭辩论的环节。但仍与西方国家存在明显的差异。

★ 典型案例：20 世纪美国社会最具争议的世纪大案之一："辛普森杀妻案"

案情概要： 辛普森（Orenthal James Simpson），于 1947 年生于旧金山市的黑人贫困家庭。凭着天赋和不懈的努力，终于成为 20 世纪六七十年代美国最杰出的橄榄球运动员，他曾获得全美大学橄榄球联赛的最高荣誉奖——海斯曼奖。进入职业联赛后，他先后在纽约水牛城鹰嘴队和旧金山淘金者队担任主力，被誉为橄榄球职业比赛史上的最佳跑锋。他的发迹过程是一个典型的"美国梦"的再现，辛普森因而成为广大公众、尤其是黑人青年心目中的英雄和偶像。退出体坛后，辛普森又投身影视和广告业，成为著名电视体育节目主持人，并在广告、电视剧和影片中大放异彩。OJ 这个英文缩写成为美国体育英雄和超级广告明星的代名词。

1994 年 6 月 12 日深夜，美国洛杉矶西部的一个豪华住宅区里，一只小狗的狂吠，引起了邻居家的注意，人们在一住宅门前发现两具血淋淋的尸体，便立刻打 911 电话报警。大批刑警赶到现场后，经初步调查，证实被害的白人女子名叫妮可，是辛普森的前妻；被害的白人男子名叫戈德曼，是附近一家意大利餐馆的侍者。两人皆因利刃割喉致死。

死者身份辨明后，警方决定，派几位刑警赶赴相距约 4 公里的辛普森住宅，通知他前妻遇害的消息，同时，警方考虑到辛普森是被害人前夫，他的安全也在警方的关注之中。这时，一位名叫福尔曼（Mark Fuhrman）的白人刑警自告奋勇，要求带队前往。在 1985 年的一次家庭纠纷中，妮可被辛普森殴打后报警，福尔曼曾上门处理过他们的家庭暴力案，知道辛普森住宅的准确地址。于是，主持调查凶杀案的瓦纳特（Philip Vannatter）警长便率领福尔曼等四名警探驱车前往辛普森住宅。结果在门外发现其白色的不朗哥型号汽车染有血迹，车道上也发现血迹。按铃无人回应，侦探爬墙而入，福尔曼在后院找到一只染有血迹的手套和其他证据。刑警们从辛普森女儿口中得知，辛普森已于前夜赶搭飞机到芝加哥参加一场高尔夫球商业比赛。

1994年6月13日，辛普森在芝加哥酒店接到警方通知前妻死讯，清早赶回洛杉矶时，警方已封锁了他的住宅。应主持调查的瓦纳特警官的要求，他来到警署总部。在盘问开始之前，瓦纳特向辛普森宣读了“米兰达告诫”，提醒他有权保持沉默，有权请律师在盘问时在场。但辛普森同意放弃沉默权，独自一人与两位刑警谈了半个多小时，希望能给警方提供一些破案线索。当时警察发现辛普森受伤，他解释说接到前妻死讯过于激动打破镜子而受伤，并且提供了自己的血液样品，以便澄清真相。

1994年6月17日，根据现场血迹化验和DNA测试结果，检方决定立案起诉辛普森，警方要求他在上午10点准时投案自首。此时，辛普森斥600万美元巨资筹组的“梦幻律师队”中的萨皮罗律师、贝登博士、李昌钰博士等人正在向辛普森了解案情，从他身上采集头发和血液等检验样品。萨皮罗以辛普森情绪低落、心理不稳为理由，请求警方延缓几个小时，但遭到警方拒绝，警方派出刑警前往逮捕辛普森时，他突然失踪。当天下午5点56分，警方在加州高速公路上发现了辛普森的白色野马车。此时，全球十几亿球迷正目不转睛地观看在美国芝加哥市举行的美国职业篮球联赛（NBA）总决赛的第五场，纽约尼克斯队大战休斯顿火箭队。当警方发现了辛普森的越野车后，全美各地电视台突然临时中断节目，画面一律改为现场直播警车跟踪白色野马车的实况。这场追逐战历时近7个小时，最后以被逐嫌疑犯辛普森投降而告终。

本案由美籍日裔法官伊藤（Lance Ito）主持审理——他的父母在二战时曾被关入日裔集中营。这位法官博才多学，一向以精通法律和严谨公正著称。检方阵容也十分强大，主持起诉的是“常胜女将”、副检察长克拉克（Marcia Clark），她主持起诉过20多宗杀人重罪案，从未输过一次。检方为了与“梦幻律师队”过招至少破费了纳税人800多万美元巨款。1994年8月至11月间，洛杉矶高等法院在当地公众中选出了9名黑人（其中8名女性），2名白人和1名拉美裔人组成辛普森案陪审团。自此，这场全球瞩目的“世纪审判”（Trial of the Century）拉开序幕，控辩双方围绕着被告是否有罪问题进行了长达一年零四个月的漫长交锋。

尽管检方认为辛普森有作案动机、时间和证据，但辩方一一进行了反驳，尤其是对检方呈庭的血液证据、手套证据等予以了有力的反驳，并指控警方涉嫌非法搜查。在审理中主控官为了证明辛普森就是凶手突然要求他在法庭上戴上手套，结果，辛普森在众目睽睽下竟然无法戴上手套，手套太小了。虽然控诉律师找到辛普森穿戴类似同一手套的照片，并且有专家佐证说手套溅染血液后会收缩，但是辩护律师也请专家佐证说不会如此收缩。同时，辩方打出“种族牌”，负责办案和入屋搜查证据的主要警察证人福尔曼，他被辩护律师指控为种族歧视者。辩护律师还进一步指控除了他之外，警察局另外有人为了种族偏见，故意栽赃嫁祸辛普森，假造证据。

1995 年 10 月 3 日 10 时 07 分，美国西部时间上午 10 点，当辛普森案裁决即将宣布之时，整个美国一时陷入停顿。克林顿总统推开了军机国务，前国务卿贝克推迟了演讲，华尔街股市交易清淡，长途电话线路寂静无声。数千名警察全副武装，如临大敌，遍布洛杉矶市街头巷尾。CNN 统计数字表明，大约有 1 亿 4 千万美国人收看或收听了“世纪审判”的最后裁决。陪审团分析了 113 位证人的 1 105 份证词后，裁决辛普森无罪。辛普森被当庭释放。

当法庭宣布无罪时，被监禁 9 个月的辛普森笑容满面地与他的律师们拥抱，而妮可和戈德曼的亲属则失声痛哭。法庭外，支持辛的人大声欢呼，而多数的人却惊诧不已，以至克林顿总统都亲自出面要大家尊重陪审团的判决。

受害者亲属对判决不满，又将他告到民事法庭，1997 年，亲属获得了 3 350 万美元赔偿。

★ 问题与思考

一、辛普森案体现了美国民众什么样的法律信仰？

二、中美刑事审判制度有哪些差别？

◆ 灵感闪存

☆ ……………………………………

☆ ……………………………………

☆

☆

☆

☆

★ 案例评析

一、辛普森案体现了美国民众对程序公正的法律信仰①

（一）法律程序被破坏带来的不公正，远大于错放了几个罪犯带来的危害

美国宪法和司法制度的核心，是防止“苛政猛于虎”，是注重保障公民权利和遵循正当程序。美国最高法院大法官 William O· Douglas（任期 1939—1975 年）精辟地指出：“权利法案的绝大部分条款都与程序有关，这绝非毫无意义。正是程序决定了法治与随心所欲或反复无常的人治之间的大部分差异。坚定地遵守严格的法律程序，是我们赖以实现法律面前人人平等的主要保证。”美国最高法院大法官 Oliver Wendell Holmes（任期 1902—1932 年）认为：“罪犯逃脱法网与政府的卑鄙非法行为相比，罪孽要小得多。”在 Holmes 看来，政府滥用权力和司法腐败对国家和社会造成的整体危害，远远超过了普通犯罪分子。因此，宪政法治的核心和重点，绝非一味不择手段、罔顾程序、从重从快打击触犯刑律的小民百姓，而是应当正本清源，注重对政府权力予以程序性约束和制衡，防止执法者和当权者凌驾于法律之上，利用手中特权和国家专政机器胡作非为、巧取豪夺、为害一方，任意欺压无处伸冤的小民百姓。防官府作恶远甚于防犯罪刁民，防止“窃珠者诛，窃国者侯”和统治者随心所欲、逍遥法外的虚伪“法治”（rule by law）的弊端，正是美国宪政“法制”（rule of law）制度设计的重要特点。

1. 美国司法制度中的无罪推定的原则与“超越合理怀疑”的定罪标准

在美国的司法制度中，以无罪推定为原则，刑事案采用的定罪标准是“超越合理怀疑”（prove beyond a reasonable doubt），现在大家更习惯把它翻译成：“排除合理怀疑的证明”。具体而言，在法庭审判时，检方若要指控被告有罪，一定

① 任东来等. 美国宪政历程：影响美国的 25 个司法大案，中国法制出版社，2004 年版。

要提出确凿可信的证据来证明被告的罪行。毫无疑问，任何证据都会存在某种疑点，但陪审团只有在确信证据已达到“超越合理怀疑”的标准时，才能判决被告有罪；否则，推定被告人无罪。

那么，什么是 prove beyond a reasonable doubt 呢？美国证据法权威 John H · Wigmore教授认为，这个法律术语的含义“难以捉摸，不可定义”。但是，这个术语包含一个极为重要的原则：由于刑事案人命关天，所以陪审团在裁决无罪时，不一定非要确信被告清白无辜。只要检方呈庭证据破绽较多，没达到 prove beyond a reasonable doubt 的严格标准，尽管有很多迹象表明被告涉嫌犯罪，但陪审团仍然可以判决被告无罪。有人将美国司法制度的这一特征概括为：“宁可漏网一千，不可冤枉一人。”

2. 美国司法制度对程序公正的重视程度，远远超过了寻求案情真相和把罪犯绳之以法

遵循公正程序是现代法治的基本原则之一。但是，一味强调程序公正，常常会出现忽视寻求真相、放纵涉嫌罪犯的弊端。因为任何事先规定的公正程序，都不可能准确地预计未来发生的全部情况和具体个案。在世纪审判中，辛普森之所以被无罪开释，并非由于他向法官和陪审团行贿或违反诉讼程序，而是由于“梦幻律师队”善于钻空子，充分利用检方和警方的失误，充分利用现有的法律、判例和刑事诉讼程序，合法地挑选检方呈庭证据和警方证人的种种疑点，成功地为被告开脱罪名。而这些法律和程序在制定之时，根本不知道有辛普森其人。

3. 注重程序公正不一定总是导致公正的审判结果

有时抄家搜查、刑讯逼供反而有利于及时破案、伸张正义。但这种做法只是饮鸩止渴，虽然可能得益一时，但却助长官府和警察滥用权力和胡作非为，从根本上损害法治。美国司法制度和诉讼程序固然存在很多缺陷，但是，人世间不存在那种完美无缺、值得人们奋斗终生的伟大制度，也不可能有那种不枉不纵、绝对公正的诉讼程序。人们只能是两害相权取其轻。

斯大林执政时期，一起恶性杀人案发生后，秘密警察头子贝利下令限期破案。在发往各地的通缉令中，附带三张摄自不同角度的嫌疑犯照片，一张正面，一张左侧面，一张右侧面。一周之内，相貌酷似照片的三名嫌疑犯同时落入法网。酷刑逼供之下，三名嫌疑犯都“如实”招供了犯罪行为。坦率地说，在这种宁枉勿纵的体制下，普通罪犯一般很难轻易逃脱法网。可是，正是在这种忽视正当程序和监督制衡的政治体制中，开国元勋屈死刑场，数百万无辜公民陷入冤

狱，特权阶层和秘密警察胡作非为，小民百姓的自由、财产和尊严遭到无情践踏。国家机器沦为保护特权和腐败的工具。前苏联衰落的历史教训极为惨痛深刻。

用程序正义来纠正实质正义的不足，建立起保护被告合法权利的司法制度，用一定的法律程序和制度来制约公权的实施，使之只能依据一定的规矩行事。在最坏的情况下，被害者的正义有可能被忽视。但与更大的危险——权力被滥用相比，也许支付这份代价是值得的。

辛普森案宣判后，整个美国社会掀起了轩然大波，民众普遍认为辛普森杀了他的妻子。据媒体调查，有94%左右的美国公民认为是辛普森杀了妻子，但同时认为这个判决是公正的。既然法院认定辛普森无罪，在法律上他就是无罪的，人们应该对司法判决保持尊重。这充分说明美国公民普遍对其法律的认同（法律信仰），表现了美国民众成熟的法制观念和对独立司法的尊重。

（二）假如辛普森案发生在中国

我国《刑事诉讼法》规定：“未经人民法院依法判决，对任何人不得确定有罪。”确立了无罪推定原则；同时规定了公诉方在刑事诉讼中应承担举证责任、被告方一般不承担举证责任；确立了疑罪从无的原则。但具体落实到我国的司法实践中还是比较困难的。比如举证责任中的很重要的一条就是承担举证责任的一方，如果不能举证，要承担不利的后果。辛普森案件是无罪推定的产物，属于程序公正。究竟实体上是不是公正？我国学者何家弘从其个人接触案件的情况看，认为这个案件可能就是辛普森干的。

那么，假如辛普森案发生在中国会如何呢？当年辛普森案中“梦幻律师队”的一员、美国哈佛大学法学院知名教授艾伦·德肖微茨先生在面对全世界每一位采访他的记者提出“作为辛普森先生的辩护律师，您认为他有罪吗？”这一问题时，每次他都按照“惯例”回避了，但他指出，如果辛普森案发生在中国，法庭会作出截然相反的判决。①

① 杨亮庆．辛普森案的辩方律师谈中美法律热点，中国青年报，2001年3月26日。

二、中美刑事审判制度的比较

（一）证据制度

1. 美国证据制度

（1）美国的沉默权制度。沉默权制度源起于1966年美国联邦最高法院对米兰达诉亚利桑那州（Miranda v Arizona）一案的判决，也称“米兰达告诫”（Miranda warnings，中文又译“米兰达警告”）。这与美国宪法第五、六条修正案所规定的刑事程序有直接关系。美国宪法第五条修正案规定：无论何人，不得在任何刑事案件中被迫自证其罪。根据这一条款，不管是在警察局、法庭还是在国会听证会上，任何人都有权保持沉默、拒绝提供可能被用来控告自己的证据。宪法第六条修正案规定：犯罪嫌疑人在法庭受审时有权请律师帮助为其辩护。如果犯罪嫌疑人的供词属于在不知道自己宪法权利的情况下被迫自证其罪，那么这种供词在法庭上是不能作为犯罪证据引用的。在米兰达案中，由首席大法官沃伦（Earl Warren，任期1953—1969年）亲自执笔撰写的法院判决书中提出：实施逮捕和审讯嫌犯时，警方应及时宣读下列提醒和告诫事项：第一，告诉嫌犯有权保持沉默；第二，告诉嫌犯，他们的供词将会用来起诉和审判他们；第三，告诉嫌犯，在受审时有请律师在场的权利；第四，告诉嫌犯，如果雇不起律师，法庭将免费为其指派一位律师。这些源自宪法第五、六条修正案的规定后来被统称为“米兰达告诫”。[①] 对此，辛普森案的辩护律师德肖微茨先生却认为：“这是一项糟糕的制度。”一个极端的例子是，他的一位当事人在法庭上傲慢地呵斥检察官：“我有权拒绝告诉你我的姓名。”可见，犯罪分子正因为获得了法律赋予的广泛权利，已经越来越不把警察和检察官放在眼里了。法律强调充分保障犯罪嫌疑人人权的代价，便是当今美国犯罪率的上升。

而在我国，面对警方往往是向嫌犯交代一番“坦白从宽，抗拒从严”之类的心理策略，中国学者不断呼吁，应切实加强犯罪嫌疑人和被告人的诉讼权利，针对犯罪嫌疑人能否享有“沉默权”的问题，赞成派明显占了上风。因此，我国司法改革的方向是要在原先的起点上，逐步增加刑事诉讼过程中犯罪嫌疑人和被告人的正当权利。

（2）根据美国联邦和加州的证据法，刑事案中的证据一般可分为直接证据

① 任东来等．美国宪政历程：影响美国的25个司法大案，中国法制出版社，2004年版。

和间接证据两种。所谓直接证据，是指能够以直接而非推理的方式来证明案情的证据。比如，某证人出庭作证，声称他亲眼看见凶手用利刃杀了受害者，这就是直接证据。所谓间接证据，是指不能以直接方式而必须以推理的方式来证明案情的证据。比如，在凶杀案现场发现了血迹或指纹，这就是间接证据，或者说是旁证。辛普森案没有目击证人，检察官只能使用警方搜集的血迹、手套、袜子和血液化验结果等间接证据来指控辛普森，所以这是一个非常典型的“旁证案件”。

在美国的司法体制中，仅仅依赖间接证据就把被告定罪判刑绝非易事。这是因为，仅凭个别的间接证据通常不能准确无误地推断被告人有罪，必须要有一系列间接证据相互证明，构成严密的逻辑体系，排除被告不可能涉嫌犯罪的一切可能，才能准确地证实案情。此外，间接证据的搜集以及间接证据和案情事实之间的关系应当合情合理、协调一致。如果出现矛盾或漏洞，则表明间接证据不够可靠，不能作为定罪的确凿根据。

在辛普森案中，由于检方证据全都是间接证据，因此，辩方律师对这些“旁证”进行严格鉴别和审核，是这场官司中极为重要的一环。令人失望的是，检方呈庭的证据破绽百出，难以自圆其说，使辩方能够以比较充足的证据向陪审团证明辛普森未必就是杀人凶手。

（3）“排除规则”（Exclusionary Rule）。1914 年，美国最高法院在威克斯诉美国案（Weeks v United States，1914）中首次明确规定，联邦法院在审判时，必须把警方用非法搜查手段取得的证据排除在外，这是美国警方人人皆知的“排除规则”。1961 年，最高法院在迈普诉俄亥俄州案（Mapp v Ohio，1960）中规定，“排除规则”同样适用于各州法院。据此判例，警务人员若要进入民宅搜查，必须向法官宣誓担保，不但要以书面形式列举证据和理由，而且要详细说明搜查的地点、范围和时间。经法官审核批准，颁发许可证之后，才能进入民宅搜查。另外，警察只能在许可证规定的范围内行动，并应在搜查后向法庭提交所获证据报告。警察如果违法搜查，不但会受到警纪严惩，而且会造成所获证据在法庭审判时一概作废的严重后果。法官如果违规颁发搜查证，将面临被弹劾和遭到刑事起诉的危险。

在美国的司法判例中，几乎在每一起刑事案中，辩方律师的首要工作，就是挑战警方搜查和采集证据的程序是否合法。20 世纪 60 年代后，由于犯罪率急剧上升，“排除规则”遭到美国社会各界极大指责。批评者认为，过于严格地实施“排除规则”，将会给警方破案造成极大困难，致使很多罪犯在铁证如山的情况下逍遥法外。尼克松总统执政后，先后任命了四位保守派人士出任大法官要职，试图推翻或修正那些对罪犯“心慈手软”的判例。此后，最高法院对“排除规则”的解释略有改变。1984 年，最高法院在美国诉里昂案（United States v Leon, 1984）中规定，当搜查不完全合乎程序要求时，如果警方的所作所为具有“良好诚信”（Good Faith）和“合理相信”（Reasonable Belief），法院在审案时可以引用搜获的证据。

在辛普森案中，涉案四名警官皆为老手，每人都有 20 年以上刑事侦查经验。对于限制警方搜查的案例和法规，他们恐怕比初出茅庐的律师了解得还要多。稍有法律头脑的警官都应明白，美国诉里昂案的裁决虽然对警方有利，但这个判例对所谓“良好诚信”和“合理相信”的解释模棱两可、含糊不清。而体坛巨星辛普森涉嫌杀人一案，毫无疑问将是轰动全美的世纪大案。为了防止被辩方律师钻空子，警方应当格外谨慎，严格遵循法律程序。

在辛普森案中，从当时福尔曼发现血迹和长时间无人应门的情况看，四位警官擅闯民宅之举，勉强可以算是具有“合理相信”。但是，警官们进入住宅后，一旦发现辛普森及其家人没有生命危险，就应停止搜查。只有当与法官取得联系，申请到搜查许可证后，才能对辛普森住宅进行合法搜查。

美国法律中有一条著名的证据规则：“面条里只能有一只臭虫。”这是一个形象的比喻：任何人发现自己的面碗里有一只臭虫时，他绝不会再去寻找第二只，而是径直倒掉整碗面条。同样，即便洛杉矶警方获取了大量能证明辛普森有罪的证据，但只要其中有一样（袜子）是非法取得的，所有证据就都不能被法庭采信。

（4）在美国的司法体制中，证据的可信度是打赢官司的关键性因素之一。

警方作为刑事案件的侦破机关，在第一时间掌握的证据最多。所以，美国法律明文规定，警察必须就搜查和检验证据等法律问题出庭作证，这是法庭审判和程序公正的重要环节。警察不同于一般的证人，执法者的特殊身份决定了他们回答辩方律师质疑的必要性。即使是普通的交通违规罚款案，涉案警察仍然有义务准时出庭，手按圣经宣誓作证。西方司法界有句箴言：“警察是法庭的公仆（Policeman is the public servant of the court）。”

在美国的司法体制中，尽管争议性极大，但辛普森案辩方的“种族牌”策略和伊藤法官的裁决完全合乎法律。受英国普通法中“品格证据”传统的影响，美国联邦和加州的证据法和判例都规定，如果出庭证人的品格被证明有缺陷，则证人呈庭的某些证词就不具有法律效力。所以，在法庭审判时，检辩双方律师都会在证人个人品格上大做文章。此外，在法庭宣誓之后，如果一位证人在一部分证词中故意撒谎，那么，陪审团可以将这位证人的其他证词也视为谎言。1996年，加州上诉法院在著名的瓦尔波娜诉斯普伦格案（Vallbona v Springger，1996）中再次明确重申了这一证据规则。而辛普森案中检方重要证人警察福尔曼被证明是一位种族歧视者。他在法庭答问时声称自己在过去几十年没有用过“黑鬼”这个歧视黑人的字眼，但是后来辩护律师出乎意料地找到一盒录音带，证明他在一个短时期内用过数十次“黑鬼”的字眼。这严重地摧毁了福尔曼证词的可信性。成为辛普森赢得这场官司的重要因素之一。

（5）“不要相信任何人”。①

美国哈佛大学法学院知名教授艾伦·德肖微茨先生的办公室里贴着一张纸条：“Don’t trust anybody”，这是他作为律师的职业信条。德肖微茨坚信律师只能身体力行地自己取证，任何人，即使是警方的证据，也是不可靠的。

德肖微茨曾在纽约州代理过一起刑事案件，其中遇到了一个无赖证人。他打电话给德肖微茨：“如果我上庭出示有利于你方的证据，你会付我钱吗？”德肖微茨断然拒绝。这个证人接着说：“那么你能支付我从家到法院的交通费用吗？”德肖微茨答应了他：“这是法律所允许的。”这段对话被证人用录音机录了下来，并做了剪辑，对话内容变成“只要出庭为辩方作证，德肖微茨先生就支付证人报酬”。由于没能索要到财物，这位证人恼羞成怒地把录音带交到了警察局，指控德肖微茨收买证人。所幸，德肖微茨自己也作了录音，这才避免了身陷囹圄。

2. 我国证据制度

（1）查证属实的证据才能作为定案根据。我国《刑事诉讼法》第四十二条规定：“……证据必须经过查证属实，才能作为定案的根据”。可见，《刑事诉讼法》在“证据”章节中的第一条不仅规定了证据的概念、种类，同时也规定了各种证据运用的前提性原则，即“查证属实”。同时，《刑事诉讼法》第一百六十二条又进一步规定，合议庭“……根据已经查明的事实、证据和有关法律规定，分别作出以下判决”，该规定再次表明，查证属实的证据才是定罪量刑的依据，查证属实是证据运用的基础性原则。

（2）重证据，不轻信口供。我国《刑事诉讼法》第四十六条规定：“对一切案件的判处都要重证据，重调查研究，不轻信口供……”，据此，可以理解，

---

① 杨亮庆．辛普森案的辩方律师谈中美法律热点，中国青年报，2001年3月26日。

“重证据，不轻信口供”是贯穿诉讼过程中针对“口供”与“其他证据”时，如何权重两者关系，运用此两类证据的总原则。

（3）没有被告人的供述，其他证据确实充分即可定案。我国《刑事诉讼法》第四十六条规定：“……只有被告人供述，没有其他证据的，不能认定被告人有罪和处以刑罚；没有被告人供述，证据充分确实的，可以认定被告人有罪和处以刑罚。”可以说，这条原则是重证据、不轻信口供原则在具体问题上的体现，它具体表明了不同证据种类运用的直接结果，即口供与其他证据材料在定罪量刑中孰轻孰重，具体的证明效力问题。第一百二十九条规定：“公安机关侦查终结的案件，应当做到犯罪事实清楚，证据确实、充分”。第一百六十二条规定，合议庭作出有罪判决的案件，应当“案件事实清楚，证据确实、充分”。以上法律条款的规定反复表明，运用证据材料定案，必须符合“证据确实充分”的原则。

（4）证人证言必须经过法庭质证才能用作定案根据。我国《刑事诉讼法》第四十七条规定：“证人证言必须在法庭上经过公诉人、被害人和被告人、辩护人双方讯问、质证，听取各方证人的证言并且经过查实以后，才能作为定案的根据”。据此，明确规定了证人证言作为证据的运用程序。

（二）陪审制度

1. 美国陪审制度

现代西方陪审制度起源于中世纪的英国，在美国得到充分的发展。美国宪法最初只规定了在刑事案件中受陪审团审判的权利，在《权利法案》通过后，陪审团审判的权利扩展到了民事案件中。陪审制度的国民参与性充分体现了美国法制的民主化。

美国的陪审制度分为大陪审团及小陪审团。大陪审团人数较多，一般为12至23人；而小陪审团通常是12人，也有少于12人的。唯独在美国，大陪审团制度仍被维持，并被认为是宪法所赋予的人民权利，不过，也仅限于重大刑事案件。在美国，所有刑事案件都应采取陪审团制度，而民事案件则视涉及金额多寡而定，并没有很客观的标准。美国小陪审团的功能与制度包括：（1）陪审团在审判上的任务，主要是认定事实，亦即“事实审”。虽称为“陪”审，但由于事实认定即可决定有罪与否，故事实认定其实比适用法律更为重要。（2）只要具备美国公民身份、年满18周岁、未曾触犯重罪或现时未受重罪起诉等条件，即可担任陪审员。（3）陪审团应当从社会上的大多数人中挑选，候选陪审员的范围应当在种族、年龄、性别和其他重要特征方面准确地反映社会中的人口状况。

(4) 小陪审团的人数一般是 12 人，最少不得低于 6 人。选任方式是由法院先在陪审员原始名册中随机挑出数百人，于其中再随机挑出若干人，再由审理法院及两方律师逐一筛选淘汰。淘汰的方式有两种：一种是不附加任何理由的排除，此称为“先制性反对”(peremptory challenges)。这种排除，检察官所能排除的人数较辩护律师要少，前者约是 6 位，后者则是 10 位，但淘汰不得有计划地排除某些种族，例如刻意排除黑人就不行；另一种是采用提问的方式，若发现其可能存有偏见，即将之排除 (voirdireex - amination)。人选选出后即宣誓而成为陪审员。(5) 美国的陪审员没有任期，为一案一选，一案一任，主要是个案审查和当庭审查，故相关程序比较复杂。(6) 美国公民一旦被征召为陪审员，即须到法院报到，陪审期间可请公假，其薪资都是相同的，而非以原工作薪资计算，至于多寡则各州自定。未被选中者，即可领取当日薪资回家；被选中者，则要到开庭结束方能领到薪资。(7) 审判期间，禁止陪审团发言，其只能被动地看两方律师及证人表演。看完法庭表演后，陪审团须回到陪审员室，讨论出陪审团的决定。若是民事案件，不需要 12 名成员一致同意，只需 9 票对 3 票即可成立。对于刑事案件，若是属于联邦层次的犯罪，须全体同意才能提出结论，若无法达成一致决议，则宣布流审，须重选陪审员再审；若仅是属于州层次的犯罪，州法院可能会另有较低的门槛，例如奥瑞冈州法律规定 10 票对 2 票即可定罪成立，此已经最高法院判定为不违宪。

当前，美国陪审团制度的缺陷主要表现为：陪审员的种族偏见对案件结果有决定性影响，“死结陪审团”对诉讼资源的浪费，公民逃避履行陪审义务。

2. 我国陪审制度

我国近代的陪审制度最早出现在清末。新中国成立后，人民陪审员制度作为一项重要的法律制度被确定下来。20 世纪 90 年代以来，全国法院普遍开展了审判方式改革，《关于完善人民陪审员制度的决定》于 2004 年 8 月 28 日在第十届全国人大常委会第十一次会议上获得通过，于 2005 年 5 月 1 日正式施行，其内容包括：(1) 人民陪审员参与审判案件的范围主要有以下三种情形：第一，人民法院审判社会影响较大的第一审刑事、民事、行政案件，应当实行陪审制。第二，对于刑事案件被告人、民事案件原告或者被告、行政案件原告申请由人民陪审员参加合议庭审判的案件，人民法院也应当实行陪审制。第三，对上述案件中适用简易程序审理的案件、法律另有规定的案件，不实行陪审。(2) 人民陪审员依法参加人民法院的审判活动，除不得担任审判长外，同法官有同等权利。人民陪审员不仅参与事实认定，还有权适用法律，即对事实认定、法律适用，独立行使表决权。（3）担任人民陪审员应当具备拥护中华人民共和国宪法、年满23周岁、品行良好、公道正派、身体健康等条件，一般应当具有大学专科以上文化程度。因犯罪受过刑事处罚的和被开除公职的，不得担任陪审员。同时，人民代表大会常务委员会的组成人员，人民法院、人民检察院、公安机关、国家安全机关、司法行政机关的工作人员和执业律师等，不得担任陪审员。（4）符合担任人民陪审员条件的公民，可以由其所在单位或者户籍所在地的基层组织向基层人民法院推荐，或者本人提出申请，由基层人民法院会同同级人民政府司法行政机关进行审查，并由基层人民法院院长提出人民陪审员人选，提请同级人民代表大会常务委员会任命。人民陪审员的任期为五年。（5）人民陪审员和法官组成合议庭审判案件时，合议庭中人民陪审员所占人数比例应当不少于1/3。应当由人民陪审员参加合议庭审判的，应当在人民陪审员名单中随机抽取确定。（6）人民陪审员因参加审判活动而支出的交通、就餐等费用，由人民法院给予补助。有工作单位的人民陪审员参加审判活动期间，所在单位不得克扣或者变相克扣其工资、奖金及其他福利待遇。无固定收入的人民陪审员参加审判活动期间，由人民法院参照当地职工上年度平均货币工资水平，按实际工作日给予补助。同时，人民陪审员因参加审判活动应当享受的补助、人民法院和司法行政机关为实施陪审制度所必需的开支，列入人民法院和司法行政机关业务经费，由同级政府财政予以保障。

（四）法官选任制度

1. 美国法官选任制度

美国联邦法院系统有三个等级的法院，即联邦最高法院（U. S. Supreme Court）、联邦巡回法院（U. S. Circuit Court）、联邦地区法院（U. S. District Court）。其中巡回法院亦称上诉法院，相当于我国的中级法院，但不直接审理一审案件；联邦地区法院则作为联邦系统的基层法院。美国50个州划分13个审判区域设有13个巡回法院，一个巡回法院往往下辖数个地区法院。所有联邦法院的经费直接来源于联邦政府。与联邦法院系统相比，州法院系统的情况相对复杂。原因在于美国是联邦制国家，各州有自己的宪法，有各自的法院系统，自成体系。州法院系统一般分为三个层次：州最高法院（State Supreme Court）、州上诉法院（Superior Court of Appellate Division）及初审法院（County or Municipal Court）。

美国法官具有很高的社会地位，在社会中受到普遍的尊敬，其重要原因在于法官构成的职业化。美国法官的选任有一套相当严格的制度和程序，对法官的学历、资历、社会声望都有极高的要求。美国共有大约700名联邦法官（联邦最高法院现共有9名法官），2.7万多名州法官。联邦法官由总统任命，但需得到联邦参议院的批准。另外，总统在提出联邦法官候选人名单时一般都会征求美国律师协会的意见，尽管这并不是法律规定的必经程序。最高法院、上诉法院和地区法院的联邦法官是终身制，专门法院的联邦法官是任期制。地区法院的预审法官、破产法院的法官则由上级法院任命，其中预审法官的任期为8年，破产法院法官的任期为14年，但可连任。州法官一般都由当地居民直接选举产生，也有的州采用州长提名、州议会通过任命的方式。各州的法官都是任期制而不是终身制。州初审法院法官的任期为4年、6年或8年；州上诉法院和州最高法院法官的任期为6年、8年或10年。在美国，除少数审理轻微犯罪案件的基层法院外，法官必须具有法律博士以上的学位，或从事律师或检察官，或具有数年以上的教学工作经历。美国的高中毕业生并不能直接进入法学院，必须首先至少获得一个本科学士的学位，然后才能升入法律院校就读，获取法律博士（J. D）学位，其学制为三年，之后才可以进一步攻读两年制法学博士（S. J. D）学位。美国法官可以公开其政治倾向，但不能参与任何政党的政治活动，这是司法独立原则的基本要求。按照20世纪90年代的水平，美国联邦地区法官的年薪约为13万美元，联邦上诉法院法官的年薪约为14万美元，联邦最高法院大法官的年薪约为16万美元；州初审法院法官的年薪在6万至10万美元之间，州上诉法院和州最高法院法官的年薪可达12万美元。在美国历史上，许多伟大的法学家都是著名的法官。其原因在于法官享有很高的社会地位和声望以及丰厚的物质生活条件，法官职业能够吸引美国社会中最优秀的法律人才。

同时，美国也有素质差的州大法官。德肖微茨教授告诉记者，美国的法官制度也存在问题，甚至让素质差的人当上了州大法官。在美国亚拉巴马州，有一位人称“法盲”的法官，他同时还是一个极端的种族歧视主义者和宗教主义人士。这位法官把《圣经十诫》悬挂在民事法庭里，按照《圣经》的条文进行审判。这侵犯了非基督徒的宪法权利，因为不能以《圣经》里的清规戒律要求非基督徒。每次开庭前他还要朗诵一段《圣经》里的颂词，依照美国法律，他如果不改正这一做法，将被取消法官的资格。而他非但拒绝改正，还决定参加亚拉巴马州大法官的竞选。由于亚拉巴马州是一个宗教势力很强的地区，他得到了许多信教公民的选票，并最终赢得了胜利。这个实例说明了美国州法官公选制度的弊端，当选与否与竞选人受本州居民欢迎的程度有关。德肖微茨先生说，这样的荒唐事在中国不可能发生，因为中国法官的遴选不受公众意志的影响。[①]

2. 我国法官选任制度

根据我国《法官法（2001 修正）》第九条的规定，担任法官必须具备下列条件：（1）具有中华人民共和国国籍；（2）年满二十三岁；（3）拥护中华人民共和国宪法；（4）有良好的政治、业务素质和良好的品行；（5）身体健康；（6）高等院校法律专业本科毕业或者高等院校非法律专业本科毕业具有法律专业知识，从事法律工作满两年，其中担任高级人民法院、最高人民法院法官，应当从事法律工作满三年；获得法律专业硕士学位、博士学位或者非法律专业硕士学位、博士学位具有法律专业知识，从事法律工作满一年，其中担任高级人民法院、最高人民法院法官，应当从事法律工作满两年。同时规定，曾因犯罪受过刑事处罚的、曾被开除公职的人员不得担任法官。

法官职务的任免，严格依照宪法和法律规定的任免权限和程序办理。最高人民法院院长由全国人民代表大会选举和罢免，副院长、审判委员会委员、庭长、副庭长和审判员由最高人民法院院长提请全国人民代表大会常务委员会任免。地方各级人民法院院长由地方各级人民代表大会选举和罢免，副院长、审判委员会委员、庭长、副庭长和审判员由本院院长提请本级人民代表大会常务委员会任免。在省、自治区内按地区设立的和在直辖市内设立的中级人民法院院长由省、自治区、直辖市人民代表大会常务委员会根据主任会议的提名决定任免，副院长、审判委员会委员、庭长、副庭长和审判员由高级人民法院院长提请省、自治区、直辖市的人民代表大会常务委员会任免。在民族自治地方设立的地方各级人民法院院长由民族自治地方各级人民代表大会选举和罢免，副院长、审判委员会委员、庭长、副庭长和审判员由本院院长提请本级人民代表大会常务委员会任免。人民法院的助理审判员由本院院长任免。军事法院等专门人民法院院长、副院长、审判委员会委员、庭长、副庭长和审判员的任免办法由全国人民代表大会常务委员会另行规定。

初任法官采用严格考核的办法，按照德才兼备的标准，从通过国家统一司法考试取得资格并且具备法官条件的人员中择优提出人选。人民法院的院长、副院长应当从法官或者其他具备法官条件的人员中择优提出人选。

---

① 杨亮庆. 辛普森案的辩方律师谈中美法律热点，中国青年报，2001 年 3 月 26 日。

★ 相关案例链接：米兰达案①

1963 年，一个 23 岁名叫恩纳斯托·米兰达（Ernesto Miranda）的无业青年因涉嫌强奸和绑架妇女在亚利桑那州被捕，警官随即对他进行了审讯。在审讯前警官没有告诉米兰达有权保持沉默、有权不自证其罪。米兰达文化不高，经过两小时的审讯，米兰达全招了，并且在供词上签了字。亚利桑那州地方法院开庭审理米兰达案时，检察官向法庭和陪审团出示了米兰达签字的供词，作为指控他犯罪的重要证据之一。根据最高法院 1963 年著名的吉迪恩诉温赖特案（Gideon v Wainwright，1963）的判例，州法院有义务为被控刑事重罪的贫穷被告免费提供律师。于是，主审法官指定了一位名叫莫尔（Alvin Moore）的公共辩护律师为米兰达辩护。莫尔律师声称，根据宪法第六条修正案的条款以及最高法院关于穷人律师权的判例，嫌犯被捕后警方就应立即为其提供律师，但涉案警官却违反规定，在没有律师在场的情况下审讯米兰达，因此，米兰达的供词属于被迫自证其罪，违反了宪法第五条修正案，这种供词是无效的。检方反过来抓住莫尔律师胡乱解释最高法院判例的漏洞，论证警方并未违规，米兰达的供词属于合法证据。庭辩结束后，陪审团判决米兰达有罪，法官判处米兰达 20 至 30 年有期徒刑。

米兰达和莫尔律师不服判决，将此案逐级上诉到联邦最高法院。1966 年，联邦最高法院以 5 比 4 一票之差裁决地方法院的审判无效。最高法院的理由是：宪法第五条修正案规定的公民权利（不自证其罪）不仅适用于正式法庭审判，而且同样适用于法庭以外的任何程序和场合。由于涉案警官在审讯米兰达之前没有预先告诉他应享有的宪法权力，所以米兰达的供词属于“非自愿供词”，这种供词在法院审判时一概无效。最高法院强调：警方强制性的关押和审讯环境对犯罪嫌犯形成了巨大的压力，为了防止出现刑讯逼供或恐吓成招，司法程序应当从一开始就对嫌犯的宪法权利予以有效保障。

① 任东来等．美国宪政历程：影响美国的 25 个司法大案，中国法制出版社，2004 年版。

★ 请你断案：辛普森抢劫案

案情简介：2007 年 9 月 13 日，包括辛普森在内的六人未经允许进入“赌城”拉斯维加斯一间赌场内的宾馆房间，从一些体育纪念品收藏家那里“拿回”了原属于辛普森的一些物品，这些物品包括辛普森当年比赛使用的一些橄榄球、橄榄球明星乔·蒙坦纳的印刷画、棒球名将彼得·罗斯和杜克·施纳德签名的棒球、辛普森签名的体育纪念品、辛普森与前联邦调查局局长埃德加·胡佛的合影照片等，总价值估计超过十万美元。

当地时间 9 月 16 日上午 11 时左右，便衣警察在拉斯维加斯一家酒店将辛普森逮捕，辛普森当天晚些时候被送往克拉克县监狱。

2008 年 10 月 3 日上午 8 时 45 分，来自克拉克县地区法院的陪审团 12 名陪审员开始审议辛普森涉嫌持枪抢劫案，直至当天深夜 9 时许才就裁决达成一致。

请判断陪审团将作出怎样的裁决？

★ 参考答案

北京时间2008 年 12 月 6 日，美国当地时间 12 月 5 日，美国内华达州最高法院对美国前著名橄榄球明星辛普森涉嫌抢劫勒索、使用致命武器和袭击罪判处其 33 年监禁。2008 年 10 月 3 日，根据法庭宣读的裁决，辛普森所受绑架、武装抢劫等 12 项罪名指控成立，立即转入羁押状态，等候最终宣判。根据法律，绑架罪名视情节轻重意味着至少 5 年监禁，武装抢劫面临 2 至 30 年监禁。《纽约时报》说，合计针对 12 项罪名的量刑，辛普森将面临 15 年至终身监禁。

第六讲　中国司法独立问题：张金柱案

★ 法理链接

一、司法独立是我国司法的一项基本原则

（一）司法独立原则的含义

司法独立原则是指司法机关在办案的过程中，依照法律规定独立行使司法职权。这一原则既是我国宪法规定的一项根本法原则，也是我国有关组织法和诉讼法规定的司法机关适用法律的一项基本原则。它包含三层含义：

1. 司法权的专属性，即国家的司法权只能由国家各级审判机关和检察机关统一行使，其他任何机关都无权行使此项权利；

2. 行使职权的独立性，即人民法院、人民检察院依照法律独立行使自己的职权，不受行政机关、社会团体和个人的非法干涉；

3. 行使职权的合法性，即司法机关必须严格依照法律规定审理案件，正确适用法律，不得滥用职权，枉法裁判。①

（二）司法权利的法律监督

广义的法律监督是指一切国家机关、政治和社会组织和公民对法制全部运作过程的合法性所进行的监察、制控和督导。狭义的法律监督是指有关国家机关依法定职权和程序对立法、执法、司法等运作环节的合法性所进行的监察、制控和督导。②

坚持司法独立原则，并不是说司法机关行使权力可以不受任何监督和约束。司法权同其他任何权力一样，都要接受监督和制约。对司法权的监督表现在以下几方面：

---

① 吴汉东．法学通论，北京大学出版社，2007 年，第 35 页。

② 张文显．法理学，高等教育出版社、北京大学出版社，1999 年，第 314 页。

1. 司法权要接受党的领导和监督，这是司法权正确行使的政治保证；

2. 司法权要接受国家权力机关的监督，司法权由国家权力机关产生，并对国家权力机关负责。因此，国家权力机关有权监督司法权的行使，司法机关也有义务接受国家权力机关的监督；

3. 司法机关的上、下级之间以及同级之间也存在监督和约束，这种监督和约束是通过司法制度中的一系列制度来体现和实现的；

4. 司法权也要接受行政机关、企事业单位、社会团体、民主党派和人民群众的监督，还要接受舆论的监督。

只有通过这些种类广泛的监督形式和监督机制，才有利于更好地行使司法权，并防止司法权的滥用等司法腐败现象和行为。[①]

二、以“美国前总统尼克松因‘水门事件’辞职”为例看西方国家的司法独立原则

（一）尼克松与“水门事件”

1972 年 6 月 17 日，为尼克松筹划竞选连任总统的一些共和党人，潜入华盛顿水门大厦民主党总部偷拍文件和安置窃听器。尼克松连任后不久，此事被揭发，牵连甚广，直至尼克松本人。为此，1973 年 10 月 23 日，美国众议院责成其司法委员会调查有关材料；1974 年 6 月，联邦地区法院法官约翰·西里卡向尼克松发传票，要他交出与掩盖水门事件有关的录音磁带，以完成对有关人员的审讯。尼克松启用行政特权的理由，称磁带中含有国家机密，拒绝交出。联邦特别检察官和地区法院将此案上诉到联邦最高法院，定名为“美国诉尼克松案”。该案开创了美国宪政史上的一个先例：总统被自己任命的特别检察官起诉，实际上是被联邦司法部起诉。

1974 年 7 月 24 日，美国联邦最高法院进行投票以 8：0（大法官伦奎斯特没有投票）形成决定，作出判决：“一、特别检察官有权对他名义上的上司起诉，因为职责准许，审理类似案件也是最高法院的职责；二、尽管总统磁带中包含有属于特别行政权保护的内容，尤其是那些涉及国家和军事秘密的问题，但当这些磁带被作为犯罪案件的证据时，总统必须服从法院的命令，将磁带交出；总统的特权不能无止境地延伸阻碍司法审查的正常秩序；三、总统交出的材料与调查的

① 张文显．法理学，高等教育出版社、北京大学出版社，1999 年，第 312 页。

罪行是否有关，不是由总统决定，而只能由法院来决定。”

1974 年 7 月底，众议院相继通过三项弹劾尼克松的条款。8 月 8 日，尼克松宣布辞去总统职务，由副总统福特接任。福特于 9 月 8 日宣布，由于“审讯一名美国前总统的前景可能会无可挽回地丧失……已使国家恢复的平静”，于是宣布对尼克松的赦免，赦免其“所犯的、可能犯的或参与的……一切罪行”。尼克松因“水门事件”面临国会的弹劾，辞去总统职务，成为美国历史上第一位自动辞职的总统。

该国弹劾总统的程序，也适用于副总统、联邦法院法官和其他联邦政府官员。该事件针对美国总统尼克松，但事件本身所表现出的立法权、司法权对行政权的制约，却超出国界在全世界范围产生了较大的影响。

（二）西方国家的司法独立原则①

1. 司法权独立。即司法权、行政权、立法权三权相互分割，彼此制衡，司法机关有其独立的组织系统，与其他组织系统相分离。

2. 审判独立。即法官独立审判案件，不受任何干涉。

3. 司法人员独立，法律对法官地位特设保障条款，例如法官高薪养廉制、法官终身任职制等。

其中，审判独立是核心。

★ 典型案例：张金柱案

案情概要：张金柱：1947 年出生，河南郑州市西四十里外的荥阳人，1963 年应征入伍当汽车兵，在部队入党提干，1975 年转业后进入公安队伍。从侦察员干到刑侦副科长、科长、派出所长、刑侦副局长、郑州市二七公安分局局长，1995 年 4 月任郑州市开发区公安分局政委。在长达十几年的公安生涯中，他曾破获或组织指挥侦破了数以千计的重大案件，且多次立功受奖。

1997 年 8 月 24 日晚 9 时 40 分许，在郑州市金水路与经一路交叉路口处，张金柱驾驶一辆白色佳美轿车，撞上了由南向北横过金水路的各骑一辆自行车苏东海、苏磊父子二人。苏磊被撞起后头部碰撞到该车前挡风玻璃上端铁框处，而后摔落在地。同时，该车撞击苏东海后，苏东

① 吴汉东．法学通论，北京大学出版社，2007 年，第 35 页。

海连同苏磊所骑自行车被挂在车底部，该车挂拖着苏东海及自行车沿金水路向东，至东明路口拐弯向南逃逸，至省石油公司电院加油站附近被追截车辆堵截后，被迫停车。几位武警战士从车里拉出了“浑身酒气”的驾驶员张金柱，他“在车上迷瞪着”。当听说车下拖着人时，他慌忙说道：赶快救人！

苏磊和苏东海被迅速送往附近医院急救。苏磊经抢救无效死亡。苏东海经抢救后脱离生命危险，经司法鉴定确定伤残等级为九级。

第二天即1997年8月25日，刚刚创办三年的河南媒体《大河文化报》（即现在的《大河报》）在倒头条的位置刊登了一条新闻：昨晚郑州发生一起恶性交通事故：白色皇冠拖着被撞伤者狂逃，众出租车司机怀着满腔义愤猛追。8月26日进行了连续报道，引起了领导和群众的极大关注。直至1998年2月，《大河报》对张金柱案进行了全程跟踪报道。

1997年8月26日下午，河南省委领导从《大河报》上得悉这一事件之后，立即打电话给郑州市委询问事故处理进展情况，并作了重要的指示。郑州市委、郑州市公安局立即行动，于1997年8月26日23时50分，张金柱在医院里被郑州市公安局警容严明的20名警察“请”进了监狱，执行逮捕。

1997年12月3日，此案首次在郑州市中级人民法院开庭公审。1998年1月12日，郑州市中级人民法院作出一审判决：张金柱犯故意伤害罪，判处死刑，剥夺政治权利终身；犯交通肇事罪，判处有期徒刑三年；数罪并罚，决定执行死刑，剥夺政治权利终身。张金柱不服一审判决，向河南省高级人民法院提起上诉。

1998年2月25日，河南省高级人民法院依法作出裁定，驳回上诉，维持原判。判决书称：被告人张金柱身为民警，酒后驾车逆行，造成一人死亡；为逃避罪责，又不顾另一被害人死活，在汽车拖卡着被害人的情况下继续行驶，致人重伤造成严重残疾，其行为已分别构成交通肇事罪和故意伤害罪，且手段特别残忍，社会影响极坏，不杀不足以平民愤。附带民事诉讼原告人要求赔偿各种经济损失理由正当，应予支持，但要求过高，精神损害赔偿部分不予支持。被告人及辩护人辩解、辩护故意伤害罪的证据不足的理由不能成立，不予采纳。河南省郑州市人民检察院指控被告人张金柱犯故意伤害罪、交通肇事罪事实清楚，证据确实充分，请求依法严惩的理由充分应予支持。根据《中华人民共和国刑事诉讼法》第一百八十九条第一项之规定，裁定如下：驳回上诉，维持原判。根据最高人民法院《关于依法授权高级人民法院和解放军军事法院核准部分死刑案件的通知》的规定，本裁定即为核准被告人张金柱死刑，剥夺政治权利终身的裁定。

1998年2月26日，张金柱被执行死刑。之后数年，“张金柱”成为驾车肇事逃逸者的代名词。

★ 问题与思考

一、怎样看待“媒体审判”与司法独立的关系？

二、怎样看待“民愤”与司法独立的关系？

三、怎样看待“领导重视”与司法独立的关系？

四、到底是谁杀死了张金柱？

◆ 灵感闪存

☆ ......

☆ ......

☆ ......

☆ ......

☆ ......

☆ ......

★ 案例评析

一、“媒体审判”与司法独立的关系

（一）什么是“媒体审判”

“媒体审判”（trial by media）一词起源于美国和英国，主要是指新闻媒体通过报道、评论影响司法审判的现象。西方学者认为，这是一种不依据法律程序对被告人和犯罪嫌疑人实施的非法的道义上的裁判，也叫做“报刊裁判”（trial by newspaper）。媒体审判的问题率先在英美两国被提出，与其国家的法治传统及媒体技术的发展有着极大的关系。一是英美两国法治传统历史悠久，法治观念深入人心，又有着较为完善的立法技术和先进的司法理念；同时，两国也是当今世界上传媒事业最为发达的国家，非常重视对新闻自由的保护。司法独立和新闻自由在稳定的宪政基础上均得到了充分的发展。二是英美两国在审判中实行陪审团制度。陪审团的成员由普通公民担任，他们基于法庭上呈现的证据对案件的事实部分作出判断（事实审），而法官主要负责控制诉讼程序，并根据陪审团认定的事实适用法律（法律审）。因此，公平审判的关键不在法官，而在于确保陪审团的成员不受庭审之外的信息影响，即他们不能从新闻报道或其他信息来源中得出关于案件的结论，因为这些带有倾向性的信息很可能影响他们的理性判断。三是媒体技术的发展使得其接近司法的能力提高了。媒体与司法关系紧张的案例从20世纪五六十年代开始明显增多，这与媒体技术的进步有着重要的关系。电视的普及和卫星、光缆传播的广泛应用，使媒体得以频繁而深入地接近司法，并及时将信息传播给广大的受众。

英美法系、大陆法系的法治国家在高擎“新闻自由”大旗的同时，都反对“媒体审判”。如英国专门制定了《藐视法庭法》，规定：对正在进行的司法程序进行任何形式的误导或发表有失公正的评论都构成藐视法庭罪。该法第四条第二款还规定：当新闻报道对审判有产生重大偏见的危险时，法官可禁止该报道的发表。早期的英国法官认为“我们绝不允许法院以外的‘报纸审判’‘电视审判’。……必须记住，是法官在审理案件，而不是记者。”美国则单辟“藐视法庭罪”以拒斥、惩戒“媒体审判”现象。其目的皆为捍卫“司法公正”这一最后防线。

在我国，“媒体审判”也称为“媒介审判”或“新闻审判”。我国新闻法学界一般认为，“媒介审判”是指新闻媒体超越司法程序抢先对案件作出判断，对涉案人员作出定性、定罪、量刑及胜诉或败诉的结论。①

（二）舆论监督推动了中国民主法制建设的进程

2002年11月8日，江泽民同志在中共十六大报告中特别提出：要发挥舆论监督的作用。在《中国共产党党内监督条例（试行）》中也把“舆论监督”列为

---

① 魏永征．新闻传播法教程，中国人民大学出版社，2002年，第114页。

党内监督的一种正式形式，并写进《政府工作报告》。如2004年的《政府工作报告》中说，只有人民监督政府，政府才不会懈怠。……要接受新闻舆论和社会公众监督。

我国新闻媒介的监督对于保证司法公正、透明，推动我国司法体制改革及社会主义法治建设是一种不可忽视的力量，在我国民主法制建设进程中发挥了重要作用。

2003年4月25日，南方都市报率先报道了《被收容者孙志刚之死》，随后北京青年报及其他媒体的跟进，使本来行将湮没于城市喧嚣中的一位公民之死凸显于世人面前，此事的报道不仅使一批相关责任人受到惩罚，更直接导致实施了近20年的《收容遣送条例》废止。中国人从此有了在自己土地上流浪的自由。

高正是安徽阜阳市太和县的农民，他的外甥因食用劣质奶粉患上了营养不良综合症，多方投诉未果，他向新闻媒体求助。2004年3月到4月，阜阳市电视台和上海《东方早报》先后报道此事，随后，中央电视台、新民周刊等中央、地方媒体纷纷跟进，就此掀起震惊全国的“阜阳奶粉风波”。媒体把“一个真正来自民间的草根力量的声音”放大到整个天下。

2004年5月8日，《新京报》发表《湖南嘉禾县拆迁引发一对姐妹同日离婚》一文，揭开了嘉禾株连式拆迁事件的盖子。多家媒体的跟进，多角度地呈现了此次拆迁事件，结果书记、县长被撤。这一事件将“权力性暴力”呈现于政府及中央面前，成为遍及全国的城市化热潮中滥用公权的一个标本。

2004年8月间的一期《瞭望》新闻周刊报道指出，无论是在近期的“审计风暴”中，还是在江苏“铁本”违法违规占用土地案、湖南嘉禾强行拆迁案的公开报道中，中央新闻媒体的监督力度之大，导向之鲜明，行动之果敢，都给世人留下了深刻印象。将中央的规定及后续动作与中央媒体的具体行动两相参照，则中央注重发挥舆论监督作用的用心和决心表露无遗。

但同时，新闻媒介在履行媒介监督的职能时，会“一不小心”忘记自己的角色定位和职责范围，超越法律规定，干预司法独立，出现“媒体审判”的倾向和现象。

（三）构建司法独立和传媒监督的合理良性互动模式

我国现行宪法规定了公民的言论自由权、批评建议权和知情权，传媒虽不是法定的监督机构，但传媒作为公民实现上述三项权利的载体，客观上具有了监督司法效能。《中华人民共和国法官法》第七条规定，法官应当履行下列义务：接受法律监督和人民群众的监督。构建司法独立和传媒监督的合理良性互动模式，应从以下两方面着手。

1．媒体：有所为有所不为，保持中立

关于传媒应该如何规范地报道司法审判，我国制定这方面的法律、行政规章和道德准则至少可以追溯到20世纪90年代。例如1997年修订的《刑事诉讼法》规定："未经人民法院依法审判，对任何人不得确定有罪。"全国记协1991年制定的《中国新闻工作者职业道德准则》规定："维护司法尊严，对于司法部门审理的案件不得在法庭审判之前作定性、定罪和案情的报道；公开审理案件的报道，应符合司法程序。"2005年中宣部和中央政法委《关于加强和改进案件报道的通知》要求："不得超越司法程序，不得违反事实和法律，不得擅自对案件定性。"可见，报道法庭审判的基本原则，是媒体不能对案件中的犯罪嫌疑人定性、定罪。2006年9月12日，时任最高人民法院副院长的曹建明在全国法院新闻宣传工作会议上提出要求："媒体对案件的报道不得超越司法程序预测审判结果，发表评论或结论性意见。"

因此，新闻媒体应在坚持中立的前提下，在立案、侦查、起诉和审判的任何阶段，都可以对案件进行报道，但不同的阶段对报道应有不同的要求。在法院判决前，媒体应坚持客观公正报道，平衡报道，不得有所侧重；新闻用语应坚持用中性语言，不能用感情色彩强烈的词语，更不得用法律意义上的定性、定罪量刑的专业术语；不得以报道侵害侦查权（如对不应报道的细节加以报道，不应公开的变相公开报道），破坏司法程序；不应公开的变相公开报道，司法机关未认定的证据材料，媒体不得向社会公开；媒体更不得发表对案件实体问题有倾向性的评论，以煽动激发一边倒的舆论。对于程序问题，如果发现公安人员、检察人员或审判人员有贪污受贿徇私枉法等行为时，只要证据确凿，可立即予以报道并就此发表评论。这体现着对司法公正的维护，又遵循了报道与评论相分离的原则。在诉讼过程中不得采访法官或陪审人员。

新闻媒体可以向法庭要求获得除涉及国家机密、商业秘密、个人隐私、未成年人犯罪等以外的所有公开审判案件的法律文书。案件审判结束、媒体在客观报道案件的审判结果的同时，可以发表评论，媒体有发表公正意见的自由权利，放言评判审判结果的公允、偏差，追求法律正义与社会正义契合，以一种社会力量发挥纠错功能。英国是一个决不允许法院以外的"媒介审判"的国家，在斯蒂芬·劳伦斯被杀案中，《每日邮报》在案件审结、法院判定嫌疑犯罪名不成立后，在头版刊登5人特写照片指认为杀人犯，并刊发社论《我们为什么坚定不移》，却并未被指控蔑视法庭，因为是在法庭审理之后。法官这时应容忍媒体的评判和社会舆论的检讨，是非褒贬任由公道评说。社会赋予了法官中立、独立的裁判权、高尚的司法人格，同时法官也应承担一些义务。法律应保障这种“意见的自由市场”；新闻单位应配备专门的法律事务人员，同时还应提高记者、编辑等媒体人员的法律素质。只有懂法、自律才有真正的自由。

2. 司法部门：公开审判，欢迎监督，捍卫独立司法

为满足公众对知情权和新闻自由权中的监督，司法公开应是无疑义的。我国从1954年《宪法》开始就规定了司法公开的原则，公开审判主要在刑事和行政案件中；民事案件除非是集体诉讼，应遵循“意思自治”原则，当事人不愿意公开的应不公开，媒体应慎入，这既是对私权的尊重也是对传统文化的尊重，在我国的传统文化中，追求和谐，反对争讼。中国人有以无讼为荣、诉讼为耻的传统，人们尽量避免诉讼，在重人情、讲关系、求和谐的中国社会，诉讼过多会被人视为“刁民”而远之。另外，法律规定不能公开的自然不应公开。

司法公开的内容应包括：(1)人民检察院的起诉文书；(2)第一、二审人民法院公开审判的案件的审理过程；(3)人民法院作出的各种判决裁定、决定等司法文书；(4)人民检察院的抗诉书；(5)人民检察院作出的批准逮捕决定书、刑事拘留决定书以及人民检察院和人民法院作出的逮捕决定书、取保候审决定书和监视居住决定书等。上述诉讼文书应当允许新闻记者查阅和如实报道，各种公开审判案件的审判过程应当允许新闻记者采访报道。鉴于法官不得接受采访的规定，司法部门应建立新闻发布机制，由专门的新闻发言人作为与媒体对话的常规渠道。

案件的处理权落实到独任庭和合议庭，错案责任承担也落实到独任庭和合议庭，以高度强化审判人员的责任感。公开审判结果时，必须保证内容的完整和真实，要详细公开每个参审法官对其参审案件的意见，并予以公开，接受社会评判。合议庭的评议是对较复杂的问题进行思维和精力高度集中的活动，类似“实验室讨论或病房里会诊的过程”，因此法庭可请求新闻媒介对其评议过程进行回避，这也是审判公开程序中确保审判公正的需要。

二、“民愤”与司法独立的关系①

（一）什么是民愤

民愤，是指人民的愤恨。民愤之“民”字，谓之平民百姓、人民。“民”字

① 冀祥德．民愤的正读——杜培武、佘祥林等错案的司法性反思，现代法学，2006年第1期。

被赋予了一种天然的正当性，凡是与民连用的词，如民生、民主、民权等似乎也一并“继承”了这种不言自明的正当性。对这一正当性的任何质疑都会被本能地抗拒和下意识地排斥。同样，当“民愤”二字在刑事司法领域出现时，其正当性似乎也是无可辩驳和不容置疑的。因为，它是人民大众对有罪恶的人的愤恨。这里的罪恶是代表了大多数人的人民对少数人的一种道德判断；这里的愤恨，是拥有多数的群体对只占少数的个体的一种排斥情绪。而一项通行的法律，在一个国家，要由人民的多数来制定和最后采纳；而在全世界，则要由全人类的多数来制定和最后采纳。这样的法律才是公道的法律。由此，这样的愤恨因为被大多数人所持有而获得了它的“正当性”，继而仿佛获得了要求法律对这种罪恶进行惩罚的“正当性”。

卢梭认为：“公意永远是公正的，而且永远以公共利益为依归”，但他也承认“并不能由此推论说，人民的考虑也永远有着同样的正确性。虽然民愤是代表多数民众的看法和情绪，但是民众的观点并不一定就是正确的，强调多数人的绝对性无疑将导致多数人对少数人施暴。”托克维尔认为：“无限权威是一个坏而危险的东西。在我看来，不管任何人，都无力行使无限权威。”“当我看到任何一个权威被授以决定一切的权利和能力时，不管人们把这个权威称作人民还是国王，我都要说：这是给暴政播下了种子。”因此从民愤的内涵来看，作为人民大众对罪恶的愤恨，因为是社会上多数人所持有的道德评判而具有相当的“正当性”；但是，如果这种“正当性”被无限放大，它将因此丧失其“正当性”。

舆论“是公众关于现实社会以及社会中的各种现象、问题所表达的信念、态度、意见和情绪的总和，有相对的一致性、程度的强烈性和持续性，对社会发展及有关事态的进程产生影响”。在古代社会，舆论的形成靠的是人们之间的口口相传。而在现代社会中，大众传媒已经成为舆论的一个主要载体：舆论的话题是由传媒发起的；舆论的对象是由传媒曝光的；舆论的平台是由传媒搭建的；舆论的方向是由传媒指引的；舆论的影响也是由传媒扩散的……我们几乎是生活在传媒的世界中。无处不在、高速运转的大众传媒使我们从时空的禁锢中走了出来，舆论的一致性、强烈性、持续性和对社会的影响力得到了更大程度的延展。似乎可以说，在现代社会，传媒造就了舆论，并使之得以扩张。

在刑事司法领域，民愤作为社会公众的一种舆论表达，它的形成与大众传媒的作用自然密不可分。以“张金柱案”为例，大众传媒带有选择性的报道，使张金柱成为社会公众关注的对象——这是民愤得以形成的前提；大众传媒具有倾向性的报道，使社会公众对张金柱的所作所为作出了甚或一致的评价——这是民愤迅速集聚的根由；大众传媒作为“联系者”的报道，使社会公众对张金柱的义愤不绝于耳——这是民愤继续扩张的条件；大众传媒作为“代言人”的报道，使社会公众要求对张金柱进行严惩的愿望得到充分表达——这是民愤产生影响的关键。至此，在大众传媒的作用下，民愤从缘起、集聚到扩张，以致出现“不杀不足以平民愤”！

（二）民愤的感性与理性

从一定程度上说，民愤是社会公众基于公序良俗所作出的价值判断和善恶评价，体现了惩恶扬善的实质正义。但是，探究民愤的内涵，其正当性并不是绝对的。分析民愤的缘起和扩张可以看出，由于社会公众通过大众传媒所获知的外部世界其实是“大众媒介依据一定的价值观、政治的或商业的意图所作的加工和制作”，通过大众传媒所表达的情感和意愿是基于一定道德标准的主观评判，所以民愤是一种非理性的产物，并带有情绪化色彩，其在本质上是感性的。

就刑事领域而言，民愤有两种，一种是社会公众对已经发生的犯罪行为的谴责，一种是社会公众对不符预期的司法行为的不满。在民愤的非理性本质下，二者随时会发生情绪性的转化。在刑事司法领域，当民愤影响到司法裁判时，常以“民愤极大”这样的姿态出现。然而，即使不考量民愤的非正当性，不探究民愤的非理性，仍然须要从质和量的角度对“民愤极大”的真实性进行探寻和识别。

1. “复制世界”里的民愤

在现代社会，人们可以通过大众传媒感受越来越宽广的外部世界，但是这个外部世界“不是实实在在的、能够感觉到的事件（或人、物、直接听到的观点）本身，而是关于它们的复制符号或摹写。它是与实际感受到的世界并存的‘象征世界’，位于感性世界与人的心理世界之间，并通过人的心理世界影响着个人意见和舆论的发展方向。”人们在这样一个复制的世界里，通过大众传媒，可以获知大量的关于外部世界的信息，但是却很难分辨这些信息的真伪，而是把复制的世界视作现实的世界来认同。如果大众传媒在拷贝和复制的过程中出现了遗漏、偏差甚至错误，所复制的信息就是不真实的。而社会公众在接受这些并非真实的信息后所形成的民愤，是真是假，需要一双慧眼来辨别。在“张金柱案”中，观众所看到的是电视台剪辑的画面，听到的是主持人转述的话语，其真实性有待考证，而基于此产生的民愤的真实性也值得怀疑。于是，“张金柱死于民愤与舆论”的议论就不绝于耳。

2. “熟人社会”中的民愤

当今中国仍然处在一个熟人社会中，可以基于邻里乡亲、同学同事、老师好友等不同的关系纽带而组成各种各样的群体。群体成员在日常的频繁交往中彼此了解、相互知悉，他们往往有着较为相似和一致的价值取向、情感体验和道德判断。当群体中的个别成员处于被害的位置时，在群体的纽带作用下，其他成员的内心天平会自然而然地发生倾斜，这种倾斜即表现为对被害者的同情和对被告人的愤恨，并将导致被害者的权益被放大，而被告人的权益被忽略。这种民愤，其“民”字意义上的代表性似乎有所欠缺，其“愤”字意义上的程度似乎也未到达极大，进而其整体的真实性也将大打折扣。

3. “虚构场景”下的民愤

在我们活生生的现实世界里，当有利可图时，可以贩假烟，可以制假药，可以说假话，可以做假账，同样也可以制造假民愤，用它来施加影响，使人屈服，获取利益。为达某种目的，雇上几百或几千人，每人10块钱加一顿饭，去法院门口坐上一天，以示“民愤极大”，这样的事情到处可见。这里所谓的民愤，真的是“如有雷同，纯属巧合”。

（三）民愤与司法

民愤具有两面性。它在发挥监督司法、实现实体正义的作用的同时，也具有干涉司法独立、排斥理性的程序规则的反面作用，并将导致非理性的判决。因为在现实的审判活动中，当案件存在疑问，而民愤又要求严惩犯罪嫌疑人的情况下，面对“来势汹涌”的民意，法官往往会面临一个利益判断和价值选择的问题，是从民意还是从法律？有很多案件，其实法官心里很明白应当如何处理，但往往基于所谓的民愤和社会效果，而不得不作出违心的裁判，用一位法官的话来说：“案件的确有问题，但到了这个地步，不判他有罪，如何向社会交代？”

在一个法治社会，当法律制定之后，就必须严格按照既定的法律行事，法官所要考虑的不是如何向社会交代，而应当是如何向法律交代，这是一个法治社会的基本信条。如果说民愤是社会公众的声音，所代表的是“情之理”，是一种感性判断和道德思维，那么法官依据法律、事实所作出的裁判，所代表的就是“法之理”，是一种理性判断和法律思维。法律思维并不绝对排斥情感因素，但它与道德思维的情感倾向却有着严格的界限。道德思维以善恶评价为中心，而法律思维以事实和规则的认定为中心，因此，法律思维首先是服从规则而不是听从情感。

三、“领导重视”与司法独立的关系①

（一）传媒与政府权力、“领导”对司法的影响

“张金柱案”中附带民事诉讼的原告苏东海一方与张金柱对抗的结果颇像千古流传的故事模式：一户穷苦人家受到强人欺负，蒙受冤屈，千辛万苦、颠沛流离，绝望之中偶遇包青天一类的好官，最后除暴安良……那么，我们不禁要问，正处在现代化进程中的中国法律的位置在哪里呢？而对于“青天关怀模式”人们众说纷纭。新郑市文联副主席杨学忠说：“且不说这种模式的优劣，现在我们探讨一下这种模式会有多大的概率出现在我们法律生活中。领导干部特别是省以上的重要领导干部，他们通常非常忙碌，不可能有大量的时间来从事一个案件审理工作。靠‘千年等一回’这样的概率维系法律生活不是太没有把握了吗？”郑州市离休干部陈斌：“我们经常说‘领导重视’，实际上也有另外一层意思：把难办的事、不好决定的事，交给领导一推了之。”按照法律，我国司法机关的组织活动，必须遵循的原则之一就是坚持中国共产党的领导。但是宪法总纲第五条又规定各政党必须遵守宪法和法律。有人说这是自相矛盾，我认为这并不矛盾。这就是说，既要“领导”，又要“遵守”。它就像一个家庭一样，作为家长，你可以领导支配家庭生活，但你本身还要遵守生活的准则和社会秩序，把自己纳入一个秩序中。因此，作为领导，既要管好原则，又要管好自己，对案件不能急于表态，要让执法部门独立思考、独立办案，以免自己匆忙表态，“忙中出错”。

（二）司法权受到行政权主要是地方行政权的强力干涉

司法权受到行政权主要是地方行政权的强力干涉，使司法活动不时地围绕地方行政权展开，其依附性集中表现为：一是司法机关的经费依靠地方政府供给，二是司法机关的人员升迁、编制由地方政府决定，三是司法机关工作条件的改善、装备的更新须经地方政府及有关部门的批准。基于上述原因，涉及地方利益的案件时有可能受到地方行政机构的压力，后果就是损害国家法制的统一与威信，也和建设法治国家的目标相冲突，这也就是俗称的地方保护主义。地方保护主义是影响司法独立和司法公正的一个极其重要的原因，要排除地方保护主义的干扰，首先要打破司法机关按行政区划设置的体系，创制出一套适合国情的可使司法机关免受利益诱惑和其他地方权力影响的设置体系。同时还必须改革现行的

① 沉钟．第一种危险：张金柱恶性交通肇事案真相调查，中国电影出版社，2002 年版。

司法机关的财政、人事体制，让司法机关摆脱经费上对地方的依赖和人事上受地方的控制。立法规定上级机关对下级机关的经费划拨、人员管理，充分发挥中央对地方司法权的支配作用，从而实现国家法制的统一。

（三）我国的司法体制、运行过程带有明显的行政化色彩

审判权与行政权的一个明显区别就是行政机关可以对行政事务进行主动的积极的干预，而司法机关则不应该采取主动的方式行事。

1. 从内部结构看，司法行政化表现为从检察长（院长）、副检察长（副院长）、处（科、庭）长到普通检察官、法官形成一个等级体系，这种等级是按照行政官员的职级套用的。工资奖金也一律只与其行政级别挂钩。行政性职级甚至成为检察官法官能力与水平高低的计量器。“法官除了法律，再无别的上司”的名言被抛置一旁。

2. 我国宪法设立的是“一府两院”模式。然而事实上检察院、法院从不具有与政府并列的地位，人事、财政上受制于政府不说，从领导配置的职级来看，市（县）长、副市（县）长都是地方市（县）党委的常委，公安局长也均进入了常委序列，但院长、检察长至多是个副市（县）级。从党委的角度来看，地方政府的领导甚至公安机关的领导也就是检察院、法院的领导。法官对上级的依赖性为司法不公提供了温床，独立审判制度受到严峻挑战。

四、谁杀死了张金柱

（一）记者煽情

用张金柱自己的话说，他是栽在了记者手里。传媒用了极其煽情的手法来描述张金柱案：这么一个肥硕的公安局政委（肥硕隐含着贪污，公安局政委则隐含着知法犯法），一晚上喝了三瓶五粮液的酒鬼（哪来这么多钱），沿人行道逆向行驶（岂只是违章，简直是无法无天），车底下拖着伤者逃窜，致使伤者白骨裸露（惨无人道），在电话中威胁记者不准报道（恶势力），在法庭上他居然还昂着头（没治了）！

传媒使用的特殊话语行为（主要是指言论锋利、褒贬鲜明、质疑强烈、充斥着语言暴力的新闻报道语言）颇具炒作嫌疑。《大河报》1997 年 8 月 25 日发表消息：“郑州昨晚发生一起恶性交通事故，白色皇冠拖着被撞伤者狂逃，众出租车司机怀着满腔义愤猛追”，竭力描述了伤者的惨状、亲属的悲痛以及群众的义愤，文章中出现了“义愤”、“悲痛欲绝”等词汇，该报道配发一篇评论《愤怒

之余的欣慰》。8 月 27 日，在头版头条再发文章，指出“肇事人张金柱未受任何公安机关指派，他借用私车办私事纯属个人行为，但身为民警，其行为已在群众中造成恶劣影响，必须严肃处理”，“正义和公正的力量又一次显出她的威力”，并配发评论《再呼“公安万岁”》。8 月 29 日，又刊登文章《张金柱被依法逮捕》，并配发评论《法律，过问那令人发指的一幕》，指出“这车祸几乎让人性毁灭殆尽”，“血淋淋的悲惨一幕”，“疯狂逃遁”，“对此，肇事者张金柱在自供状里有‘解释’。但即使他能舌灿金莲也无济于事，因为事实就是事实，现场许多相关联的情节使张的‘解释’不攻自破。”

（二）激起众怒

如果用道德法庭或公判大会来判决的话，张金柱肯定是遭万人唾骂，死有余辜。就在《南方周末》头版刊出张金柱案的当天下午，报社办公室的墙上贴满了 E_ mail，一致声讨张金柱。颇具代表性的一个 E_ mail 是：“杀杀杀！张金柱不杀，谁还该杀？谁还可杀？”各大报纸及其他传媒的沸沸扬扬的宣传足以使张金柱不杀不足以平民愤。

（三）领导重视

传媒能否作用于法院的判决，关键在于法院与传媒背后的更强大的制度。《南方周末》有强大的舆论影响力，但在刘秋海事件中，法院完全不理会舆论呼声，拿出一个司法独立的理由，判决《南方周末》败诉。与此相反，中央电视台《焦点访谈》对法院的作用就比较大。遭受不公平待遇的人通过《焦点访谈》，一方面把自己的苦难展示给社会，更重要的是要展示给心中的国王，仁慈的国王就会下一道圣旨，免除其苦难，惩罚那些作恶的人，因此，《焦点访谈》门前排起了长队。

本案在媒体报道后，1997 年 8 月 26 日，河南省委、郑州市委等省市有关领导要求有关部门对此事抓紧时间严肃查处，公开见报，决不姑息。

（四）判处死刑

1998 年 1 月 12 日上午，郑州市中级人民法院对被告人张金柱故意伤害、交通肇事案进行了公开宣判，审判长宣布：“本院认为：被告人张金柱身为民警，酒后驾车逆行，造成一人死亡。为逃避罪责……在汽车拖卡着被害人的情况下继续行驶，致人重伤造成严重残疾，其行为已分别构成交通肇事罪和故意伤害罪，且手段特别残忍，社会影响极坏，不杀不足以平民愤。……决定执行死刑，剥夺政治权利终身。”

（五）一定意义上也可说是张金柱自己杀死了自己

张金柱酒后驾车致一死一伤，案发后，张金柱先是按照亲友的预谋编造假口供，不承认自己是酒后驾车，这就为传媒塑造的故意伤人的恶警形象提供了证言，将自己推到了“民愤”的唾沫漩涡中。

可以说，以上综合因素“合谋”杀死了警察张金柱。

★ 相关案件链接：“福州的张金柱案”——原武警福建省边防总队干部郑晖酒后驾车接连撞死两人并导致一人受伤案

郑晖，男，1970年出生，汉族，文化程度大学本科，原系武警福建省边防总队技术处参谋，中尉军衔。1997年12月5日晚，郑晖喝完白酒后，独自驾驶本单位三菱牌旅行车，经福州北大路与湖东路交叉口时，与一辆“的士”相刮擦。郑认为“的士”司机骂他，于是驾车左拐弯追赶“的士”。当车行至西湖公园门口时，撞到正在人行横道上走路的老人黄德玉，致其当场死亡。郑晖没有停车，继续行驶至西洪路与湖头街交界处时，又与一辆自行车刮擦，紧接着撞到正在人行横道旁推童车的黄海霞及其所推童车，致童车中的男童林武轩（1岁零8个月）当场死亡，黄海霞轻伤。事发后，郑晖没有停车，逃离现场。经交警部门鉴定，郑晖对两起交通事故负全部责任。

郑晖案在当时引起社会极大关注，被不少媒体称为“福州的张金柱案”。然而，该案的审理过程却一波三折。

1998年1月，福州市鼓楼区人民检察院以涉嫌交通肇事罪向鼓楼区人民法院提起公诉。同年5月21日，鼓楼区人民法院作出一审判决：郑晖犯交通肇事罪，判处有期徒刑15年，剥夺政治权利5年；郑晖及其所在单位赔偿死者家属共20万元。双方当事人对此判决均表不服，受害人家属认为此案与郑州张金柱案如出一辙，应追究郑晖故意伤害罪。两个月后，福州市中级人民法院作出刑事裁定，将此案发回原审法院重审。

1998年11月，鼓楼区人民法院开庭重审，以危害公共安全罪判处郑晖有期徒刑15年。1999年5月，鼓楼区人民法院撤销该判决，此案改由福州市中级人民法院一审。2001年5月，法院就此案再次开庭审理，此次郑晖的罪名变为“以危险方法危害公共安全罪”。

2001年12月30日，福州市中级人民法院对该案作出一审判决，以危险方法危害公共安全罪判处郑晖死刑，剥夺政治权利终身。同时，郑晖必须赔偿受害人家属经济损失总计166 000元。一审宣判后，两位死者的家属及郑晖均上诉至福建省高级人民法院。2003年10月30日，福建省高级人民法院裁定将该案发回福州市中级人民法院重审。

2003年，福州市中级人民法院重新作出的一审判决认为，郑晖违反交通法规，酒后驾驶汽车，在撞倒被害人黄德玉致其死亡后，驾车逃离现场，在逃逸中又撞到1岁零8个月的男孩林武轩，致其死亡，撞伤黄海霞，致其轻伤，其行为已构成交通肇事罪，情节特别恶劣。由于郑晖系现役军人，在部队表现较好，肇事后对事故的发生表示忏悔，态度诚恳，没有证据材料能说明郑晖交通事故的发生是仇视社会或发泄不满，主观上不具备故意。因此，一审判决郑晖犯交通肇事罪，判处其有期徒刑13年。当事人上诉至福建省高级人民法院。2004年，福建省高级人民法院以交通肇事罪终审判处郑晖有期徒刑13年。死者家属与省边防总队、郑晖在民事赔偿方面也已达成协议。

★ 法条链接

◆《中华人民共和国刑法》

第一百三十三条　违反交通运输管理法规，因而发生重大事故，致人重伤、死亡或者使公私财产遭受重大损失的，处三年以下有期徒刑或者拘役；交通运输肇事后逃逸或者有其他特别恶劣情节的，处三年以上七年以下有期徒刑；因逃逸致人死亡的，处七年以上有期徒刑。

第二百三十四条　故意伤害他人身体的，处三年以下有期徒刑、拘役或者管制。犯前款罪，致人重伤的，处三年以上十年以下有期徒刑；致人死亡或者以特别残忍手段致人重伤造成严重残疾的，处十年以上有期徒刑、无期徒刑或者死刑。本法另有规定的，依照规定。

★ 他山之石

沉钟：《第一种危险：张金柱恶性交通肇事案真相调查》，中国电影出版社2002年版。

第七讲　中国大学生犯罪问题：马加爵案

★ 法理链接

一、大学与大学生的责任和使命

（一）大学的灵魂是大学浓厚的人文精神

现代大学，源自于对学术尤其是科学的不懈追求。它应当有着得天独厚的人文环境，不仅研究科学，更倡导人文精神，人文精神可以说就是大学校园生活的灵魂。

人文精神，实质就是一种尊重，一种关爱，一种“己所不欲勿施于人”的尊重，一种“己之所欲亦人之所欲”的关爱，以人道、人生、人性、人格为本位的认知态度和价值意向。人文精神的核心是以人为本，即尊重人的价值，注重人的精神生活，积极追求和关切人的尊严、价值和命运。

缺乏人文精神的大学教育，缺乏对大学生的人文关怀，这样的教育注定会失败。所以，大学教育应该加强对学生的人文精神培养，使大学生构建起正确的价值目标，在获取知识的同时学会如何做人，懂得热爱生活，珍视生命。人文精神注重对人的关爱，注重对生命的珍视，使人有自我存在的价值。大学生只有在具备了人文环境的校园中接受教育，才能形成一个整体的知识与精神自我，从而具有人文情怀和人文视野，能够很好地控制自身的情绪和行为，正确面对世间万物的生老病死和爱恨情仇，利用自身的才华去传播知识和文明，为人类的生存和社会的发展贡献自己的力量。

（二）大学生的责任与使命

马克思曾经说过：“作为确定的人、现实的人，你就有规定、就有使命、就有任务，至于你是否意识到这一点，那是无所谓的。”① 这里的“规定”“使命”

---

① 《马克思恩格斯全集》第3卷，人民出版社1960年版，第329页。

和“任务”，就是指人生的责任和使命。责任是指人们分内应做的事情。使命是指重大的责任。生活在社会中的个人，要对社会、他人和自己做好应该做的事情，承担起自己的责任和使命。

大学生作为象牙塔内的莘莘学子，孜孜以求度过一个有意义的人生，因此，必须正确认识自己的责任和使命，明确自己的历史使命，并为之不断地努力奋斗。大学生，作为大学校园生活的主体，首先应该刻苦努力地学习，培养自己各方面的能力，提高自己的综合素质，使自己成为全面发展的人才。其次，要明确当代大学生的历史使命，在前人开创的事业的基础上，大胆创新，担当起建设有中国特色的社会主义、实现中华民族的伟大复兴、促进全世界全人类的共同繁荣和发展的光荣使命。

（三）大学生要自觉践行社会主义道德和遵守社会主义法律

大学生要承担起自己的责任和使命，必须提高自身的道德素质、文化素质和法律素质，在大学的生活与学习中自觉践行道德和遵守法律。为精神找家园，为行为找规范。

江泽民同志说过：“法律规范人们的行为，可以强制性地惩罚违法行为，但不能代替解决人们的思想、道德问题。人们思想上、道德上存在的问题，要通过深入细致的思想教育、道德教育和文化教育来解决。……如果人们的思想道德文化素质差，再好的法律法规制定出来了，也会因为得不到正确的执行和遵守而变成发挥不了作用的一纸空文。”① 因此，遵守道德规范，对改善人们之间的关系，完善全社会的道德建设，以及预防违法犯罪有重要作用。

在践行道德的同时，大学生还要自觉遵守法律。法律引导人们在法律允许的范围内获得个人的自由，实现人生的价值。

二、犯罪及犯罪构成

（一）犯罪的概念及特点

1．犯罪的概念

犯罪是指一切危害社会的、依照法律应受到刑罚和惩罚的行为。

2．犯罪的特征

（1）犯罪是严重危害社会的行为，即具有一定程度的社会危害性。

① 《江泽民文选》第1卷，人民出版社2006年版，第643页。

（2）犯罪是刑法所禁止的行为，即具有刑事违法性。

（3）犯罪是应受到刑法处罚的行为，即具有刑罚当罚性。

（二）犯罪构成的概念及构成要件

1. 犯罪构成的概念

犯罪构成是刑法规定的、决定某种行为的社会危害性及其程度而为该行为成立犯罪所必须具备的一切客观要件和主观要件的有机整体。

2. 犯罪构成要件。

（1）犯罪客体：是刑法所保护而为犯罪行为所危害的社会关系。其特征为：第一，犯罪客体是一定的社会关系；第二，犯罪客体是我国刑法所保护的社会关系；第三，犯罪客体是严重危害行为所侵犯的社会关系。犯罪客体分为一般客体、同类客体和直接客体。

（2）犯罪客观方面：是刑法所规定的，构成犯罪的客观外在表现。它包括危害行为、危害结果、危害行为与危害结果间的因果联系以及犯罪的时间、地点、方法等。犯罪的时间、地点、方法等是某些犯罪构成的必备要件，所以也叫做选择要件。

（3）犯罪主体：是指实施危害社会的行为、依法应当负刑事责任的自然人和单位。

自然人犯罪主体是指达到刑事责任年龄、具有刑事责任能力、实施了严重危害社会行为并且依法应当负刑事责任的自然人。刑事责任能力是指行为人构成犯罪和承担刑事责任所必需的，行为人具备的刑法意义上辨认和控制自己行为的能力。与刑事责任能力有关的因素有以下几点：

第一，刑事责任年龄：是指法律所规定的、认定行为人对自己的行为具备辨认和控制能力所必须达到的年龄。我国刑法规定的自然人的刑事责任年龄阶段包括完全不负刑事责任年龄阶段，即不满 14 周岁的人，对其任何危害社会的行为都完全不负刑事责任；相对负刑事责任年龄阶段，即已满 14 周岁不满 16 周岁的人，只对犯了故意杀人、故意伤害致人重伤或者死亡、强奸、抢劫、贩卖毒品、放火、爆炸、投放危险物质罪的，要承担刑事责任；完全负刑事责任年龄阶段，已满 16 周岁的人犯罪，应当负刑事责任。

第二，精神障碍：包括完全无刑事责任的精神病人，限制刑事责任的精神病人，完全负刑事责任的精神病人。

第三，生理功能丧失：又聋又哑的人或者盲人犯罪，可以从轻、减轻或者免除处罚。

第四，醉酒的人犯罪，应当负刑事责任。

单位犯罪及处罚原则：刑法规定犯罪的单位包括公司、企业、事业单位、机关、团体。对单位犯罪一般实行“双罚制”，即对单位判处罚金，并对其直接负责的主管人员和其他直接责任人员判处刑罚。

(4) 犯罪主观方面：是犯罪主体对自己的行为及其危害社会的结果所持的心理态度。包括罪过（犯罪故意和犯罪过失）、犯罪目的和犯罪动机等因素。其中罪过是一切犯罪构成的主观要件，犯罪的目的和动机只是某些犯罪构成所必要的主观要件，也叫选择要件。

犯罪的故意：是指行为人明知自己的行为会发生危害社会的结果，并且希望或者放任这一结果发生的一种心理态度。犯罪的故意有两种：一是直接故意，二是间接故意。

犯罪的过失：是指行为人应当预见自己的行为可能发生危害社会的结果，因为疏忽大意而没有预见或者已经预见但轻信能够避免的一种心理态度。犯罪的过失也有两种：一是过于自信的过失，二是疏忽大意的过失。

★ 典型案例：马加爵故意杀人案

案情概要：2004 年 2 月 23 日中午，云南大学鼎鑫学生公寓 6 栋 317 寝室一个柜子内发现尸体。中午 1 时 20 分，昆明市公安局接到报警后立刻派刑警赶到现场勘查，在该宿舍柜子内共发现 4 具被钝器击打致死的男性尸体。4 具男性尸体均为云南大学 2000 级生物系学生（唐学礼、杨开红、邵瑞杰、龚博），他们于 2 月 13、14 日提前返校联系工作。返校不久，4 人与家人和学校失去联系。云南大学 2 月 20 日正式开学后，4 人未报到。在现场发现大量喷溅血迹并提取一把石工锤。公安机关结合现场勘查、尸体检验及调查走访，将重大犯罪嫌疑人的目标锁定在住在同一寝室的生物系学生马加爵身上。

云南省公安厅于 2004 年 2004 年 2 月 23 日连夜向全省发出通缉令。公安部于 2 月 24 日向全国发出 A 级通缉令，并公布犯罪嫌疑人马加爵相片，缉捕昆明“2·23”特大杀人在逃犯罪嫌疑人马加爵。按照“活要见人、死要见尸”和不留死角空白的要求，一张扑向重大杀人犯罪嫌疑人马加爵的天罗地网在全国范围内迅速撒开。

2004 年 3 月 15 日晚 7 点多，三亚市公安局河西派出所值班民警胡崇军接到举报，迅速赶往河西路亚航大厦对面的河堤上，将乞丐模样、正从垃圾中捡起一块红薯饼吃的马加爵控制住并带回河西派出所。经量身高、指纹比对、DNA 检测等，确定了马加爵的身份。经初步审讯，马加爵交代，促使他产生杀害这几名同学的原因，仅仅是为了同学之间产生的一些小摩擦，"就是打牌有了摩擦，他们都骂我，说我作弊，我一时冲动就杀了他们。"他在 2004 年 2 月 13 日晚用钝器杀害了第一位同学，2 月 14 日用同样的手法杀害第二位同学，2 月 15 日又杀害了另外两位同学。2 月 18 日凌晨 3 时许，马加爵潜逃到三亚。期间他曾经过广州。到达三亚时，他一出车站就看见许多捡破烂的人，于是就混到了他们当中。他伪装成乞丐，每天在街头、商店走廊、桥头到处躲藏。在逃亡期间他也曾多次看过通缉自己的通缉令，因此在三亚期间他不敢和别人接触，白天就和捡垃圾捡破烂的人混在一起，晚上大多在银行、招待所、商店的前廊上睡觉。

2004 年 3 月 17 日凌晨 2 点 30 分，马加爵被 4 名荷枪实弹的干警押下从三亚开往昆明的飞机，被直接押送到昆明市第一看守所。

2004 年 4 月 22 日，马加爵涉嫌残忍杀害 4 名室友案在云南省昆明市中级人民法院开庭审理。对于检察机关的所有指控，马加爵均供认不讳，审判长问他对指控有什么意见时，他总是说："没意见"，而且还称自己应该被处以极刑。法庭辩论时，马加爵的辩护律师赵耀提出了法庭应对马加爵的精神状态重新进行司法鉴定的辩护意见。他认为从 4 月 12 日至 17 日 5 天的鉴定时间过短，不能客观地反映出马加爵的精神状况，而且鉴定内容并没有提到哪怕是一些诸如脑电图、核磁共振等简单的检测方法。但该辩护意见被法院驳回。法庭认为：辩护人在接受法庭指定后向法院提出了鉴定申请，法院已委托具有资格的法定机构及具有专门知识的人员按照程序进行了鉴定，并作出了其作案时具有完全责任能力的鉴定结论。昆明市人民检察院庭上出具了 17 份鉴定，所有的鉴定结果都和马加爵供认的犯罪事实吻合。开庭前，应马加爵辩护律师的要求，司法部门为马加爵进行了精神病鉴定。结论为，马加爵没有精神病，具有完全刑事责任能力。赵律师并未就鉴定结论的真实性、合法性提出事实和法律依据，也没有充分事实和理由表明该结论存在疑点，马加爵对鉴定结果也表示认可。

2004年4月24日下午，昆明市中级人民法院作出一审宣判：判处马加爵死刑，剥夺政治权利终身。在法定期限内，马加爵没有提出上诉。昆明市中级人民法院依法报送云南省高级人民法院核准马加爵的死刑判决。

云南省高级人民法院经复核认为：马加爵无视国家法律，因不能正确处理人际关系，为琐事与同学积怨，即产生报复杀人的恶念，并经周密策划和准备，先后将四名同学残忍地杀害，主观上具有非法剥夺他人生命的故意，客观上实施了非法剥夺他人生命的行为，已构成故意杀人罪。在整个犯罪过程中，马加爵杀人犯意坚决，作案手段残忍；杀人后藏匿被害人尸体并畏罪潜逃，犯罪行为社会危害极大，情节特别恶劣，后果特别严重，应依法严惩。马加爵的辩护人关于马加爵认罪态度好、有悔罪表现的辩护意见虽然符合事实，但马加爵罪行极其严重，对其不予从轻处罚。一审判决定罪准确，量刑适当，审判程序合法。遂作出裁定，核准昆明市中级人民法院以故意杀人罪判处马加爵死刑，剥夺政治权利终身的刑事判决。

2004年6月16日下午，马加爵故意杀人案的审判长刀文兵前往昆明市第一看守所，向马加爵宣布死刑复核裁定。6月17日上午，昆明市中级人民法院召开宣判执行大会。8时55分，马加爵被两名荷枪实弹的执法人员押入法庭。直到审判长下达“押赴刑场，执行死刑”的命令后，原本站立的马加爵两条腿一下子瘫了下去，随后被两名法警“拖”出法庭，架上了早已等候多时的刑车。在刑场，法官问马加爵还有什么遗言，马加爵说：“希望父母和家人好好生活下去，更多的话不想说了，已经写在信里了。”6月17日上午9时许，马加爵生命走到尽头。

★ 问题与思考

一、大学生犯罪现状如何？

二、大学生犯罪的原因是什么？

三、如何有效防控大学生犯罪？

四、造成马加爵悲剧的根本原因是什么？

◆ 灵感闪存

☆ --

☆ --

☆ --

☆ --

☆ --

☆ --

★ 案例评析

一、大学生犯罪的现状

（一）大学生犯罪数量不断增加

目前，据中国犯罪学研究会会长、北京大学法学教授康树华进行的一项调查显示：1965 年，青少年犯罪在整个社会刑事犯罪中约占 33%，其中大学生犯罪约占 1%；"文革"期间，青少年犯罪开始增多，在整个社会刑事犯罪中约占 60%，其中大学生犯罪约占 2.5%；20 世纪 80 年代末和 90 年代中期，大学生犯罪人数有明显升幅。据调查，大学生犯罪案件数量及犯罪人数自 1995 年开始上升。而近几年，青少年犯罪占了社会刑事犯罪中的 70% 至 80%，其中大学生犯罪约占 17%①。目前，我国高等学校学生违法犯罪的，占高校总人数的 1.26%。②

以安徽省芜湖市人民检察院近几年受理的案件为例：2006 年，该市两级检察机关公诉部门共受理在校大学生犯罪案件 5 件 5 人，分别占受理移送起诉案件的 0.4% 和 0.2%，2007 年，共受理移送起诉在校大学生犯罪案件 14 件 18 人，分别占受理移送起诉案件的 1.1% 和 0.8%。2008 年 1 至 3 月份，就已受理此类人员犯罪案件 4 件 4 人，分别占受理移送起诉案件的 1.4% 和 0.8%。

---

① 朱春霞．大学生法律意识教育探讨，《中国成人教育》2007 年 3 月。

② 黎艳阳．提高大学生法律意识的对策分析，《大连日报》2006 年 6 月 15 日。

（二）大学生犯罪的特点——以北京市海淀区人民检察院批捕的在校大学生犯罪情况为例

北京市海淀区人民检察院调研分析显示：两年共有 114 名在校大学生被批捕[①]。其特点表现为以下几点。

1. 大学生涉及案件类型多样，但以侵财型案件所占比重最大

北京市海淀区人民检察院批捕的在校大学生犯罪涉及的罪名和案件数分别为：盗窃案 43 件，故意伤害案 15 件，寻衅滋事案 15 件，抢劫案 5 件，强奸案 2 件，抢夺、妨碍公务、诈骗、合同诈骗、敲诈勒索等 5 件。在 52 件侵财型案件中，盗窃案所占比例较大，有 43 件，占侵财型案件的 82.69%。盗窃案发地点主要集中在学校教学楼的自习室、图书馆、宿舍等学生主要活动区，犯罪嫌疑人趁这些地方无人或少人之际下手。较多盗窃案件的犯罪嫌疑人存在多次实施盗窃的行为。故意伤害案多由各种小纠纷诱发，这些小纠纷多是口角纠纷、债务纠纷、赔偿纠纷、交友纠纷等。寻衅滋事案多因酒后失控造成。在校大学生所犯非侵财型的 33 件案件中，酒后犯案的就有 16 件。[②]

2. 犯罪主体范围扩大，女大学生犯罪引人注目

前几年，犯罪大学生多出自民办高职高专院校，而现在来自重点大专院校甚至名牌院校的犯罪大学生较往年明显增多。据上海一项关于“校园犯罪”的调查，在犯罪的 51 名大学生中有 16 人来自重点院校，占了总数的 31%，在大学生犯罪中，其中不乏博士生和硕士生，例如在 2001 年大学生犯罪案件抽样调查 28 件 34 人中，就有硕士研究生 2 件 2 人。[③]

从大学生犯罪现状看，男生仍占违法犯罪大学生总数的多数，尤其是打架、杀人、抢劫等暴力型犯罪，几乎全部为男生所为。女大学生犯罪也在增加。调查发现，在 2002 年 67 名犯罪大学生中，女大学生有 11 人，其中盗窃 10 人。如：福建省某大学一个由 6 名女大学生组成的犯罪团伙被查处，从而成功破获了数起发生在女生宿舍中的窃取财物案，这一团伙中部分成员还涉及卖淫等违法行为。

3. 出现了贩毒、走私、组织介绍卖淫罪等新的犯罪种类

虽然大学生犯罪多以财产型和伤害型为主，这类犯罪并不成为当代大学生犯

① 梁彤．调研分析显示：京近两年有 114 名在校大学生被批捕，《北京日报》2007 年 5 月 17 日。
② 梁彤．调研分析显示：京近两年有 114 名在校大学生被批捕，《北京日报》2007 年 5 月 17 日。
③ 蔡劲松、李亚梅．当代大学生法律意识构建，北京航空航天大学出版社，2007 年版。

罪的重心，但它已经成为了一种新的类型，而且已经有增长的趋势。

4．犯罪呈现出团伙化、多元化和智能化的特征

在许多过程复杂的犯罪中往往出现大学生犯罪团伙，并且这种犯罪团伙经常伙同社会成员，这在诈骗罪与走私罪中表现尤为突出。而多元化和智能化犯罪，犯罪手段比一般犯罪表现出高智能高技术以及高危害性。比如有某些博士硕士利用所学的科学知识研制冰毒，从事毒品交易活动等。

二、大学生犯罪的原因

（一）市场经济冲击、改变大学生的思想价值观

在市场经济条件影响下，物质利益已经不再被人们视为是“拜金主义”和“思想腐化”的反映，这块昔日烫手的“山芋”反而成为现代社会生活中的“重头戏”。有些人甚至把物质利益作为衡量个人成败得失的尺度。而许多检察官在办理“校园犯罪”案件时也发现，正是社会上这种盲目追求物质利益的不良风气刮进了校园，污染了“象牙塔”内众多学子纯洁上进的思想，使得他们的价值观发生了错位。对物质享受的过分追求诱发和刺激了大学生们去进行偷盗、抢劫、诈骗等违法犯罪活动，有的大学生甚至抛弃了个人的基本道德，出卖肉体、出卖灵魂。

据调查，女大学生盗窃，除了少数是因为经济窘迫所致外，绝大多数是因为虚荣心过强，受社会不良习气的影响，喜欢攀比，贪图享乐造成的。来自江苏农村的朱某 2001 年考取上海一所大学后，看到同寝室同学穿着时髦、生活用品奢侈，而自己仅有家里每月寄来的零花钱，起先只是羡慕，后来发展为失落，便趁寝室无人或学校放假，盗窃同学的银行存折、信用卡等，提取现金后购买手机、手表等，后被法院判处拘役 5 个月。

再如当前社会上日益盛行的大学生“陪聊”、傍款和卖淫等现象，都说明了市场经济不仅带来了经济的繁荣，也给大学生的思想和价值观带来了前所未有的冲击，使得他们的价值观发生了改变和错位。

（二）大学生心理不成熟

大学生正处于青年时期，其生理和心理都迅速走向成熟但还没有成熟。他们感情丰富，心理起伏大，易冲动，自控能力差；他们没有走向社会却渴望走向社会；他们缺乏社会阅历和人生经验，但社会却纷繁复杂，所以，如果没有正确引导的话，大学生很容易误入歧途，走上犯罪的道路。

1. 心理脆弱，无法应对挫折

大学生犯罪，主要原因有自控力较差、心理脆弱，无法应对挫折。大学生中独生子女是绝大多数，远离父母独立生活之后，对挫折没有准备，一旦遇到比较大的事件，容易产生过激行为。如大学生吕某强制猥亵妇女一案，吕某与女朋友在热恋之中突然失恋，面对突如其来的感情打击，吕某难以接受，某日凌晨恰好遇见被害人，一时无法抑制心中的冲动，便起了歹意。

还有一些大学生因出身贫寒或有某些缺陷，一方面对家庭和社会不满、仇视，另一方面敏感自卑，自我调控能力差，无法应对社会的一些不公和挫折，对人生悲观，以至于不能自拔，最终走向极端。

最典型的案例莫过于2003年年初发生的震惊全国的浙大学生凶杀公务员案了。时年22岁的周一超是浙江大学农业与生物技术学院农学系应届毕业生，2003年1月，周一超报名参加嘉兴市秀洲区政府招收9名乡镇公务员的考试。笔试排名第三，面试后总成绩排名第五。2003年4月，未收到录取通知书的周一超购买了菜刀和水果刀，来到区人事劳动社会保障局511办公室。他询问经办人干某后得知自己体检结果为“小三阳”，不合格，而另一位手指残疾考生则属合格类，认为别人动用了关系，录取不公平，一怒之下用水果刀将干某刺成重伤，并在激愤中将干某同办公室的张某刺死。结果，因造成一死一重伤的严重后果、杀人手段残忍且受害者并无过错，被嘉兴市中级人民法院一审判处死刑，剥夺政治权利终身。

2. 心理迷乱，情绪失控

随着高校扩招步伐的逐渐加快，大学生就业日益困难，许多大学生的自我预期值开始下降。他们不再拥有昔日大学生身为少量“社会精英”的自豪，而是觉得前途渺茫，这就使他们极易产生消极颓废心理，导致心理迷乱、情绪失控、失足犯罪。比如学生黄某，因某日心情烦躁，感觉前途无望，遂在同宿舍其他同学去上课的情况下，偷了同宿舍女孩每人一件东西。黄某说，她就是将盗窃作为排解自己心情的一种手段。再如清华大学学生刘海洋用浓硫酸泼大熊猫一案和北京某高校学生马忠义携带仿真枪绑架案，都是因心理迷乱，情绪失控诱发的犯罪。

中国法学会副会长陈光中教授认为：“这是出于一种犯罪变态心理。”他指出，随着时代的发展、社会思想的变化，青年一代的观念也大大不同于从前。“他们的思想受多方面因素的影响，导致颓废、自私等各种不良现象的出现，甚至以此为起点开始走向犯罪。”而据对全国17.6万名大学生抽样调查，发现心理疾病患者高达20.23%。可以说心理迷乱、情绪不稳是青年学生典型的心理疾病，也是当代大学生失足的又一大诱因。

3. 对法律藐视的心态

法官在调查中发现，不懂法不是大学生犯罪的主要原因，犯罪的大学生大多对法律条文的规定有大致的了解，有的甚至攻读法律专业。在犯罪大学生中，有的学生明知那样做是违法的，但心存侥幸，认为自己手段比较高超，不会被查获，所以不惜铤而走险，以身试法，这是一种藐视法律的心态。

4. 性心理不健康

大学期间，大学生的生理迅速走向成熟，开始对性充满了好奇和渴望。从青春期开始的逐渐性成熟以及性意识的增强必然使这些刚刚成年的年轻人关注异性。这本无可厚非，但如果不引导他们形成良好、正常的性道德观念，再加上受到各种暴力、色情文化的不良影响，就有可能在神秘感、好奇心的驱使下产生性犯罪行为。如当今校园里发生的多起奸杀命案中就不乏此类情况。

5. 当前大学生的主要不良心理

（1）虚荣心理：20岁左右的大学生，大多具有极强的表现欲，也急需被他人认同，但若寻求不当，就可能使一些思想不成熟的大学生产生过分虚荣心理，并寻求各种途径满足虚荣心，甚至犯罪。

（2）攀比心理：过强的竞争意识在有些大学生身上转变为不良的攀比心理，且这种攀比主要是在物质享受方面。

（3）盲从心理：遇到问题时，有些大学生辨别是非能力不强，不能独立作出正确判断，容易受周围环境的影响，产生盲目从众心理。如果周围的影响为不良影响时，一些大学生就容易在盲目不清的情况下，陷入犯罪泥潭。

（4）报复心理：一些大学生在纠纷中不能理智地解决问题，不控制过激行为，还产生报复心理，犯下更大的错误。

（5）嫉妒心理：原来在中学的一些佼佼者们，在进入强者如云的大学后，感到了压力。他们对自身的期望值较高，但理想与现实的矛盾，又引起对自我的怀疑，久之造成不健康心理。

（三）不良社会文化的影响

近年来，一些领域道德失范，拜金主义、享乐主义、个人主义滋长，封建迷信活动和黄赌毒等丑恶现象泛滥，文化事业受到消极因素的严重冲击，危害大学生身心的东西屡禁不止，使大学生的认知产生偏差。有些大学生由于意志比较薄弱，很容易受到外界的影响，而对于不良现象和行为，也往往缺乏辨别能力。随着自我意识的增强，他们非常重视自己能否得到同龄伙伴的承认和赞许，并把它看得比父母、师长的评价还要重要。一些武侠、言情小说、影视片人物，特别是带有传奇色彩的“黑社会”人物对他们起着极坏的影响，诱导大学生走上违法犯罪之路。此外法制教育的不健全以及电子游艺厅、黑网吧的侵袭，都是导致大学生犯罪的不良社会因素。

（四）学校教育体制不健全

从学校方面的因素来看，学校教育体制存在缺陷。学校教育观的偏颇、教师素质问题以及校园暴力都会给青少年的成长带来极为不利的影响。比如学校只抓升学率而忽略对学生人生观和思想品德的教育等都会给学生的健康成长带来破坏性的影响。此外，一些学校对大学生的思想政治教育和法律政策教育形式单调、内容僵化、针对性不强，导致一些大学生接受教育的效果不理想。特别是学校招生规模逐年扩大，而学校对学生的管理有待加强，存在重知识“输入”而轻思想品德的“塑造”，缺乏科学的管理机制，有的学生夜不归宿、逃课旷课、赌博醉酒也无人过问。由于未做到防微杜渐，导致个别学生自觉性越来越差，自我控制能力越来越弱，很容易突破道德的防线而走上犯罪歧途。

（五）家庭教育方面的缺陷

大学生犯罪家庭方面的原因，主要是由于家庭不适当的教育方法和教养方式造成的不良影响。比如，在高考指挥棒的指挥下，有的家长往往只重视智力教育，而忽略了对子女健康人格的培养。在教养的方式上多采取简单、粗暴的家长制手段。这种消极的教育方式，容易使子女形成敏感多疑、自卑易怒、偏执敌对等不健康的品质，也可称之为人格障碍。当子女考入大学后，有的家长又将精力转移到经济支持上，而对其现实表现和心理成长关注不够。一旦子女犯罪，他们才感到惊讶和后悔。还有一些家长则从小对孩子宠爱有加，把孩子当“小祖宗”，对他们的要求无条件一一满足，尤其在他们进入大学后，更是对其放纵。这些大学生往往以自我为中心，优越感强，受不得丝毫委屈，一旦心理失衡，就用暴力解决问题，很容易走上犯罪道路。

据专家分析，处于溺爱型家庭、打骂型家庭、放任型家庭、失和型家庭等“问题家庭”的大学生较之正常家庭的孩子更容易犯罪。原因就是缺乏适当的教育方法和健康的教育方式。所以社会在研究“问题大学生”时，也不应忽略了其背后的“问题制造者”，家庭教育是影响大学生犯罪的一个极其重要的因素。

三、预防大学生犯罪的有效途径

有关专家认为，预防是减少大学生犯罪的最有力的办法，预防大学生犯罪是对人才的珍惜，是对社会的责任。预防大学生犯罪，是学校的任务，也是司法机关和社会各方面的共同任务。

根据专家对大学生犯罪案件进行的调查分析可以看出，固然有大学生心理素质差以及社会大环境的影响。同时也应看到，我国大学生法律意识普遍淡薄。就我国目前的教育体系来看，重心仍然在于学历教育，而非素质教育。虽然这种“重学历、轻素质”的情况有所改观，但还远远没有达到理想状况。在大学里，也仅仅是在大学一年级时开一门必修课“法律基础理论”。在这种教育制度下，从学生到家长都只注重分数，而忽略素质教育，守法的概念也就十分淡薄了。曾用试剂烧动物的大学生刘海洋的一番话值得深思，“我们一上大学就学了法律基础课，学了民法和刑法等，但我只知道猎杀野生动物违法，但用试剂烧动物园里的动物是不是违法就不清楚了，但现在知道是违法了。”学生连自己行为的后果都认识不清，不能不说是我们大学法制教育的失败。

南京经济学院法学系青年学者徐升权提出应从五个方面加强当代大学生犯罪的预防工作。①

（1）加强大学生政治素质的教育培养，增强其公德意识，引导大学生正确认识自我，认识社会，树立正确的人生观价值观。

邓小平同志曾指出：“法制观念与人们的文化素质有关。现在这么多青年人犯罪，他们无法无天，没有顾忌，一个原因是文化素质太低。所以，加强法制重要的是要进行教育，根本问题是教育人。”②

华中科技大学前校长杨叔子院士说“育人要育有人性的人”。大学生正处在人生成长的关键时期，大学期间对于一个人世界观、人生观和价值观的形成至关重要。让大学生能够学到现代科学知识、技能和理论的同时，对他们进行有效的道德素质教育，提高他们的道德水平，教会他们为人之道，使他们真正成为心智与人格全面发展的有用之才，是高校教育中一个不容忽视的课题。

---

① 毛磊．大学生犯罪率如何降到最低限度，《人民日报》2003 年 4 月 16 日第 14 版。

② 《邓小平文选》第 3 卷，人民出版社 1993 年版，第 163 页。

（2）加强大学生心理素质教育，培养大学生良好的心理素质。[①] 针对大学生心理发展不够成熟的特点，社会、学校、家庭和大学生自身都要行动起来，采取有效措施，促进大学生的心理健康。

（3）加强大学生法制教育，增强大学生法律意识。1995 年 12 月，国家教委、中央综治办、司法部在联合下发的《关于加强学校法制教育的意见》中明确指出："高等学校法制教育要以培养大学生社会主义法律意识为核心。"要以法律基础课为主，精选内容，引导学生首先树立宪法法律意识。其次要通过民法、刑法、行政法、婚姻继承法、诉讼法的基本理论与知识的学习，使大学生正确理解权利与义务的关系，在履行义务的前提下，合法行使自己的权利；帮助大学生形成依法办事，同违反宪法、法律以及破坏我国法制的行为作斗争的思想意识。同时要充分运用校园黑板报、展板、橱窗、阅报栏、校报、校园广播、学生周末文化广场、法制讲座、校园网等加强法制宣传，形成浓厚的校园法制教育氛围；组织学生在校内开展主题班会、团日活动、法律征文、法律知识竞赛、模拟法庭等多种活动，不断强化和提高大学生的法律素质。

（4）要切实采取可行的措施，加强校园的内部管理及社会各部门的共同教育、共同管理。加强大学生的法制教育不仅是学校的责任，而且涉及社会各方面，需要全社会共同关注，紧密配合。学校必须依法治校，营造良好的校园环境；家长要注重和加强与孩子的相互了解与沟通；司法机关也应该有重点地与大学定期联系，加强校内的司法宣传教育；政府职能部门则应力所能及地为大学排忧解难，采取可行的措施，优化社会大环境以及校园环境。从而形成一个好的法治环境，把大学生犯罪率降到最低限度。

（5）在加强大学生自我教育的同时，针对大学生犯罪应实施挽救和教育的政策。大学生犯罪，除了一些恶性暴力杀人案件外，相对于社会一般人员犯罪的社会危害性较小，也容易改造，且犯罪后认罪态度一般都较好，案发后能够积极主动退赃。因此，对大学生犯罪应当区别对待，充分体现惩罚与教育相结合的原则。

四、造成马加爵悲剧的根本原因

家庭贫困并不是导致马加爵悲剧的根本原因。因为一个性格完善或心态正常的人，即使一贫如洗也会积极将贫困转化为奋斗的动力，而不是引发变态心理的

① 请参见第十四讲。

产生。

马加爵本身已经存在的人格扭曲和性格缺陷，导致了他的异常举动和凶残的杀人行为，这是马加爵悲剧的根本原因。

★ 法条链接

◆《中华人民共和国刑法》

第十三条　一切危害国家主权、领土完整和安全，分裂国家、颠覆人民民主专政的政权和推翻社会主义制度，破坏社会秩序和经济秩序，侵犯国有财产或者劳动群众集体所有的财产，侵犯公民私人所有的财产，侵犯公民的人身权利、民主权利和其他权利，以及其他危害社会的行为，依照法律应当受刑罚处罚的，都是犯罪。但是情节显著轻微危害不大的，不认为是犯罪。

第二百二十三条　故意杀人的，处死刑、无期徒刑或者10年以上有期徒刑。

★ 相关案件链接：美国弗吉尼亚校园枪击案

2007年4月16日上午，美国弗吉尼亚理工大学先后发生两起枪击事件，造成包括犯罪嫌疑人在内的33人死亡、17人受伤。事件发生后，学校宣布停课两天，正在国外访问的该州州长宣布全州进入紧急状态。这是美国历史上最为严重的枪击事件。此前美国最严重的枪击案于1991年发生在得克萨斯州，当时一名男子在一家咖啡馆枪杀23人后自杀。

2007年4月17日，美国弗吉尼亚理工大学警长弗林彻姆在新闻发布会上宣布，16日校园枪击案的凶手是该校一名韩裔男学生。弗林彻姆说，经证实，23岁的凶手是弗吉尼亚理工大学英语系四年级学生，持有学生签证，并居住在校内。这名韩国学生先后在该校一座宿舍楼和一座教学楼开枪打死32人，随后自杀。该校于当天下午举行集会悼念遇难者，美国总统布什及夫人劳拉，还有因枪击事件提前结束国外访问返回的弗吉尼亚州州长蒂莫西·卡因都出席了集会。

警方向媒体提供的材料表明，制造枪击血案的韩裔学生赵承熙患有一定程度的心理疾病。赵承熙2005年曾因在弗吉尼亚理工大学先后两次围堵两名女性而被警方拘讯；此后，一位关心他的同伴发现他有自杀倾向，为此带他到心理诊室进行过心理咨询和治疗。他的性格孤僻、极端、偏执、狭隘又自负，因此，他在报复别人时没有一丝的怜悯，没有一点人性。赵承熙在美国长大，家住在华盛顿郊区。他的邻居称他很“安静”，常打篮球，但是别人打招呼后，他不爱回应。

★ **他山之石**

崔洁、肖水金、周友明、楠竹：《南京出现“在校大学生犯罪预防中心”》，《检察日报》2005 年 8 月 31 日。

★ **请你断案：大学生王某案**

案情简介：张某，男，23 岁，某村农民，因女友李某（21 岁）断绝与自己长达两年的恋爱关系，十分恼火。八月初的一个傍晚，张某来到李某的住处，碰巧李某一人在家。张某先是好言相求与其继续恋爱。遭拒绝后，张某想干脆生米煮成熟饭，强行将李某推倒在地欲行强奸。李某拼命反抗并大声呼救。正在家度暑假的某高校大三学生王某（男，20 岁，住李某隔壁）听到呼救后，拿起一根扁担冲进了李家，对正在实施强奸的张某用扁担猛力打了一下，正打中其头部，致张某重伤后死亡。

请判断王某的行为是否构成犯罪，为什么？

★ **参考答案**

王某的行为是正当防卫，不是犯罪。

正当防卫是指为了使国家、公共利益、本人或者他人的人身、财产和其他权利免受正在进行的不法侵害，而对不法侵害人所实施的不明显超过必要限度的损害行为。

王某的行为符合正当防卫的五个条件：第一，目的条件（主观条件），即防卫的正当性，正当防卫必须是为了使合法权利免受正在进行的不法侵害；第二，起因条件（前提条件），正当防卫必须是针对人的不法侵害才能实施；第三，时间条件，正当防卫必须针对正在进行的不法侵害才能实施；第四，对象条件，正当防卫必须针对不法侵害人本人才能实施；第五，限度条件，正当防卫不能明显超过必要限度造成重大损害。

第八讲　中国精神病人的社会危害问题：邱兴华案

★ 法理链接

一、精神病人的刑事责任能力

刑事责任能力是指行为人具备的刑法意义上的辨认和控制自己行为的能力。

刑事责任能力首先受到行为人的年龄的影响，其次，还受到行为人是否具备健康的精神状态的影响。如果行为人达到了刑事责任年龄，但是由于存在精神障碍尤其是存在精神病性精神障碍，就可能影响到其责任能力，使其责任能力减弱甚至不具备，从而使其实施危害行为时的刑事责任也受到一定的影响。

当前，“无辨认和控制能力的精神病人不具有刑事责任能力”在国际上已经达成共识。我国刑法也明确将精神病人分为完全无刑事责任的精神病人、限制刑事责任的精神病人、完全负刑事责任的精神病人三种。

二、“麦克·纳顿条例”成为精神病鉴定引入司法的里程碑①

1843 年，苏格兰乡下有一名普通的木匠麦克·纳顿，他终日怀疑保守党人要来陷害自己。终于，在妄想的支配下，他图谋枪杀当时的首相皮尔。由于他并不认识皮尔，结果误杀了一旁的秘书。此案轰动一时，甚至惊动了维多利亚女王。审判中，麦克·纳顿的律师称他有精神病，不知对与错的区别，也不懂行为的性质和后果。该案最后在维多利亚女王的关注下，召开了特别会议，陪审团最终被说服，宣布麦克·纳顿无罪。由此而产生的“麦克·纳顿条例”成为精神病鉴定引入司法的里程碑。

20 世纪初，英格兰的法学家重新审核了“麦克·纳顿条例”，并建议用“不

① 杨芳．医师呼吁为邱兴华做精神鉴定、解析嫉妒妄想症状，《中国青年报》2006 年 12 月 27 日。

可抗拒的冲动”这一观点来补充精神错乱概念。法庭将这一条例解释为“警察就在眼前条例”。换句话说，即使警察当时就在被告身边，被告仍会实施其犯罪行为。法庭认为，只有在这种情况下，冲动才是不可抗拒的。在美国，刺杀里根总统的约翰·欣可利，最后证明是精神病患者，而最终判决无罪。

★ 典型案例：陕西汉中邱兴华故意杀人案

案情概要： 2006年7月15日22时左右，陕西省安康市汉阴县平梁镇西岭村附近高耸的凤凰山山顶突然发出隐隐火光，引起了不少村民的关注和不安。次日清晨，平梁镇政府组织群众和护林员上山救火时发现，在起火地山顶的铁瓦殿道观中，有10人被残害致死，现场惨不忍睹！警方随后查明，死者为9男1女，其中年纪最大的62岁，最小的仅12岁。案发后便去向不明的石泉县后柳镇一心村二组村民邱兴华（男，出生于1959年1月1日，汉族，初中文化程度，陕西省石泉县人，户籍所在地石泉县后柳镇一心村二组，案发前租住陕西省汉中市佛坪县大河坝乡五四村三组，农民）有重大作案嫌疑，被警方纳入视线。2006年7月26日，公安部发出A级通缉令：悬赏5万元全国通缉邱兴华。

2006年7月30日晚11时许，仓皇逃窜的邱兴华在湖北省随州市曾都区万福店农场，武汉至安康铁路复线施工地一临时工棚内持一把铁铲劈向照看工地材料的周建平，周建平见状躲避，背部被铁铲划伤。邱兴华遂将棚内的一黑色旅行包抢走。因包内无钱，将包丢弃在路边棉花地里。

2006年7月31日上午，邱兴华逃至随州市万福店农场魏岗村二组村民魏义凯家，以帮魏义凯补盆和合伙做干鱼生意为名，骗得魏的信任。后在其家用餐时，发现魏家有钱。当日下午，邱兴华再次来到魏家，吃完晚饭后趁魏义凯、徐开秀夫妇和女儿魏金梅休息之机，用斧头和弯刀向三人的头部连砍数下。将三人砍伤后，抢得现金1 302元及雨伞、手提灯后逃离现场。8月1日凌晨，邱兴华乘K357次列车返回安康。魏义凯因医治无效，于2006年9月9日死亡，徐开秀、魏金梅的伤情经鉴定系重伤。

2006年8月2日下午，藏身深山密林的邱兴华，被当地一名上山打猪草的村民发现。安康警方当即调集200余名警力，在当地政府及村民的配合下展开围山搜捕。数名村民纷纷向警方反映，曾在山上看到过邱兴华，但都不知道邱兴华藏身的确切位置。在警民多日的搜捕中，发现有多处疑犯曾经藏身的地点和一些遗弃的随身物品。数百名公安、武警、乡干部组成的搜索队，在极短的时间内对犯罪嫌疑人现身区域及周边山脉进行封锁合围后，携警犬对合围山区进行地毯式搜索。同时，警方从邱兴华的居住地汉中市佛坪县接来了他的妻子和一对儿女，沿着邱兴华曾出没的地方沿路喊话，劝其现身自首。

2006 年 8 月 19 日晚，邱兴华在返回汉中市佛坪县大河坝镇五四村三组的租住房时，落入了警方早已布设的恢恢法网，2006 年 8 月 20 日因涉嫌故意杀人罪被陕西省汉阴县公安局刑事拘留。初审时，邱兴华对其 2006 年 7 月 15 日凌晨在铁瓦殿杀死 10 人的犯罪事实供认不讳。同月 29 日经汉阴县人民检察院批准，由汉阴县公安局执行逮捕，羁押于汉阴县公安局看守所。

2006 年 10 月 19 日下午，陕西省安康市中级人民法院公开审理此案，当庭作出一审判决：依故意杀人罪和抢劫罪两罪并罚，决定判处邱兴华死刑，剥夺政治权利终身；并处没收个人财产 5 000 元。一审宣判后，邱兴华不服当庭表示要上诉。2006 年 10 月 31 日，邱兴华向陕西省高级人民法院提出上诉。

2006 年 12 月 8 日上午 9 点 30 分，陕西省高级人民法院刑事审判庭在安康市铁路运输法院开庭审理邱兴华案。庭审的焦点话题是邱兴华杀人动机的确认和是否采纳“司法精神病”鉴定申请。在两个小时的审议中，邱兴华表情比较平静，他认为自己很正常，不须要作精神鉴定，杀人的原因就是他的妻子被人调戏了。法庭认为邱妻通过辩护律师提交的证明邱兴华患有精神病的材料，其真实性和合法性值得怀疑。且该证明不是医疗机构诊断病历和结果，不能证明邱兴华有精神病，因此法庭不予采纳。法庭决定择期宣判。2006 年 12 月 28 日上午 9 时，陕西省高级人民法院刑事审判庭在安康市中级人民法院再次开庭，当庭宣布陕西省高级人民法院维持安康市中级人民法院一审刑事判决的终审裁定，判处被告人邱兴华死刑，剥夺政治权利终身。

2006 年 12 月 28 日上午 9 点 57 分，邱兴华在安康江北河岸边被执行枪决，随后在安康火葬场火化。

★ 问题与思考

一、精神病人的发病率及危害社会的总体情况如何？

二、精神病人暴力犯罪的特点有哪些？

三、精神病人暴力犯罪的原因有哪些？

四、防控精神病人暴力犯罪的对策有哪些？

五、何谓精神病司法鉴定，其内容和相关要求有哪些？

◆ 灵感闪存

☆ ....

☆ ....

☆ ....

☆ ....

☆ ....

☆ ....

★ 案例评析

一、精神病人的发病率及危害社会的总体情况

世界卫生组织的统计数字显示，我国有5%的人患上不同程度的精神病和精神障碍。卫生部“2000年中国卫生统计提要”指出，部分城市前十名主要疾病死亡率及死因构成显示，精神病位列第九。精神疾患所造成的负担占我国疾病总负担的首位，约占疾病总负担的20%。目前，就社会环境而言，随着经济的快速发展，竞争压力加大、生活节奏的加快导致人们普遍的心理紧张，社会转型时期价值观念混乱甚至解体造成人们普遍的无所适从感，社会严重分化造成的心理失衡，以及人的期望与实际的落差增加等因素的影响，精神障碍对人们的健康危害越来越突出，我国精神疾病发病率已从20世纪50年代的2.7‰增长到现在的13.47‰，即每1 000人当中便有13个人患有精神病。全国约有严重精神疾病患者1 600万人，还有约600万癫痫患者，尤其值得关注的是，精神疾病所造成的

负担正在以显而易见的势头增长，推算我国精神疾病负担到 2020 年将上升至疾病总负担的 1/4。

2001 年 3 月，江泽民同志给时任世界卫生组织总干事布伦特兰的一封信中提出："精神疾病已经成为全球性重大公共卫生问题和较为突出的社会问题。"这是中国政府对精神卫生问题严重性的准确描述。

精神疾病已经不仅仅是公共卫生问题，而且发展成很严重的社会问题。目前，精神病患者中，有 80% 未得到及时、科学的治疗，90% 散落在社会上，对公共安全构成极大威胁。精神病患者的肇事率为 10%，其社会危害行为不容忽视。而我国目前处在转型期，北京安定医院司法鉴定科田祖恩等医务人员，通过对 1984 年至 1996 年共 13 年间的 1 515 例精神病刑事鉴定案分析得出结论：在接受刑事被告精神病鉴定案的 1 515 例中，患有精神疾病者 1 248 例，约占 82%。而这些精神病人所实施的社会危害行为，以侵犯人身、侵犯财产和妨害社会管理秩序三者为主，共占 94.1%。而如果精神分裂症患者实施社会危害行为，发生人身伤害事件的可能性将会在 50% 以上。最令人担忧的是，有些精神病患者由于得不到有效的治疗和控制，在病情加重后，实施了杀人、放火、暴力强奸等社会危害行为，严重影响正常的社会秩序。

可以说，精神病人在社会上对构建社会主义和谐社会是个破坏因素，它不仅破坏社会治安，还直接影响到社会的稳定，是埋在社会上的一颗颗"定时炸弹"。

二、精神病人暴力犯罪的特点

（一）侵害目标随意

精神病人暴力行为所针对的受害人是非常随意的，受害人猝不及防。1999 年夏，一精神病人在丹江口市广播局持刀扰乱办公秩序，巡警在制止时，被精神病人刺中大腿。2002 年 2 月 27 日，福建永泰县一名精神病妇女在一条渡船上突然发病，砍死砍伤 14 名上学途中的小学生。2004 年 4 月 29 日上午，兰州市宕昌县秦峪乡羊骨堆村小学窜入一名精神病人，冲进教室用菜刀将 15 名学生以及两名当地农民砍成重伤。广州市光复中路的一位精神病患者，在近 3 年的时间里纵火烧屋 4 次，经常舞刀举棍追打路人，甚至用磨尖的钢筋捅向看到的孕妇。

（二）报复心理极强

精神病人由于疾病的原因，对有矛盾的人不计后果、不择手段地报复，而且不达目的不罢休。1999 年，丹江口市土台乡精神病人陈某在盗窃电话机时被邻居程某发现后，怀恨在心，先后 5 次对邻居程某的父母、兄弟、妻女报复伤害，程某全家天天提心吊胆、苦不堪言。2003 年 7 月 18 日下午 2 时许，宁乡县精神病人刘某，因怀恨黄某的父亲曾送他住过精神病医院，手持锄头突然打死年仅 7 岁的黄某。

（三）人身危险性大

精神病人犯罪以凶杀为最多，他们作案的一大特点就是凶残，且行凶的主要对象是自己的家人。在某市的 18 件命案中，有 5 件是精神病人作案。2002 年 2 月 7 日凌晨，浙江某地一名精神病人拿起两把铁榔头，先后砸死睡梦中的妻子、儿子和母亲。2004 年 2 月，丹江口市牛河乡农民谭某因为家庭琐事将父亲杀害后，向当地派出所投案自首。2004 年 7 月 10 日晚，广西柳州市职校副校长王某被患有精神病的儿子连捅两刀，死在宿舍楼的楼道内。

（四）再次危害社会的现象多

众多的精神病患者在犯罪后，出于种种原因，并没有被送到指定的医院强制治疗，而是重新回到社会上，致使精神病人再次危害社会的现象日益增多。2004 年 7 月 1 日，武汉市黄陂区的一名 22 岁的精神病人为了抢夺小孩手中的方便面，将邻居一名 6 岁男童杀害。而在 8 年前，同样为了一包方便面，曾将一名 7 岁女童杀害。

（五）受害人的权益得不到充分、及时、全面保护

如湖北省丹江口市土台乡精神病人陈某用铁锹将邻居程某及其家人多次打成轻微伤后，程某向法院起诉要求赔偿，法院判决后，因为陈某是精神病人不便于执行，民事赔偿一直没有到位，程某又向派出所寻求人身保护，要求将陈某绳之以法，派出所根据刑法第十八条规定，精神病人在不能辨认或者不能控制自己行为时造成危害结果的，经法定程序鉴定确认的，不负刑事责任。且本案中被害人伤情系轻微伤不构成犯罪。因此不能对精神病人陈某采取法律强制措施，精神病人陈某见无人处理，反而到派出所寻衅滋事，并且公开叫嚷要继续报复。乡邻要求将其送往精神病院强制治疗，但是精神病人陈某的父母生活困难，无力支付治疗费用。政府筹集了费用，也无法满足精神病人的长期治疗。如果纠纷长期得不到解决，隐患得不到排除，受害人在得不到公力救济后，会迫不得已采取自力救济，甚至会以暴制暴，产生新的“民转刑”案件。

（六）群众安全感低

精神病是一种特殊的疾病，患者具有正常的体力和破坏能力，但思维异常，

经常出现妄想、狂想，容易做出极端的事，其中又以杀人、暴力伤害为主。男性精神病患者伤害对象具有随意性，女性精神病患者更多地把伤害目标对准身边的亲人、朋友。经对精神病人的刑事犯罪进行统计，发现杀人的占 91%，平均每名被监管的精神病患者杀死 1.85 人，最多的杀死 7 人。同时，精神病患者的病情容易反复，而大批应该被监管的精神病人在社会中生活，危及到了周围人的安全。90%需要强制监管和治疗的精神病人仍在社会上，形成巨大的隐患。只要有一个“武疯子”，周围的群众就生活在被攻击和伤害的恐惧之中，由此引发的精神病人滥杀无辜和被忍无可忍的受害人或精神病人家人杀害的惨剧也不断上演。

三、精神病人暴力犯罪的原因

（一）大多数精神病人脱离有效监管，监护人的监护不到位

精神病人的监护人有的因为年老体弱、经济困难而无力监护；有的监护人自己也是受害者，避之唯恐不及，无心监护；还有的虽有监护的能力，却不履行监护义务，不愿监护；有的精神病人父母均已去世，又没有其他监护人，精神病人的所在单位和住所地的居委会、村委会也未负起监护责任，无人监护。

根据有关法律规定，精神病人的监护人必须尽到监护职责。如果该监护人认为自己没有监护能力，可以向有关方面提出援助申请，否则精神病人出事，监护人就要承担相应法律责任。但是从实践和实际生活来看，很多精神病人的监护人很难做到这点，首先是因为精神病是一种“高消费”病症，很容易使精神病人家庭处于贫困状态。但是，目前由于相关法律的缺失，事实上形成了大多数精神病人处于“放任自流”的状态。目前全国只有 22 所安康医院，能容纳的精神病人特别有限。而大多数综合性医院因为收费昂贵，精神病人又很难住进来。

根据公开的统计资料，全国只有 20% 的精神病人能够得到有效治疗，其他 80% 的病人都没有得到有效治疗。有资料显示，仅广东省的 8 000 万人口中，重性精神疾病患者约 122.24 万例，有 93.13% 的人未得到有效和系统的治疗。可见，在全国范围内，“散落民间”的精神病人群体是何等之庞大。这些人散落在社会上，有时就会成为“定时炸弹”，可能给人们带来生命财产安全的威胁。

世界卫生组织和哈佛大学联合开展的一项研究表明，在中国，精神分裂症的治疗率仅为 30%。这其中除了因为贫困而中途放弃治疗的原因外，相关的医疗机构数量少也是一个重要原因。我国平均 1 万多个精神病患者才能有 1 名专业精神病医师，软硬件设施都亟待提高。

（二）司法机关的困境

根据刑法第十八条规定："尚未完全丧失辨认或者控制自己行为能力的精神病人犯罪的，依法应当负刑事责任，但是可以从轻或者减轻处罚。间歇性的精神病人在精神正常的时候犯罪，应当负刑事责任。"但是在实践中，对于这两类有罪的精神病人犯罪，司法机关在依法办案时，采取法律手段阻力重重，须要控制这两类精神病人的人身自由时，看守所依据《看守所条例》对患有精神病的嫌犯不予收押。对经鉴定不负刑事责任的精神病人，公安部门在必要的时候可以将其送往精神病院强制治疗，但是高昂的费用没有解决渠道。所以精神病人犯罪使公安司法部门面临重重困境。

（三）政府的缺位

一是认识不到位。有的领导认为下岗职工、残疾人、失学儿童的问题还未解决，哪里有钱去解决精神病人的医药费。只有政府高度重视精神病人这一弱势群体的社会困境，充分认识精神病人暴力犯罪的危害性和严重性，充分认识强制治疗的重要性和必要性，才有可能从根本上解决精神病人暴力犯罪的社会问题。二是资金紧张。许多地区的财政是吃饭财政，拿不出钱对精神病人强制治疗。在实践中，政府往往是在发生了精神病人暴力犯罪严重危害社会的情况下，才从有限的资金中挤出几千元将精神病人强制治疗，相对于暴力犯罪精神病人长期的治疗费用（强制治疗的费用一个疗程大约 3 500 元），无疑是杯水车薪，解决不了根本问题，而有数据表明，在众多疾病中治疗精神病是花钱最多的。三是法律对政府的责任规定过于原则，不便操作。在我国，对强制医疗作出规定的唯一一部法律就是刑法。根据《中华人民共和国刑法》的规定，对精神病人强制医疗的前置条件是非常严格的，即：①精神病人涉及刑事犯罪；②经法定程序鉴定确认为精神病；③首先由家属或监护人严加看管和医疗；④必要时，才由政府出面进行强制治疗。有的省份和地区对此补充了一些制度，如上海市 1986 年 10 月 1 日实施《监护治疗管理肇事肇祸精神病人条例》，吉林省 2000 年 10 月出台了《危害社会精神病人强制医疗若干规定》，石家庄市 1997 年 9 月 30 日出台了《精神病人监护办法》，均规定收治入院的危害社会的精神病人住院费用，有工作单位的由其所在的工作单位承担；无工作单位的由自己承担；自己无能力的，由有抚养、扶养、赡养义务的人承担；无近亲属又无生活来源的精神病人由其所在地政府承担。但是对有近亲属但确实无力负担的情况，应由其所在地的县级人民政府负担强制治疗费用。

（四）法律上的空白

法律和精神病医学工作者一直在向社会呼吁，为规范精神病人强制治疗和管理，应该尽快制定一部《精神卫生法》，因为对精神病人采取强制治疗措施涉及到对公民人身自由的剥夺问题，还有采取强制治疗措施的条件、程序的启动、案件的审理机关等必须由法律明确规定。由于我国现有法律对精神病人的认定、监护、强制医疗等问题存在疏漏，立法上存在一定程度的空白，实践中难免发生侵权案件。如网上披露黑龙江一个多年上访的农妇被政府机关怀疑是精神病而被多次送往精神病院强制治疗。

四、防控精神病人暴力犯罪的有效途径

（一）监护人负起职责

家庭是社会的细胞，是社会稳定的第一道防线，只有监护人真正履行了自己的责任，社会这个大家庭才能安定祥和。首先是加大法制宣传力度，让精神病人的监护人自觉履行自己的责任；其次是通过法律手段迫使不自觉的监护人不得不履行监护责任。

（二）尽快颁布法律以及实施办法，让受害人不再无助，政府不再逃避，精神病人的权益得到应有的保障

从我国的精神卫生立法现状来看，我国曾于1985年着手起草《精神卫生法》，但至今仍未出台。早在1985年，四川省卫生厅受卫生部的委托，开始起草《精神卫生法（草案）》。由于政府和社会对该法重要性认识不够，该法草案迟迟没有提交到全国人大审议通过。1999年，继续起草《精神卫生法（草案）》的工作转到了上海市有关方面。草案对于将精神卫生，主要是精神病的防治责任放在了国家身上。这一点也和国际惯例接轨，只有将精神病人家庭从监护的高昂成本中解放出来，才能有效防止精神病人危害公共安全、危害社会。

目前阻碍我国《精神卫生法》出台的原因主要有三个：一是全国经济水平发展不一样。按照草案的要求，各级政府应该承担起精神病人治疗和监护的经济责任，这对于经济不发达地方的政府来说，是一笔沉重的负担。二是精神卫生防治工作涉及多头，各方对于权利和义务的划分还有争议。在中央一级，除了公安、民政和卫生部门外，还包括财政等14个部门。这些部门之间的协调还没有结果。三是社会呼吁不够。任何一部立法都需要全社会的推动，《精神卫生法》也是如此。社会各界应认识到加快精神卫生立法的紧迫性，共同推动该法的

进程。

就地方法规而言，目前只有上海于2001年12月通过了我国首部规范精神卫生问题的地方性法规——《上海市精神卫生条例》，于2002年4月7日起施行。目前北京、浙江、广西、广东、福建、四川、湖北等地都在着手制定本地精神卫生方面的地方性法规。

（三）由政府集中收治精神病人

正如由政府买单阻断SARS（非典）和AIDS（艾滋病）的传播以维护整个社会的安全一样，由政府集中收治危害社会的精神病人，是维护整个社会的公共安全的必由之路。经费问题，被认为是阻碍这一措施付诸实施的主要障碍。据统计，全国现有精神病人1 600余万，其中具有暴力倾向者为1‰~2‰，由此可知全国约有1.6万至3.2万个“武疯子”。一个病人一个疗程的治疗费用为3 500元，全部由政府买单，一年所有病人的费用约1亿元，分摊到三十余个省二千多个县仅数万元，却为社会解除了数万个“定时炸弹”，让精神病人的家属得以解放，周围的民众得以安居，也使悲剧不再重演。国家可以办福利院收容被抛弃的先天性痴呆儿，为什么就不能对具有严重攻击性的精神病人强制治疗呢?

（四）把精神病人的管理纳入社会治安综合治理，齐抓共管

对精神病人治疗应设立三道防线，做到两个到位。卫生系统是第一道防线，负责精神卫生的基本知识和精神疾病的基本治疗；第二道防线是民政系统，他们为经济上困难的精神病人提供义务救助；公安系统则是最后的防线，遇上特殊的精神病人犯罪情况，由公安机关执行强制性的义务监督和强制治疗。两个到位是监管到位、追查责任到位。派出所、居委会应加大监管力度，做到情况清、底子明。把有暴力案底的精神病人作为重点人口管理，对精神病人逐一进行登记、核查，督促监护人对其约束、治疗，并成立由派出所、居委会、监护人组成的监护小组，与病人家属签订安全责任书；如果工作落实不到位导致发生恶性案件，实行倒查制度，追查责任到位。

（五）成立公益基金

对确实无力支付强制治疗费用和赔偿受害人经济损失的情况，政府在有条件的情况下可成立精神病人强制治疗和对受害人补偿公益基金，以全社会的力量来解决这个社会问题。

五、精神病司法鉴定的含义、内容及程序[①]

（一）精神病司法鉴定的含义

精神病司法鉴定，又称司法精神病鉴定、法医精神病鉴定、关于精神错乱的辩护等，是由鉴定人运用专业理论、技术和经验，就案例所涉及的精神病学事项所进行检查、测查和判断的一种科学活动。

司法精神病学是一门精神医学与法学的交叉学科。精神医学的诊断标准可依据《中国精神障碍分类与诊断标准（第三版）》《国际疾病诊断分类（ICD－10）》美国的《诊断与统计手册（第四版）》（即 DSM－Ⅳ）。法学方面，是根据我国刑法、民法、刑事诉讼法、民事诉讼法、治安管理处罚法等法律法规进行的。最高人民法院、最高人民检察院、公安部、司法部、卫生部于 1989 年 7 月 11 日联合颁布的《精神疾病司法鉴定暂行规定》，是精神病司法鉴定工作实施的细则。

精神病司法鉴定对从业资格、机构和人员的资质要求很高。涉及刑事案件时，依据《中华人民共和国刑事诉讼法》第一百二十条规定，应当是省人民政府指定的医院才有资格鉴定。2005 年 10 月实施的《司法鉴定机构管理办法》《司法鉴定执业人员管理办法》要求参与精神病司法鉴定的机构、人员到司法局注册，由毕业于司法精神病学专业的医师承担，同时还要求参与精神病司法鉴定的人员必须在精神科工作 5 年以上、具有中级以上职称，并具有相关法学知识。当然，这些只是前提，鉴定人还要经过多年的临床实践、鉴定实践和自我提高的过程。在精神病学各个分支中，从事精神病司法鉴定的医生对精神症状的识别能力相对较强。

（二）精神病司法鉴定的主要内容

（1）对怀疑有精神异常的犯罪嫌疑人、被告人，确定其行为当时的精神状态，有无精神病以及此种精神疾病与其危害行为的关系，对其责任能力提出意见。有时还要对他们在诉讼过程中的受审能力、执行刑罚过程中的服刑能力等提出意见。

（2）对怀疑有精神异常的受害人，确定受害者的精神状态及与受害之间的因果关系，以及妇女的性防卫能力。

（3）对怀疑有精神异常的民事当事人，判断其是否有行为能力、诉讼能力

---

① 宋建成、徐红平．从邱兴华案看精神病司法鉴定，《健康报》2006 年 12 月 8 日第 4 版。

等，如婚姻能力、签署合同能力、处理遗嘱能力等。

（4）确定案件当中有关证人的精神状态以及有无作证能力。

（5）其他涉及法律关系的精神状况鉴定、出庭作证等。美国还在有关法律条文中规定，遇到重大案件，虽然没有精神病疑问，也必须请专家进行精神病鉴定。

（三）精神病司法鉴定程序严谨科学

（1）精神病司法鉴定的程序一般是：公、检、法、司等机构先进行委托，提交聘书、委托书、卷宗、病情资料、知情人资料等，要求资料尽量完整；鉴定人提前阅卷，必要时请委托机构补充相关资料；在预约日期对被鉴定人进行精神检查，并做心理测查、脑电图等相关检查；集体讨论，确定被鉴定人的精神状况与其行为的相互关系；按照法律要求的格式，将鉴定结论以书面形式发送给委托机构，并对委托机构进行解释。一次鉴定无法确定结论的，可以再次鉴定或住院鉴定。如果当事人对鉴定结论有异议或对方不服，可以委托其他鉴定机构进行鉴定。对不同鉴定结论，法院有权决定采用某个鉴定结论，而不采用其他的结论。

（2）鉴定一般由3人以上的鉴定人员（其中至少有1名副主任医师以上职称的专家参与）进行集体鉴定。鉴定形式可以是门诊鉴定、住院鉴定，个别案件作缺席鉴定、死后鉴定。所作出的鉴定结论，是一种精神病学专家证言，是关于精神病人法律能力的评定。它是法律证据之一，只有被司法机构质证、采用后才具有法律效力。如不被采纳，则是一张废纸。现在重复鉴定、多头鉴定的情况越来越多，越发显得司法机构对鉴定结论质证、采纳的重要性。

同时，鉴定人还应该遵循严谨、客观、公正、公平原则。鉴定人如与被鉴定人或其他当事人有利害关系，应当回避。如果鉴定人做虚假鉴定结论，是要受到法律制裁的。

（3）责任能力的评定是精神病司法鉴定的重点、难点。根据我国刑法的规定，精神病人的责任能力可以分成完全责任能力、限定或部分责任能力、无责任能力三种。并不是所有的精神病人都不负法律责任。实践中，往往就有个别症状很多的精神病人鉴定结果却是具有完全责任能力。那种精神病人“有病无罪论”的局面已经不存在了。

随着法律意识的提高，越来越多的人知道精神病人犯罪如果经过精神病司法鉴定，结论为无责任或限定责任，这些人就可以免除责任或减轻责任。因此，一些无精神病的犯罪嫌疑人、被告人及其家属往往收集一些资料，提请精神病司法鉴定，期望以此来逃避法律的制裁。还有一些犯罪嫌疑人怀揣多年前的精神病诊断证明、就诊资料、鉴定结论，以为这是“杀人执照”“免罪牌”。甚至有些惯犯在监所反复表演吃粪便、长时间的抽搐等。当然，经过严格的精神病司法鉴定，这些人往往最终难逃法律的制裁。

★ 相关案例链接：北京大学第一医院幼儿园突发惨案，看门人刀砍15名幼儿和3名教师①

2004年8月4日上午9时36分，北京市公安局110报警服务台接报，一男子在北大第一医院幼儿园内持刀行凶，接到报警后，警方的3辆巡逻车及8名民警在一分钟之内迅速赶到现场，将正在行凶的歹徒制服，同时将受伤的15名儿童和3名教师迅速送往医院救治，一名儿童因伤势过重抢救无效死亡。除两名伤者伤势较重外，其余人员无生命危险。

经审查，涉案犯罪嫌疑人徐和平，男性，1952年9月20日出生，北京市人，1999年5月11日至9月24日曾因病在北京安定医院住院治疗，经医生诊断，患有偏执型精神分裂症。2002年，徐和平到北京大学第一医院幼儿园传达室做临时工。

★ 法条链接

◆《中华人民共和国刑法》

第十八条　精神病人在不能辨认或者不能控制自己行为的时候造成危害结果，经法定程序鉴定确认的，不负刑事责任，但是应当责令他的家属或者监护人严加看管和医疗；在必要的时候，由政府强制医疗。

间歇性的精神病人在精神正常的时候犯罪，应当负刑事责任。

尚未完全丧失辨认或者控制自己行为能力的精神病人犯罪的，应当负刑事责任，但是可以从轻或者减轻处罚。

★ 他山之石

赵汇：《专家呼吁尽快出台〈精神卫生法〉》，《兰州晨报》2008年10月29日。

---

① 段芳宇、经森. 震惊后的缄默：北大幼儿园砍人事件边缘调查，《华商晨报》2004年8月10日。

★ 请你断案：国航班机被劫案①

案情简介：2004 年 7 月 26 日上午，中国国际航空公司北京飞往长沙的 CA1343 航班 2590 号飞机起飞不久后，一名赤手空拳的男性乘客突然要求“改变航线，飞往韩国”。该男子被机上安全人员制服后，飞机于 9 时 50 分在郑州新郑国际机场安全备降，机上人员均安然无恙。下午 1 时 29 分，飞机经过重新安检后，乘客分批登机，飞往目的地长沙。

警方证实，嫌疑人名叫杨劲松，男，汉族，1972 年 1 月 20 日生，现为湖南省湘潭大学图书管理员，住湖南省湘潭市雨湖区南阳村 11 栋 205 号，有精神病史。他随行携带的包里只有一些日常用品、一瓶液体和一部手机，一切正常。

湘潭大学党委宣传部部长瞿鹤鸣告诉记者，杨劲松是他们学校图书馆的一名正式职工，祖籍湖南邵东县，身高 1.7 米，人很瘦，今年暑假前体检时体重还不到 50 公斤。杨劲松的父亲杨圣是湘潭大学历史系已退休的副教授，今年 80 多岁了，杨圣治学严谨，为人很好。瞿鹤鸣介绍说，赶往郑州的学校领导同时带去了杨劲松的病历。据介绍，杨劲松一直患有间歇性精神病，1999 年曾因精神病发作而在当地医院接受治疗 20 多天，他是属于照顾性的招工才到湘潭大学图书馆做管理员工作的。平时杨的工作还算积极，但很少与人交往，而且动不动就骂人，就是学校的主要领导，也被他骂过多次。

你将如何裁决此案？

★ 参考答案

根据我国刑法规定，精神病人在不能辨认或者不能控制自己行为的时候造成危害结果，经法定程序鉴定确认的，不负刑事责任，但是应当责令他的家属或者监护人严加看管和治疗；在必要的时候，由政府强制医疗。间歇性精神病患者在精神正常时犯罪，应当负刑事责任。因此，本案关键是要给杨劲松做精神病鉴定，确定其劫机时精神是否正常。根据鉴定结论确定是否追究其刑事责任。

① 洪雪、于佳、王佳. 国航一飞机被劫、劫机者赤手空拳疑有精神病，《法制晚报》2004 年 7 月 26 日。

第九讲 中国计算机网络犯罪问题："熊猫烧香"案

★ 法理链接

一、计算机的发明与网络的发展[①]

(一) 20 世纪计算机技术迅猛发展

电子计算机，又称电脑，是一种能自动、高速进行大量计算工作和信息处理的电子设备。随着晶体管的发明、后来集成电路的开发、通信卫星的设立以及光技术的进步，1946 年 2 月世界上第一台电子计算机研制成功了。

普及计算机的一个主要步骤就是开发出台式机。这些小型计算机的起源可以追溯到 20 世纪 40 年代，在那些大型科研用计算机开发后不久，计算机爱好者就开始了家用计算机的实验。正是在这些计算机爱好者的"地下"活动中，史蒂夫·乔布斯（Steve Jobs）和斯蒂芬·沃兹尼亚克（Stephen Wozniak）两个人制造出了有商业价值的家用计算机，并于 1976 年成立了苹果计算机公司，制造和销售他们的产品。其他经销类似产品的公司有 Commodore、Heathkit 和 Radio Shack 等。虽然这些产品在计算机爱好者中很畅销，但是并没有被商业界普遍接受。面对大量的计算需要，这些商家仍青睐于著名的 IBM 公司。

1981 年，IBM 公司推出了它的第一台台式机，称为个人计算机或 PC。今天，术语 PC 已广泛地指称很多机器（来自各种生产商），其设计都是从 IBM 公司的台式计算机演变而来，而且它们大多数继续与微软公司的软件一起销售。

计算机的小型化和其功能的日益增多已经把计算机技术推向了当今社会的前沿，极大地推动了计算机的开发和应用，计算机硬件和软件日新月异。如今，计算机技术非常普及，熟练掌握其应用已经成为现代社会成员的基本要求。娱乐和通信系统也已经开始和家用计算机紧密相连，计算机成为我们生活中不可或缺的

① ［美］J. Glenn Brookshear. 计算机科学概论，人民邮电出版社，2007 年，第 4～5 页。

一部分。

（二）互联网的发展历史

1. Internet 的起源和发展

Internet 是计算机交互网络的简称，又称网间网。它是利用通信设备和线路将全世界上不同地理位置的功能相对独立的数以千万计的计算机系统互联起来，以功能完善的网络软件（网络通信协议、网络操作系统等）实现网络资源共享和信息交换的数据通信网。

Internet 最早起源于美国国防部高级研究计划署 DARPA（Defence Advanced Research Projects Agency）的前身 ARPAnet，该网于 1969 年投入使用。由此，ARPAnet 成为现代计算机网络诞生的标志。从 20 世纪 60 年代起，由 ARPA 提供经费，联合计算机公司和大学共同研制而发展起 ARPAnet 网络。最初，ARPAnet 主要是用于军事研究目的。1983 年，ARPAnet 分裂为两部分，ARPAnet 和纯军事用的 MILnet。同时，局域网与广域网的产生和蓬勃发展对 Internet 的进一步发展起了重要的作用。其中最引人注目的是美国国家科学基金会 NSF（National Science Foundation）建立的 NSFnet。NSF 在全美国建立了按地区划分的计算机广域网并将这些地区网络和超级计算机中心互联起来。NFSnet 于 1990 年 6 月彻底取代了 ARPAnet 而成为 Internet 的主干网。

NSFnet 对 Internet 的最大贡献是使 Internet 向全社会开放，而不像以前那样仅供计算机研究人员和政府机构使用。1990 年 9 月，由 Merit、IBM 和 MCI 公司联合建立了一个非营利的组织——先进网络科学公司 ANS（Advanced Network & Science Inc.）。其目的是建立一个全美范围的 T3 级主干网，它能以 45 Mbps 的速率传送数据。到 1991 年底，NSFnet 的全部主干网都与 ANS 提供的 T3 级主干网相联通。

Internet 的第二次飞跃归功于 Internet 的商业化，商业机构一踏入 Internet 这一陌生世界，很快发现了它在通信、资料检索、客户服务等方面的巨大潜力。于是世界各地的无数企业纷纷涌入 Internet，带来了 Internet 发展史上的一个新的飞跃。

2. Internet 在我国的发展进程及现状

我国已建立了四大公用数据通信网，为我国 Internet 的发展创造了条件。（1）中国公用分组交换数据通信网（ChinaPAC）。于 1993 年 9 月开通，1996 年底已覆盖全国县级以上城市和一部分发达地区的乡镇，与世界 23 个国家和地区的 44 个数据网互联。（2）中国公用数字数据网（ChinaDDN）。于 1994 年开通，

1996年底覆盖到3 000个县级以上的城市和乡镇。（3）中国公用帧中继网（ChinaFRN）。已在我国的8大区的省会城市设立了节点，向社会提供高速数据和多媒体通信。（4）中国公用计算机互联网（ChinaNet）。于1995年与Internet互联，物理节点覆盖30个省（市、自治区）的200多个城市，业务范围覆盖所有电话通达的地区。

互联网在中国的发展历程分为三个阶段：（1）1986年6月至1993年3月，是研究试验阶段（E_ mail Only）。此时，中国一些科研部门和高等院校开始研究Internet联网技术，并开展了科研课题和科技合作工作。这个阶段的网络应用仅限于小范围内的电子邮件服务，而且仅为少数高等院校、研究机构提供电子邮件服务。（2）1994年4月至1996年，是起步阶段（Full Function Connection）。1994年4月，中关村地区教育与科研示范网络工程进入互联网，实现和Internet的TCP/IP连接，从而开通了Internet全功能服务。从此中国被国际上正式承认为有互联网的国家。1996年中国的ChinaNet开通，向全社会提供商业化服务，这标志着中国互联网的应用开始从科技的圈子向外延伸，扩大到全社会。（3）从1997年至今，是快速增长阶段。2000年我国的一批互联网企业开始崭露头角，不仅有了服务对象而且开始在国外上市，标志着中国互联网正式进入商用轨道；2004年三大门户网站宣布盈利，标志中国互联网的商用已经步入高潮期，并一直延续到现在。随着百度、阿里巴巴、腾讯等互联网企业一波又一波地崛起，我们的互联网应用和电子商务也逐渐红火起来，尤其2008年更是中国互联网发展史上的一个里程碑。

随着电信、电视、计算机“三网融合”趋势的加强，未来的互联网将是一个真正的多网合一、多业务综合平台和智能化的平台，未来的互联网是移动+IP+广播多媒体的网络世界，它能融合现今所有的通信业务，并能推动新业务的迅猛发展，给整个信息技术产业带来一场革命。

3. 互联网带来的机遇与挑战

互联网给全世界带来了非同寻常的机遇。人类经历了农业社会、工业社会，当前正在迈进信息社会。信息作为继材料、能源之后的又一重要战略资源，它的有效开发和充分利用，已经成为社会和经济发展的重要推动力和取得经济发展的重要生产要素，它正在改变着人们的生产方式、工作方式、生活方式和学习方式。首先，网络缩短了时空距离，大大加快了信息的传递，使得社会的各种资源得以共享。其次，网络创造出了更多的机会，可以有效地提高传统产业的生产效率，有力地拉动消费需求，从而促进经济增长，推动生产力进步。第三，网络也为各个层次的文化交流提供了良好的平台。互联网的确创造了一个奇迹，但在奇迹背后，存在着日益突出的问题，给人们提出了极大的挑战。比如，信息贫富差距开始扩大，财富分配出现不平等；网络的开放性和全球化，促进了人类知识的共享和经济的全球化，但也使得网络安全和信息安全成为非常严峻的问题；网络的竞争已成为国家间和企业间高技术的竞争和人才的竞争；网络带来信息的全球性流通，也加剧了文化渗透，各国都在为捍卫自己的网络文化而努力。中国拥有悠久的文化，如何使得这种厚重的文化在网络上得以延伸，这个问题显得尤其突出。

二、网络安全的法律途径①

增强计算机网络系统安全性的方法除了提高计算机的安全防范技术性能之外，另一个有效的方法就是应用法律补救措施。但这存在两个障碍。一是在于认定一个行为不合法，并不意味着排除了该行为，所做的只是提供了一个法律依靠而已；二是在于网络的国际特性也就意味着要获得追索权通常是很困难的。在一个国家中不合法，但在另一个国家却可能是合法的。最终，通过法律途径来增强网络安全性是一个国际性的问题，所以必须由国际法律机构来处理。一个潜在的机构就是位于海牙的国际法庭。

以美国为例，我们必须承认，法律措施解决冲突还是有很大的影响力的，法律步骤也是比较合适的。如恶意软件的繁殖问题，在美国是由《计算机欺诈和滥用法》（Computer Fraud and Abuse Act）提出的，该法案于1984年首次通过，做过几次修改。通过这个法案，涉及蠕虫和病毒的制造的大多数案例都已经被起诉。这个法案需要证据证明被告有意引起一段程序或数据的传播，而这个程序或数据具有明显的破坏意图。此外，该法案还包括涉及信息盗窃的案例。这个法案规定，通过非授权的方式访问计算机并获取任何有价值的信息的行为，视为不合法。法院已经就“任何有价值的”赋予了广泛的解释，所以《计算机欺诈和滥用法》已经不仅仅适用于信息盗窃的情况。例如，法院规定，仅仅是使用了计算机就可以算作是“任何有价值的”。

再如，隐私权是另一个也许最富有争议的网络问题。美国于1986年制定了《电子通信隐私法案》（Electronic Communication Privacy Act，ECPA），起初是为控

① ［美］J. Glenn Brookshear. 计算机科学概论，人民邮电出版社，2007年，第123~124页。

制搭线监听而设立的。该法案确认了个人秘密通信权利。因特网服务提供商泄露有关其客户的通信信息是非法的，并且，非授权用户偷听他人的通信也是非法的。

★ 典型案例：我国破获的国内首例制作计算机病毒案——“熊猫烧香”案

案情概要：2007 年元月，湖北省仙桃市龙华山派出所民警在办理第二代身份证时，发现办理第二代身份证所用的计算机中毒，出现蓝屏、频繁重启，以及系统硬盘中数据文件被破坏、GHO 文件被删除等现象，而且被感染的用户系统中所有的. exe 可执行文件，全部被改成熊猫举着三炷香的模样，即使杀了毒，随后也会恢复中毒状态。紧接着，仙桃市公安局部分办公计算机也因中了“熊猫烧香”病毒而瘫痪。与此同时，仙桃市公安局网监大队接到仙桃市江汉热线信息中心报案称，该网站的中心服务器大面积中了“熊猫烧香”病毒。这引起了仙桃市公安局网监部门高度重视。有关数据显示，自 2006 年 12 月以来，被“熊猫烧香”病毒感染中毒的电脑有 50 万台以上，数百万网民深受其害。警方发现，《瑞星 2006 安全报告》《2006 年度中国大陆地区电脑病毒疫情和互联网安全报告》将“熊猫烧香”列为 10 大病毒之首，成为“毒王”。

2007 年 1 月 22 日，仙桃市公安局网监大队将此案向公安局长余平辉、政委李培刚及副局长叶铁官汇报。1 月 24 日，仙桃市公安局正式立案侦查，定名为“1·22”案件。立案后，市网监部门上网搜寻相关资料，对“熊猫烧香”计算机病毒进行分析、调查，将“武汉男孩”列为重大犯罪嫌疑人，开展针对性的调查。2007 年 1 月 31 日，在湖北省公安厅网监总队的指挥协调下，成立了“1·22”专案组。

2007 年 2 月 1 日，专案组通过调查走访，查明“武汉男孩”与另两人共同租住在武汉市洪山区。侦察员在武汉佯装购买杀毒软件，钓出了“武汉男孩”。“武汉男孩”叫李俊，男，25 岁，武汉市新洲区阳逻镇人，对电脑比较精通。2 月 3 日晚 8 时 40 分，守候在出租屋内的仙桃网监大队民警，将回到出租屋取东西的李俊抓获，并对出租屋进行了勘验。经突审，李俊交代，“熊猫烧香”病毒系他所写，病毒源代码在他与雷磊（男，25 岁，武汉新洲区阳逻镇长山村人，系李俊的同学）居住的某宾馆房间的硬盘内，并承认有一份源代码给了雷磊。民警立即出击，将准备外逃的雷磊抓获，并提取了笔记本电脑、硬盘等物品。国家计算机病毒应急处理中心对提取的源码进行鉴定，认定该源码为“熊猫烧香”病毒源码。早在2006年9月，李俊在武汉某电脑学校学习软件开发时，就开始制作“熊猫烧香”病毒。10月，李俊毕业后，在武汉市洪山区租了一单间房屋，潜心制作“熊猫烧香”病毒，在写作过程中，不断与雷磊交流写作进度。11月，李俊将“熊猫烧香”病毒写完，通过QQ群发布出售“熊猫烧香”病毒的消息，先后在网上以每个病毒500～1 000元的价格出售约20套。从2007年2月3日至10日，仙桃公安局网监大队先后在湖北、山东、浙江等地抓获了涉案的6名主要犯罪嫌疑人。经审讯，李俊为“熊猫烧香”病毒制作者，其他5人为销售传播者，其目的就是好玩、赚钱。

2007年9月24日，湖北省仙桃市人民法院公开开庭审理了备受社会各界广泛关注的被告人李俊、王磊、张顺、雷磊四人破坏计算机信息系统罪一案。并当庭作出判决：被告人李俊犯破坏计算机信息系统罪，判处有期徒刑四年；被告人王磊犯破坏计算机信息系统罪，判处有期徒刑两年零六个月；被告人张顺犯破坏计算机信息系统罪，判处有期徒刑两年；被告人雷磊犯破坏计算机信息系统罪，判处有期徒刑一年。

◆被告人李俊致网友的一封信

各位网友：

你们好！我是“熊猫烧香”第一版作者。

我真的没有想到“熊猫烧香”在短短的两个月竟然疯狂感染到这个地步，真的是我不对，或许真的是我低估了网络的力量，它的散播速度是我想不到的！对于所有中毒的网友、企业来说，可能是一个很大的打击，我对此表示深深的歉意！很对不起！

我要解释一些事情，有人说“熊猫烧香”的图标是我在诋毁大熊猫！这里我要解释一下，这是绝对没有的事情，完全是出于这个图片比较让我个人喜欢，才会用的！

还有关于变种，我写这个的初衷也是这个，纯粹是为了编程研究，对于出了这么多变种，我是根本想不到的，这个责任也不应全由我负！还有人说熊猫病毒写出来是商业目的！这个完全是无稽之谈。我在这里承诺，本人绝对没有更新过任何变种！

还有人说我是个心理变态，我在前面已经说了，感染的速度，变种的数量是我所料想不到的。还有，我写这个病毒的初衷完全是为了编程研究，对于这个评论，我也就不多说什么了！

这是我写的一个专杀程序，肯定是比不上专业级的杀毒软件了，但是我想这是我最后能给大家做的事情了。

熊猫走了，是结束吗？不是的，网络永远没有安全的时候，或许在不久，会有很多更厉害的病毒出来！所以我在这里提醒大家，提高网络安全意识，并不是你应该注意的，而是你必须懂得和去做的一些事情！

再一次表示深深的歉意，同时我发出这个专杀，愿能给大家带来帮助！

"熊猫烧香"的作者

2007 年 2 月 9 日于仙桃市第一看守所

★ 问题与思考

一、什么是计算机网络犯罪？犯罪现状及特点如何？

二、"黑手"触网犯罪的原因是什么？

三、如何防控计算机网络犯罪？

◆ 灵感闪存

☆ ......

☆ ......

☆ ......

☆ ......

☆ ......

☆ ......

★ 案例评析

一、计算机网络犯罪的概念和特点

（一）计算机网络犯罪的概念

网络犯罪是由传统的计算机犯罪概念发展而来的。有关传统计算机犯罪的概念大致可归纳为：相关说、滥用说、工具说、工具对象说和信息对象说等。

相关说认为所有涉及计算机的犯罪皆属广义计算机犯罪概念，如欧洲合作与发展组织定义计算机犯罪为：在自动数据处理过程中，任何非法的、违反职业道德的、未经批准的行为都是计算机犯罪。

滥用说将计算机的滥用而造成的损害作为计算机犯罪的定义。

工具说注重计算机本身在计算机犯罪中的地位和作用，计算机作为犯罪工具或者作为犯罪对象出现。我国台湾地区多认为“凡犯罪行为系透过电脑之使用或对电脑本身所造成之损害皆属之”或“与电脑有关的犯罪行为”（computer related crime）。还有学者认为计算机犯罪实际上就是一种“财产罪”，认为计算机犯罪是指所有与电子数据处理有关的故意而违法的财产侵害行为。

网络犯罪来源于传统计算机犯罪，而对于网络犯罪的界定，学术界存在以下几种观点。

台湾学者冯镇宇、刘志豪将网络犯罪定义为：利用网际网络之特性为犯罪手段或犯罪工具之网络滥用行为。屈学武教授则认为：网络犯罪是指犯罪分子利用其编程、加密、解码技术或工具，以及利用互联网服务商供应、信息供应、应用服务供应等特殊地位或其他方法，在互联网上实施严重危及网络安全和人类社会秩序的行为。它包括利用互联网实施的犯罪和针对互联网的网络系统实施的犯罪。① 也有学者认为网络犯罪是一种犯罪新形态，认为网络犯罪是以网络空间为犯罪工具或犯罪对象，实施危害网络信息系统安全的犯罪行为。②

总之，网络犯罪是传统犯罪在计算机网络领域的演化，是犯罪人为实现其特定利益或达到某种目的，通过利用计算机网络及其他相关手段或针对计算机网络系统而故意实施的危害他人、集体或国家利益的故意犯罪行为。

---

① 屈学武．因特网上的犯罪及遏制，《法学研究》2000 年第 4 期。

② 杨正鸣．网络犯罪研究，上海交通大学出版社，2004 年版。

（二）计算机网络犯罪的现状和特点——以北京市海淀区人民法院审理的网络犯罪案件为例

网络犯罪是随着国际互联网的迅猛发展而产生的，截至2007年的最新统计表明，中国网民总数已经超过2.53亿，居世界第一位，上网计算机超过5 000万台。计算机网络的飞速发展也带来了我国网络犯罪数量的日趋增长，我国自1986年发现首例犯罪以来，1986年我国网络犯罪发案仅9起，到2000年即剧增到2 700余起，2001年为4 545起，2002年为6 633起，2003年为11 614起，2004年案件数量已经增加到13 650起。

1. 网络犯罪绝对数量少，在犯罪总量中所占比重较低

北京市海淀区人民法院1998年以前还鲜见网络犯罪类型案件，1999年至2006年审结的此类案件分别为2件、1件、7件、18件、12件、14件、28件、33件，8年来共审结网络犯罪115件，仅占审结案件总数的5.84‰。可见，网络犯罪绝对数量少、比重低，说明我国网络犯罪还处于初级发展阶段。但不容忽视的是，随着网络的普及，网络犯罪呈现快速上升态势。

2. 网络犯罪人的自然情况表现出女性犯罪突出，文化程度高，且主要集中在大学以上学历

2006年海淀区人民法院审结的犯罪人的学历程度主要集中在初中，初中以下学历占72.8%。而189名网络犯罪人的学历程度主要集中在大专以上，占到近40%。

3. 网络犯罪类型相对集中

八年来海淀区人民法院审结的网络犯罪共涉及20个罪名，主要集中在两个罪名，一个是利用邪教组织破坏法律实施罪，另一个是盗窃罪，另外，诈骗类和淫秽类犯罪也较为突出。根据互联网在网络犯罪中所扮演的角色不同，可将网络犯罪分为五类：侵害网络信息系统的犯罪、侵害网络信息的犯罪、以网络作为犯罪场所的犯罪、网络被作为中介利用的犯罪、利用网络资源进行的犯罪。五大类网络犯罪类型的严重程度不一。侵害网络信息系统的犯罪类型仅有一件，侵害网络信息的犯罪数量也较少。数量最多的犯罪类型依次为以互联网作为犯罪场所的犯罪、网络被作为中介作用的犯罪、利用网络资源进行的犯罪。

（1）侵害网络信息系统的犯罪。以网络信息系统为对象进行侵害的犯罪类型，又被一些学者称为纯正的网络犯罪，如我国刑法第二百八十五条和第二百八十六条规定的侵入计算机信息系统罪、破坏计算机信息系统罪等。至今海淀法院仅认定一起侵害网络信息系统的犯罪，即萧军滥用职权案，萧军作为系统管理

员，滥用职权，对金网系统进行种种违规操作，给整个系统造成重大损失。

（2）侵害网络信息的犯罪。海淀法院审结的侵害网络信息的犯罪有23件29人，其特点之一为犯罪种类单一。侵害广域网络信息的犯罪类型几乎全部集中在盗窃犯罪上，而侵害局域网络信息犯罪则集中在职务犯罪上。特点之二为犯罪形式单一。侵害广域网络信息的犯罪基本表现为盗用他人上网账号和密码这一种行为方式，而侵害局域网络信息的犯罪则表现为行为人利用自己的网络管理权限，更改系统信息以实现犯罪目的。

侵害广域网络信息的犯罪，多数是与黑客软件有关的侵害网络信息的犯罪，表现为有的犯罪人直接从网上获取黑客软件，利用黑客软件进入他人的计算机信息系统，盗取他人的上网账号和密码或网络游戏充值卡，供自己使用以及有偿或无偿地提供给周围人群使用，或进一步用于诈骗等其他犯罪活动。有的犯罪人利用他人提供的通过黑客软件盗取的上网账号和密码，进行盗用活动。

侵害局域网信息的犯罪特点表现为：犯罪类型表现为与职务关系密不可分，有贪污犯罪、职务侵占犯罪、玩忽职守犯罪，犯罪人的职务包括处长、职员和科员。这是由局域网仅限于单位内部使用，且依职权不同享有不同使用权限等特点决定的。

（3）以互联网作为犯罪场所的网络犯罪。该类犯罪不仅侵犯了虚拟的网络信息，而且在互联网上完成所有的犯罪行为便达到了犯罪目的，或在互联网上完成主要的犯罪行为，再辅之现实世界中的一些手段行为，即达到了犯罪目的。海淀法院审结的此类犯罪共有35件54人，其特点表现为：犯罪类型多样化，此类犯罪共涉及诈骗、诽谤、传播淫秽物品、盗窃、利用邪教组织破坏法律实施、赌博、复制、贩卖淫秽物品牟利、非法经营等11个罪名；行为方式既有未经许可设立网站从事经营活动，又有在互联网上设立网页或网站发布淫秽宣传品、进行非法传销或实施诈骗等犯罪行为，也有在互联网坐庄赌博，或利用网上电子商务交易程序设计漏洞进行诈骗或盗窃等，传播淫秽物品犯罪行为、赌博类犯罪较为突出，诈骗犯罪较为严重，已经初步出现了电子商务诈骗的雏形。

（4）网络被作为中介利用的犯罪。此类犯罪的部分犯罪行为利用了互联网空间，而主要犯罪活动发生在现实世界，网络更多地被作为中介利用。表现形式为在网上发布了虚假租赁信息，而在现实世界中骗取了他人的钱财。海淀法院审结的此类犯罪共计33件65人，其特点表现为：犯罪涉及罪名广泛、形式单一，技术水平要求不高，此类犯罪共涉及11个罪名，基本是犯罪人通过网上聊天或在网上发布信息后在现实中实施犯罪。涉及卖淫类案件较多；犯罪人学历较低，有 43 人是初中以下学历，占 2/3 以上；犯罪人社会地位较低，多数为无业人员或农民。在一定程度上反映出，随着计算机和互联网基本知识的普及，更多的人利用仅有的网络知识通过网络这一平台实施传统犯罪。

（5）利用网络资源进行的犯罪。此类犯罪集中表现为下载网上资源进行犯罪，比较突出的是法轮功人员下载法轮功网站上的内容后进行传播。海淀法院审结的此类犯罪共有 25 件 47 人，其特点表现为：均为利用互联网上的有害资源进行犯罪。互联网上有无限丰富的资源，有的有利于社会，有的则对社会有害，犯罪分子更多地表现为利用有害资源进一步危害社会，海淀法院审结此类案件均表现为下载有害资源危害社会的犯罪。

公安部公共信息网络安全监察局副局长顾建国曾指出：目前的网络犯罪有两个显著的特点：传统领域犯罪逐步向互联网渗透，计算机病毒和黑客的攻击对信息网络的破坏日益严重。同时，他还指出了中国网络犯罪中五个值得注意的动向，第一，利用计算机制作、复制传播色情、淫秽物品的案件十分突出；第二，网上诈骗、网上敲诈勒索、利用网络非法传销的案件增多；第三，危害计算机信息网络安全的案件增幅较大，2001 年中国警方共查处此类犯罪案件 600 余起，和 2000 年相比增幅高达 58%；第四，侵犯公民人身权利和民主权利的案件也在增长，2001 年中国警方共立案查处此类案件 186 起，其中刑事案件 11 起，违法案件 175 起，比 2000 年增长 3 倍多；第五，利用互联网危害国家安全的案件持续上升。这类案件主要有法轮功邪教组织及其顽固分子、民族分裂分子等利用互联网进行宣传、煽动等非法活动。

二、计算机网络犯罪的成因

（一）社会的失范状态是网络犯罪的重要因素

网络科技的高难度和网络环境的虚拟性，为网络规范的制定增加了难度。社会规范的完善和法律规范的制定可以说是永远落后于现实需要的，网络的发展与相关规范的制定过程更是如此。互联网毕竟是一门理工技术，而制定规范的却往往是法学家等文科学者。要想规范制定得科学、合理，就必须要求网络技术人员与法学家们有良好的配合，但是计算机网络的高科技性、虚拟性的特点，无疑为这种相互理解和交流增加了难度。

（二）低成本、低风险、高收益，极大地诱发了网络犯罪

从犯罪经济学的角度看，网络犯罪是典型的成本低、风险小而收益大的犯罪形式。一起网络犯罪案，犯罪分子投入最多的也许就是智慧了，也许他们还须拥

有一台计算机，也许只须花去几元钱在网吧泡上几小时就够了。因而它的投入是非常低的。由于网络犯罪隐蔽性极强，法律规范不全，证据的收集和判断困难，使他们极易逃避司法追究。这使得它的风险是非常小的。同时，不管是达到目的的成功感还是巨额的财富，网络犯罪的利润都是极高的。

例如海淀法院审结的被告人朱仁普盗窃案，朱仁普于 2003 年 12 月 18 日侵入北京华奥创业科贸有限公司网站的网络销售系统，并取得超级管理员权限，盗取总价值人民币 175 367.55 元的网络游戏充值卡，后以“祈祷至爱”的网名通过他人进行销售。朱仁普的犯罪成本就是上网费用和设立一个银行账号，而得到的是 17 万余元的充值卡。

（三）计算机网络自身的脆弱，为犯罪提供了条件和环境

计算机软件系统具有开放性，攻击者可以很容易地把体现自己意志的攻击程序置入系统软件或应用软件中，从而达到攻击目的。计算机中处理和存储的数据都是由输入设备输入系统的，数据易被篡改或输入虚假数据。经处理后的数据可通过各种输出设备输出，信息可能被泄漏或被截取。

海淀法院审结的大量盗用上网账号或游戏充值卡的案件中，大部分犯罪人都是使用从网上下载的“木马”等黑客程序，在网上搜索 IP 段的计算机信息，并侵入该计算机系统，从而很轻易地盗取上网账号和密码的。

三、防控计算机网络犯罪的有效途径

（一）制定健全的社会规范

（1）国家立法机构要适应互联网的发展，健全法律法规，特别是要重点研究计算机网络安全法律制度、证据制度、管辖权制度、金融法律制度、知识产权法律制度等这些与互联网发展密切相关的高科技、新知识领域的法律问题，并将其与刑事法律结合起来，加大犯罪化的范围和处罚力度。如新加坡广播局的业务守则禁止持有许可证的所有机构创建和接入含有不能接受的材料的站点，这些材料被分为三类：一是包括危害国家安全和使政府受辱或对政府怀有敌意的材料；二是制造种族矛盾或助长宗教偏向或秘密活动的材料；三是被查禁的色情画、引发不正当男女关系和描绘儿童恐怖一类的变态行为及同性恋材料。

我国网络犯罪的立法体系的建立还处在起步阶段，处于一种以刑法典为中心，以单行刑法、行政法规、司法解释和其他规范性文件为辅的框架中，还有待进一步充实、健全。

（2）要在互联网领域树立正确的伦理道德观。为了改变人们对网络犯罪价值评定的错误认识，许多有远见的国家不仅立法对网络犯罪严管重惩，还加紧进行在高科技、新知识领域的主流文化建设，以净化社会环境，形成正确的舆论导向。现在澳洲市场上出售多种信息过滤软件，可以使家长控制孩子在信息网络上所能接触的信息种类和范围。我国政府应该大胆地引进国外的一些先进做法，富有前瞻性地做好这方面的工作。

（二）组建针对网络犯罪的专业化刑事执法机构

网络犯罪的防范要求设立专门的司法机构进行监督和执法，这对于有效打击网络犯罪维护网络秩序具有重要作用。在国际上各国政府也纷纷设立专门机构和建设网络警察队伍来防范和打击网络犯罪。如美国就于 1996 年成立了年司法部电脑犯罪防范中心（CCIPS），组建了美国联邦调查局纽约 37 刑事小组（C－37 刑事小组）专门监察和维护网络安全。我国也已建立了公安部公共信息网络安全监察局并且在地方建立了多个网络安全监察专门机构，全国约有 20 个省、市、自治区正在筹建或已建成自己的网络警察队伍。这种新的警察部队的目标之一，是进行网上搜寻，以防范和跟踪在数秒钟之内就能犯下的、几乎不留下任何痕迹的各种不良行为和犯罪活动的幽灵。政府不仅要建立专业性的侦缉队伍，而且要建立起其他相关的配套部门，如鉴定机构等。

（三）网络公司或网络使用单位要加快提高网络安全防范技术

网络公司或网络使用单位要提高自我防范能力，加快发展网络安全防范技术，政府对此应该加以引导和帮助。网络犯罪的一个重要特点是能够迅速将现代科技转为犯罪手段，因此对付这种高智能犯罪，必须以智克智。目前，许多电脑系统都设置有安全措施，建立了相应的技术规范，并根据计算机犯罪的新变化和新安全产品的问世，随时加以调整，收到了良好的防范效果。

（四）加强各部门间合作，进行综合治理

面对智能化高、运用现代科技广的网络犯罪，仅凭司法部门或网络公司自身是很难顺利完成预防、打击、遏制犯罪这一重大任务的。司法机关在侦查、审理网络犯罪时，需要有关专家协助调查取证、分析判断证据、及时进行鉴定、发表咨询性意见，以解决专业性难题。例如有很多网络犯罪分子通过计算机贪污、盗窃金融账户资金的案例。现在根据有关专家的建议，不少金融部门在计算机系统中设置了所谓的“黑匣子”，在犯罪分子全然不知的情况下，记录下其在作案过程中使用的姓名、密码、操作权限、进入和退出系统的时间、使用或修改了哪些文件和数据等等信息，从而为侦查人员揭露和证实犯罪提供了线索和证据。此外，各有关部门，特别是银行、证券公司等金融部门以及重要的信息情报部门、网络公司之间，不仅自己要做好被害预防，而且也应该做好相互配合工作。海淀法院在审判实践中发现，很多金融部门或网络公司因为担心信誉问题而回避自己被害，或拒绝与其他部门合作提供相关证据，这为打击犯罪造成了极大的阻碍。

（五）倡导国际间的交流和合作

互联网是很难区分国界的，网络犯罪已经给世界各国的经济发展和社会稳定带来巨大的冲击，各国必须联合起来共同行动。1997 年 11 月 26 日，欧盟委员会在布鲁塞尔通过一项旨在维护互联网使用安全的行动计划，要求各国加强对互联网的管理，抵制网上实施有害或非法行为，推动网络产业的健康发展。该计划已经于 1998 年开始实施，然而诸多复杂的难题还并未得到解决。如对计算机犯罪行为的认定难以形成共识；执法机构调查和进入电脑网络系统的能力不够，难于行使“查封”权力，更难接触计算机档案；各国之间缺少引渡和相互合作方案以及缺乏可协同行动的执法机关以促成国际间的合作；意识形态、政治观点的差异也存在很大的阻碍等。解决这些难题还需国际间的进一步交流与合作，我国政府应该积极投入到这些活动中去。

例如西班牙国家网络警察这支新部队与欧洲其他类似的力量、特别是美国的联邦调查局保持着密切的联系。国家警察也与法国、德国、英国、日本、加拿大和美国等其他调查信息犯罪的警察组织保持着密切的接触。目前在中国，这种跨国界涉嫌网络犯罪也有抬头之势，如不久前 spedia. com 美国的互联网广告公司涉嫌欺诈中国用户，中国的网络警察们应尽快走出国门，与全世界的官方反犯罪网络组织建立密切的联系。

★ 相关案例链接：莫里斯蠕虫病毒案件

莫里斯蠕虫的编写者是美国康乃尔大学一年级研究生罗伯特·莫里斯。这个程序只有 99 行，利用了 Unix 系统中的缺点，用 Finger 命令查联机用户名单，然后破译用户口令，用 Mail 系统复制、传播本身的源程序，再编译生成代码。最初的网络蠕虫设计目的是当网络空闲时，程序就在计算机间“游荡”而不带来任何损害。当有机器负荷过重时，该程序可以从空闲计算机“借取资源”而达到网络的负载平衡。而莫里斯蠕虫不是“借取资源”，而是“耗尽所有资源”。

莫里斯是在家里第一次接触计算机的。莫里斯的父亲曾从 NSA 带回一台原始的神秘的密码机器，成为一家人的谈资，激起了他的强烈兴趣。莫里斯自己 12 岁就编出高质量电脑程序，18 岁时，就具有在最负盛名的贝尔实验室和哈佛大学当过程序员的赫赫经历。难怪有人感叹：他的简历，简直像电脑名人录中的一样。

1988 年冬天，正在康乃尔大学攻读的莫里斯，把一个被称为“蠕虫”的电脑病毒送进了美国最大的电脑网络——互联网。1988 年 11 月 2 日下午 5 点，互联网的管理人员首次发现网络有不明入侵者。它们仿佛是网络中的超级间谍，狡猾地不断截取用户口令等网络中的“机密文件”，利用这些口令欺骗网络中的“哨兵”，长驱直入互联网中的用户电脑。入侵得手，立即反客为主，并闪电般地自我复制，抢占地盘。

用户目瞪口呆地看着这些不请自来的神秘入侵者迅速扩大战果，充斥电脑内存，使电脑莫名其妙地“死掉”，只好急如星火地向管理人员求援，哪知，他们此时四面楚歌，也只能眼睁睁地看着网络中电脑一批又一批地被病毒感染而“身亡”。1988 年 11 月 2 日晚，从美国东海岸到西海岸，互联网用户陷入一片恐慌。到 11 月 3 日清晨 5 点，当加州伯克利分校的专家找出阻止病毒蔓延的办法时，短短 12 小时内，已有 6 200 台采用 Unix 操作系统的 SUN 工作站和 VAX 小型机瘫痪或半瘫痪，不计其数的数据和资料毁于这一夜之间。造成一场损失近亿美元的空前大劫难！

当警方已侦破这一案件并认定莫里斯是闯下弥天大祸的“作者”时，纽约州法庭却迟迟难以对他定罪。在当时，对制造电脑病毒事件这类行为定罪，还是世界性的难题。前苏联在 1987 年曾发生过汽车厂的电脑人员用病毒破坏生产线的事件，法庭只能用“流氓罪”草草了事。

1990 年 5 月 5 日，纽约地方法庭根据罗伯特·莫里斯设计病毒程序，造成包括国家航空和航天局、军事基地和主要大学的计算机停止运行的重大事故，判处莫里斯三年缓刑，罚款一万美金，义务为新区服务 400 小时。莫里斯事件震惊了美国社会乃至整个世界。而比事件影响更大、更深远的是：黑客从此真正变黑，黑客伦理失去约束，黑客传统开始中断。大众对黑客的印象永远不可能回复。而且，计算机病毒从此步入主流。

★ 法条链接

◆《中华人民共和国刑法》

第二百八十五条　（非法侵入计算机信息系统罪）违反国家规定，侵入国家事务、国防建设、尖端科学技术领域的计算机信息系统的，处三年以下有期徒刑或者拘役。

第二百八十六条　（破坏计算机信息系统罪）违反国家规定，对计算机信息系统功能进行删除、修改、增加、干扰，造成计算机信息系统不能正常运行，后果严重的，处五年以下有期徒刑或者拘役；后果特别严重的，处五年以上有期徒刑。违反国家规定，对计算机信息系统中存储、处理或者传输的数据和应用程序进行删除、修改、增加的操作，后果严重的，依照前款的规定处罚。故意制作、传播计算机病毒等破坏性程序，影响计算机系统正常运行，后果严重的，依照第一款的规定处罚。

第二百八十七条　（利用计算机实施的各类犯罪）利用计算机实施金融诈骗、盗窃、贪污、挪用公款、窃取国家秘密或者其他犯罪的，依照本法有关规定定罪处罚。

◆《关于维护互联网安全的决定》（第九届全国人民代表大会常务委员会第十九次会议通过，2000 年 12 月 28 日）

《中华人民共和国计算机信息系统安全保护条例》（国务院 1994 年 2 月 18 日颁布实行）

《中华人民共和国计算机信息网络国际联网管理暂行规定》（国务院 1996 年 2 月 1 日颁布，1997 年 5 月 20 日修正）

《中华人民共和国计算机信息网络国际联网管理暂行规定实施办法》（国务院信息办 1998 年 3 月 6 日颁布）

《中华人民共和国电信条例》（国务院 2000 年 9 月 25 日颁布实施）

《互联网信息服务管理办法》（国务院 2000 年 9 月 25 日颁布实施）

《互联网站从事登载新闻业务管理暂行规定》（国务院新闻办公室、信息产业部 2000 年 11 月 7 日颁布）

《互联网电子公告服务管理规定》（信息产业部 2000 年 11 月 7 日颁布）

《互联网上网服务营业场所管理办法》（信息产业部、公安部、文化部、国家工商行政管理局 2001 年 4 月 3 日联合颁布）

《中国公用计算机互联网国际联网管理办法》（邮电部 1996 年 4 月 3 日颁布）

《中国公众多媒体通信管理办法》（邮电部1997年9月10日颁布，1997年12月1日施行）

《计算机信息网络国际联网安全保护管理办法》（国务院1997年12月11日批准，公安部1997年12月30日颁布施行）

《计算机信息网络国际联网出入口信道管理办法》（邮电部1996年4月9日颁布）

《计算机信息系统集成资质管理办法（试行）》（信息产业部信部规［1999］1047号文件）

《最高人民法院关于审理扰乱电信市场管理秩序案件具体应用法律若干问题的解释》（2000年4月28日最高人民法院审判委员会第1113次会议通过）

《最高人民法院关于审理涉及计算机网络著作权纠纷案件适用法律若干问题的解释》（2000年11月22日最高人民法院审判委员会第1144次会议通过）

★ 请你断案：3男子盗窃23亿个网络游戏金币案

案情简介：3名男子在网上窃取700余个游戏账户资料，并将23亿个游戏金币转走，随后低价销售获利人民币14万元。

2006年9月，代某在计算机互联网游戏中发现一个游戏中心系统存在网络安全漏洞，于是他试探着通过互联网利用木马病毒等方法非法侵入该系统，盗取约700余个客户的游戏账户资料，并通过测试确定该系统中的“在线转账”功能可将上述账号内的游戏金币（游戏积分）转移到其指定的其他游戏账户内。得手后，他又召集了好友张某和黄某，3人经合谋，决定将盗来的游戏中心系统客户账户内的游戏金币卖掉牟利。代某先是通过互联网将其盗取的700余个账户资料分批发送给被告人张某和黄某。这两人则紧接着通过代理IP地址及从代某那里接收到的客户账户资料登陆游戏系统，将上述700余个账户内共计约23亿个游戏金币转移到预先准备好的其他游戏账户内。最后一步，两人通过互联网将游戏金币低价销售获取现金，共获利人民币14万元。其中，代某分得人民币7万元，张某和黄某各分得人民币3.5万元。

请判断法院将如何裁决？

★ 参考答案

深圳市福田区人民法院经审理认为，三人无视国家法律，对计算机信息系统中储存的数据和应用程序进行删除、修改、增加，后果严重，其行为均已构成破坏计算机信息系统罪，遂依法以破坏计算机信息系统罪分别判处三人有期徒刑1~2年。宣判后，三被告人均表示服判。

第十讲　中国金融犯罪问题：任成建案

★ 法理链接

一、什么是金融

所谓“金”即金子，“融”即融通，金融即指“金子的融会贯通”。古今中外，黄金，因其不可毁灭性、高度可塑性、相对稀缺性、无限可分性、同质性及色泽明亮等特性特点，成为经济价值最理想的代表、储存物、稳定器和交换媒介之一，并因此成为世人喜爱和追逐的对象。黄金曾一度成为国际贸易中唯一的媒介。在易货经济时代，商人只能进行对口的交易，以物易物，因此，人类的经济活动受到巨大制约。在金本位经济时代，价值与财富以实物资产——黄金为依据和标准，这种客观的物理方法非常有利于全球经济的平稳发展。然而，作为价值流通的载体，黄金不利的一面如搬运、携带、转换等不便的物理条件限制，使它又让位于更为灵活的纸币（货币）。如今，货币经济不仅早已取代了原始的易货经济，而且覆盖了金本位经济。货币经济在给人类带来空前经济自由的同时，也给人类带来了诸多麻烦和问题，如世界贸易不平衡、价值不统一、通货膨胀、货币贬值、经济发展大起大落等。

脱离金本位的初衷是想实现经济自由和稳定发展，然而，今天却适得其反。在货币多样化的今天，现代金融中的含“金”量越来越少，但其内涵、作用及风险却越来越广，越来越大，并已渗透到社会的每个角落和每个人的生活中。

综上所述，金融是货币流通和信用活动以及与之相联系的经济活动的总称，广义的金融泛指一切与信用货币的发行、保管、兑换、结算、融通有关的经济活动，甚至包括金银的买卖，狭义的金融专指信用货币的融通。

金融的内容可概括为货币的发行与回笼，存款的吸收与付出，贷款的发放与回收，金银、外汇的买卖，有价证券的发行与转让，保险、信托、国内、国际的货币结算等。从事金融活动的机构主要有银行、信托投资公司、保险公司、证券公司，还有信用合作社、财务公司、投资信托公司、金融租赁公司以及证券、金银、外汇交易所等。

二、我国金融体系的演变[①]

（一）高度集中的金融机构体系

1953年我国开始大规模有计划地发展国民经济，按照前苏联模式实行高度集中的计划管理体制和相应的管理办法。改造了金融机构体系，建立起高度集中的国家银行体系。中国人民银行以外的金融机构尽管存在，但其影响甚微。中国人民银行承担所有的金融业务。

（二）1979年以来的中国金融机构体系的改革

1. 恢复和建立专业银行，并在此基础上将其改革、转制成国有商业银行

1979年中国农业银行和中国银行恢复。中国人民建设银行也从财政部分设出来，并于1983年明确为全国性的金融经济组织，除仍执行拨款任务外，可大量开展一般银行任务。1984年1月成立中国工商银行，承办原中国人民银行办理的工商信贷业务。为推进专业银行向国有银行转变，1994年先后成立三家政策性银行。

2. 建立了中央银行体制

随着“大一统”的金融体制向多类型、多层次的格局演变，金融机构不断增多，金融竞争不断加剧，金融监管和宏观调控的重要性日益显著，1983年9月国务院决定：中国人民银行专门行使中央银行职能，其原来承办的工商信贷业务和城镇储蓄业务移交新成立的中国工商银行办理。

3. 在国有商业银行之后，组建了其他商业银行

1987年交通银行重新组建，随后陆续成立了10余家股份制商业银行。这对加强金融业的合理竞争，促进银行业的经营管理，支持经济均衡发展起了巨大作用。

4. 组建政策性银行

1994年，为推进专业银行向商业银行转变，更好地支持经济发展，经国务院批准，国家开发银行、中国进出口银行和中国农业发展银行三家政策性银行成立。此外在20多年的金融改革中，还成立了信托投资公司、保险公司、证券公司、财务公司、信用社等非银行金融机构，还引进了外国银行、保险公司等金融机构。

---

① 朱新蓉. 金融学，中国金融出版社，2005年，第91页。

三、我国现行的金融机构体系[1]

我国现行的金融机构体系，按其功能和地位可分为四大类。

（一）中央银行和金融监管机构，即中国人民银行、中国银行业监督管理委员会、中国证券监督管理委员会、中国保险监督委员会

1. 中国人民银行

1948年成立。1983年9月，国务院决定中国人民银行专门行使中央银行职能。1995年3月18日，第八届全国人大第三次会议通过了《中华人民共和国中国人民银行法》，中国人民银行作为中央银行以法律的形式被确定下来。

2. 中国银行业监督管理委员会

简称中国银监会，是对中国银行业金融机构及其业务活动进行监督管理的机构，为国务院直属事业单位。为更好地使中国人民银行履行制定和执行货币政策的职能，同时也为了加强对银行业的监督和管理，2003年，根据第十届全国人民代表大会第一次会议批准的国务院机构改革方案和《国务院关于机构设置的通知》，成立中国银监会。自2003年4月28日起，正式履行职责。2003年12月27日，全国人民代表大会常务委员会第六次会议通过了《中华人民共和国银行业监督管理法》。

3. 中国证券监督管理委员会

简称中国证监会，是对中国证券市场进行集中统一监督管理的机构，为国务院直属事业单位。1990年初，上海证券交易所和深圳证券交易所成立后，证券市场的监督管理工作也提到相应的议事日程，1992年成立了国务院证券委员会和中国证券监督管理委员会。1997年11月中央全国金融工作会议决定撤销国务院证券委员会，将其职能移交中国证监会，同时还将中国人民银行的证券市场的监督管理职能也移交给中国证监会。

4. 中国保险监督委员会

简称中国保监会，是全国商业保险的主管部门，国务院直属事业单位，1998年11月18日设立。主要职责是：依法对全国保险市场实行集中统一的监督管理，依法对保险机构业务及其从业人员的违法、违规行为以及非保险机构经营保险业务或变相经营保险业务进行调查、处罚等。

---

① 朱新蓉. 金融学，中国金融出版社，2005年，第92－94页。

（二）银行：包括商业银行和政策性银行

商业银行是我国金融机构体系的主体，主要由国有商业银行和股份制商业银行构成。从组织形式上，我国商业银行实行的是分支行制。商业银行从事以下业务：吸收公众存款，发放贷款；办理国内外结算、票据贴现，发行金融债券；代理发行、兑付、承销政策债券，买卖政府债券；从事同业拆借；买卖、代理买卖外汇，提供信用证服务及担保，代理收付款及代理保险业务等。不得从事政府债券以外的证券业务和非银行金融业务。

1. 国有商业银行

由国家专业银行演变而来，包括中国工商银行、中国农业银行、中国银行、中国建设银行，是金融机构体系的主体。近年来，其业务逐步向大中城市集中，主要服务于国有大中型企业和大型建设项目。2004 年，中国银行股份有限公司、中国建设银行股份有限公司成立，2007 年 10 月 28 日，中国工商银行股份有限公司成立。

2. 股份制商业银行

1987 年 4 月，交通银行重组为股份制商业银行。随后，又成立了深圳发展银行、中信实业银行、中国光大银行、华夏银行、中国投资银行（1999 年并入国家开发银行和中国光大银行）、招商银行、广东发展银行、福建兴业银行、上海浦东发展银行、中国民生银行等股份制商业银行。其共同特点是：初步建立了自主经营、自负盈亏、自担风险、自求平衡、自我约束、自我发展的经营机制；产权关系较明确，实行董事会领导下的行长负责制；依照国际通行规则和市场原则，开展各项银行业务，进行自身经营管理。

3. 城市商业银行和农村商业银行

城市商业银行实际上也是股份制商业银行，属于《中华人民共和国商业银行法》的规范范围。它是在对城市信用社清产核资的基础上，通过吸收地方财政、企业入股组建而成的。我国原有约五千家城市信用社，有相当多的已失去合作性质，实际上已办成小的商业银行。为规避风险，形成规模，1995 年国务院决定在城市信用社的基础上组建城市商业银行，其经营职责是发展地方经济，为中小企业发展服务。2001 年 11 月，江苏省成立张家港市、常熟市、江阴市 3 家农村商业银行，这是在农村信用合作社的基础上改制组建的股份制商业银行，标志着一种新的农村金融机构的诞生。

4．政策性银行

是由政策投资设立的以贯彻国家产业政策、区域发展政策为目的，不以营利为目标的金融机构。1994 年后成立三家：国家开发银行、中国进出口银行、中国农业发展银行。

（三）非银行金融机构

主要包括国有以及股份制的保险公司、城市信用合作社、信托投资公司、证券公司、企业集团财务公司、金融租赁公司、投资基金机构及其他非银行金融机构。

（四）在境内开办的外资、侨资、中外合资金融机构

包括外资、侨资、中外合资的银行、财务公司、保险机构等在我国境内设立的业务分支机构及驻华代表处。

四、中国金融监管的简要回顾①

十一届三中全会后，我国在对外开放、对内改革的过程中，金融监管的性质和内容都发生了重大变化。1980 年，为避免利用外资战略实施过程中的风险，国务院发布了《中华人民共和国外汇管理暂行条例》，首开外汇监管先河。随后，外汇管理局公布了外汇、贵金属、外汇票证等方面的监管细则。但这些管理措施并未涉及银行体系的监管，直到 1984 年中国人民银行专门行使中央银行职能，成为真正意义上的中央银行，对专业银行进行金融监管才成为必要。1984 年 10 月 17 日，我国颁布了首部现代意义上的金融监管法规——《中国人民银行关于金融机构设置或撤并管理的暂行规定》，初步规定了金融机构的市场准入和市场退出的法律准则。1995 年公布了《中华人民共和国中国人民银行法》首次在立法中确认中央银行的金融监管职能，对银行以及信托、证券、保险、典当等非银行金融机构进行综合性监管，其主要内容是对市场准入、经营流程等方面进行合规性监管，不涉及风险监管。

亚洲金融危机后，防范和化解金融风险成为中国人民银行的中心任务。针对四大国有商业银行资本充足率水平低和巨额不良资产问题，1998 年发行了2 700 亿元专项国债补充资本金，随后又成立了四大资产管理公司处理其不良资产。同时，加大对金融机构稽查工作的力度。在中国人民银行监管力度加大和商业银行深化改革的基础上，我国的不良贷款攻坚战取得了巨大胜利。

---

① 朱新蓉．金融学，中国金融出版社，2005 年，第 488 ~ 490 页。

针对证券、保险等非银行金融机构存在的风险，1998 年专门设立中国保监会，至此，中国人民银行、中国保监会与 1992 年成立的中国证监会共同行使金融监管职能。为了理顺中央银行金融监管职能与货币政策职能之间的关系，2003 年成立的中国银监会正式对银行机构专施监管职能。这样，形成了中国银监会、中国证监会、中国保监会“三驾马车”式的金融监管体制，为保障我国金融业的健康运行提供了基础。

五、中国金融监管体系构建的新选择

我国现行的“三驾马车”的金融监督管理框架基本适应了分业经营的现状，有助于金融体系的安全与稳定。但是，在混业经营潮流已形成《统一资本计量和资本标准的国际协议：修订框架》（2004 年 6 月出台，2006 年底实施，突出特点是强调市场约束作用）已然推出“三大天条”并即将全面推行的新形势下，要进行有效的金融监管，就有必要对我国金融监管体系进行创新，努力构建一个涵盖社会监管、金融机构内部监控、社会外部监督及国际合作监管的立体的、多层次的金融监管体系。

（一）政府监管层次

中国银监会、中国证监会、中国保监会构成政府监管的主体，三者分别执行其对银行、证券、保险领域金融活动的监管职能，这是有效监管体系的核心。重点在于三大机构切实转变监管理念，提高金融监管水平。难点在于三大监管机构既要合理分工，明确责任，防止重复监管和监管真空，又要加强协调与合作，克服三大监管当局由于事权被条块分割导致的工作中沟通不畅的弊端。

（二）金融机构内部监控层次

在增强政府外部监管的同时，加强金融机构内部监管与控制机制，这是有效监管体系的内在基础。金融监管内部监控机制主要包括决策管理机制、职责管理机制、授权与审批制约机制、内部审计机制、人事管理机制。

（三）社会监督层次

1. 权威、公正的社会审计和评估机构使监管外部化，增进监管的有效程度

目前我国已有的审计事务所、会计事务所、专门的资信评估机构均可参与对金融机构的外部监督。一是要通过上述市场性监管机构对金融机构的财务收支和经营效益进行审计与评估，保证其合法性；二是监管机构可以要求金融机构聘请独立性强、信誉好、质量高的会计事务所或审计事务所对其进行常年审计，既可

以弥补单一的行业监管稽核的不足，又可以节约政府监管成本。

2. 社会公众（主要包括股东、债权人和舆论）的监督可以体现市场约束力量，能促使金融机构主动控制自己的风险扩张行为

《新资本协议》指出市场纪律，即社会公众的监督力量可以迫使银行自动抑制自己的风险行为，保持银行体系的稳健，但其前提是有效而公开的信息披露。因此，需要建立金融机构财务信息披露制度，对不同性质的机构分别设立完整、统一的金融信息标准和披露原则，要求金融机构将标准化信息按照规定的渠道、频率和方式，定期、有规律地进行披露，增强金融机构经营的透明度。

3. 致力于建立金融同业公会

金融同业公会在法国、卢森堡、荷兰、比利时以及我国香港地区等都取得了良好的社会效应，我国完善同业公会自律机制更为必要，可以借助同业自律来补救现有法定监管的不力，促进法定监管主体改进和完善监管，制约和防范法定监管主体的权力滥用。

（四）国际合作层次

随着金融自由化和全球化的发展，金融风险在国家之间相互转移、扩散的趋势不断增强，金融监管的国际合作和协调已显得越来越重要，全球性统一监管势在必行。

金融监管国际化和国际合作所要求的统一监管标准和方法，将越来越多地遭遇到各国金融监管的制度环境和开始条件不同与金融监管趋同之间的矛盾，我国也不例外。在有效金融监管体系的构建过程中，应当积极参与国际金融监管的合作与协调，按照国际标准规范各种金融机构的财务、统计、审计报告制度，与海外监管机构交换信息，完善风险预警系统。还要注意研究国际化金融市场的特点和运动规律，探求针对金融业务国际化、机构国际化、金融风险国际化的监管手段、方法等。

★ 典型案例：河南省建国以来最大的金融诈骗案：任成建案

案情概要：1997 年 1 月 29 日，河南三仁企业集团有限公司派人持一面额为 2 500 万元的定期存款单到中国农业银行河南省商丘地区分行营业部进行抵押贷款，要求贷款 2 000 万元。营业部主任张某经对这张由中国银行荥阳市支行出具的存款单的真伪进行查询时发现，这张面额为 2 500 万元的存款单竟然是假的！张某立即将这一情况汇报给中国银

行河南省分行。中国银行河南省分行及郑州市分行迅速派人赴荥阳市调查。当时，荥阳支行由副行长陈健民主持工作。经初步调查，陈健民涉嫌伙同三仁集团董事长兼总经理任成建采用将定期存款单的客户联与底账联分别填写（客户联金额大，底账联金额小）的手段，从金融部门和有关单位骗取了大量资金，初步估计超亿元！1997 年 1 月 31 日，郑州市公安局接报后立即立案，将其定为“1·31”特大金融诈骗案。警方迅速对相关犯罪嫌疑人采取了强制措施，依法冻结了三仁集团的所有银行账户。此案受到郑州市、河南省以及中央有关领导的高度重视。李鹏、朱镕基等中央领导及时作出批示，要求有关部门迅速查处此案，严厉打击金融犯罪。

1997 年 2 月 19 日，公安部向全国发出通缉令，通缉主犯任成建以及三仁集团副总经理程志强、蒋长青等涉案人员。

任成建原为河南荥阳市十里铺乡一农民，曾因流氓行为，被荥阳公安机关劳动教养一年、两次收容审查；20 世纪 80 年代中期，开始从事建筑包工。任成建于 1993 年 9 月虚报注册资本，骗取工商注册登记，成立新鑫合金厂，后勾结时任中国银行荥阳市支行副行长的陈健民，以高息为诱饵，盗用或假冒中国银行荥阳市支行等单位的名义，采取变造银行存款单和签订虚假存款协议、资金拆借合同并出具划款委托书等手段，有预谋地进行诈骗活动。在实施诈骗过程中，任成建又虚报注册资本，相继成立了中外合资河南省任仁冶金有限公司、河南省程建实业有限公司、河南三仁企业集团有限公司、中外合资河南省汉堡庄园娱乐饮食有限公司、三仁账务公司等，作为其实施更大规模诈骗的幌子。1994 年 11 月至 1997 年 1 月间，任成建、陈健民、蒋长青、程志强等利用变造的金融凭证诈骗 11 起，诈骗资金 9 056.4 万元；采取签订虚假存款协议、资金拆借合同、出具划款委托书等手段，诈骗作案 25 起，诈骗资金2.199 3亿余元，前后共计诈骗资金 3.099 亿余元。

任成建等人的骗术并不高明，他们屡屡得手的重要原因就是任成建等人在诈骗过程中对有关部门和人员进行贿赂，给予其“高息”及“好处”。为谋取不正当利益，任成建于 1996 年 1 月左右向郑州市公安局原副局长蒲永林（已被判刑）行贿物品价值 14.5 万余元，向《郑州晚报》社原社长毕殿岭（另案处理）行贿物品价值 27 660 元。

任成建等人共诈骗3.099亿余元，除小部分用于投资建厂、支付“高息”、“归还本金”外，绝大部分都用在行贿和挥霍浪费上，致使追赃工作成为侦破“1·31”大案的一项重要工作，而且十分困难。在案发后近一年的时间里，专案组人员马不停蹄地奔波于北京、上海、广东、吉林、福建、甘肃、四川等省市的70多个市地，追回赃款、赃物价值1.7亿余元。

1997年2月至12月，本案犯罪嫌疑人一一归案，只有主犯任成建逃往美国。专案组经过多方打探，终于在纽约找到了任成建。经了解得知，1995年至案发时，任成建多次往返美国，并花费250余万美金在美国纽约、佛罗里达州等地购买了4套别墅。1997年“1·31”大案曝光后，任成建逃到美国，成天以赌博为生，从国内带来的钱很快便挥霍一空。在经济窘迫的情况下，任成建已卖了两套别墅。当时任成建的思想很矛盾，回忆起昔日在国内纸醉金迷的日子，他倍感沦落他乡的凄凉。一方面想回国，另一方面却又担心落入法网。1998年1月和2月，专案组分两批飞往美国，针对任成建这种想回国的思想，坚持不懈地做任成建的思想工作，并让他在国内的亲属耐心规劝他回国投案自首。功夫不负有心人，任成建终于同意回国！1998年2月15日，任成建及专案组人员在洛杉矶机场乘坐中国东方航空公司的航班飞抵北京。

1999年，此案在河南省平顶山市中级人民法院进行了两次公开审理，因为案情复杂，涉案金额巨大，每次审理均达10余天之久。法院认为，任成建等人结伙犯有金融凭证诈骗、诈骗罪，数额特别巨大，致使大部分赃款赃物无法追回，给国家和人民利益造成特别重大的损失；犯有贷款诈骗罪，诈骗数额特别巨大，情节特别严重，但因意外的原因，贷款诈骗未遂，可酌情从轻处罚。被告人任成建为共同犯罪的组织者、策划者，且控制、分配所有的诈骗资金，系本案主犯，应依法严惩。被告人任成建作案后潜逃，后在亲属规劝及公安机关细致工作下投案，而后又交代了骗取资金的基本事实，符合自首的构成要件，对其从轻处罚。

2000年1月14日，平顶山市中级人民法院作出一审判决，以任成建犯金融凭证诈骗罪、诈骗罪、贷款诈骗罪（未遂）、行贿罪，判处死刑，缓期2年执行，剥夺政治权利终身，并处没收个人全部财产。对陈健民判处死刑，缓期2年执行，剥夺政治权利终身，并处没收个人全部财产。对蒋长青判处无期徒刑，剥夺政治权利终身，并处罚金70万元。对程志强判处无期徒刑，剥夺政治权利终身，并处罚金65万元。对李小楠判处有期徒刑13年，剥夺政治权利3年，并处罚金25万元。其中四人不服，提起上诉。

2000年5月28日，河南省高级人民法院对此案作出终审判决，依法驳回任成建、陈健民、蒋长青、程志强等人的上诉，维持原判。

★ 问题与思考

一、什么是金融犯罪？有哪些特点？

二、金融犯罪的原因是什么？

三、金融犯罪的防范对策有哪些？

◆ 灵感闪存

☆ ……………………………………

☆ ……………………………………

☆ ……………………………………

☆ ……………………………………

☆ ……………………………………

☆ ……………………………………

★ 案例评析

一、金融犯罪的概念及特点

（一）金融犯罪的概念

金融犯罪，是破坏金融管理秩序罪和金融诈骗罪的总称，是指自然人或者单位，破坏金融秩序，侵犯金融财产利益，依照刑法的规定应当受刑罚处罚的行为。我国金融犯罪通常指《中华人民共和国刑法》分则第三章第四节的破坏金融管理秩序罪和第五节的金融诈骗罪以及《全国人民代表大会常务委员会关于惩治骗购外汇、逃汇和非法买卖外汇犯罪的决定》中的骗购外汇罪，共34个罪名（见法条链接）。金融犯罪的犯罪客体是国家的金融秩序和金融财产利益，客观方面是实施了刑法所禁止的伪造变造货币、非法吸收公众存款等金融犯罪行为，犯罪的主体有一般主体也有特殊主体，主观方面是故意。

（二）金融犯罪的特点

随着我国改革开放的不断深入和市场经济体制的形成与发展，我国的金融事业也得到了蓬勃的发展。但是近年来，金融大案要案频频发生，并且愈演愈烈，银行被骗资金数额之大，社会危害之巨，令人触目惊心，给国家和人民造成了惨重的损失。

1. 犯罪比例高，涉案金额、平均案值不断增大

随着我国经济领域的犯罪持续上升，金融犯罪所涉案件也远远高于其他类型的经济犯罪的数额。金融系统是经营管理货币和融通资金的职能部门，金融工作人员接触钱、账、有价单证、印章等重要物品的范围广、机会多，具有行业特殊性，使少数违法犯罪人员在客观上具有利用工作或职务之便，趁机作案的便利条件，作案一旦得逞，造成的资金风险和危害也特别严重，造成了国家资金的巨大损失。

发案范围广，发案部位多。从已发生案件的单位看，近年来，各行、社都有案件发生，其中农行、农村信用社发案相对频繁，是案件多发单位。从发案部位上看，储蓄、会计、出纳、信贷、行政、理赔、基建等各个重要岗位和要害部位都有大案发生。

贪污挪用案件占相当比重。违规经营、违章操作诱发或酿成大量案件。突出表现在违章拆借、违规放款、违规揽储、账外经营，形成了大量案件。有的单位为谋取小团体和个人不正当利益，截留收入，设立账外账和私设小金库或虚报冒领或滥发钱物，侵占国家财产，诱发和直接酿成大量案件。

2. 金融犯罪为高智能型的白领犯罪

多数金融犯罪是具有一定社会地位的人实施的白领犯罪。从近些年查出的金融大案要案来看，凡是犯罪金额较高、社会危害严重的案件，涉及到金融系统领导干部的现象也相对较突出。这些人具备一定的技术，熟悉银行的业务知识和办理业务的程序，并且学习了我国的银行规章制度和有关法律。他们的犯罪手段已不局限于对金融票据的涂改，而是利用计算机技术剽窃银行的计算机资料，研制

和输入破坏银行系统网络的计算机病毒，伪造银行印章、印鉴和票据进行诈骗，伪造信用卡进行犯罪透支，其伪造的工艺达到以假乱真的程度，使得许多金融犯罪案发后难以查处。

3. 金融犯罪具有隐蔽性和欺骗性

金融领域犯罪素有“隐形犯罪”之称，与突发性激情犯罪相比，金融犯罪是经过精心策划周密安排的预谋犯罪。正是由于事先的预谋性和手段的欺骗性，金融犯罪往往将被害人置于一种“猜谜者”的境地。当被害人感觉到有问题时，很难立即做出准确判断，难以弄清加害行为的性质，也不容易马上知道骗局背后谁是真正的操纵者。可以说，“骗”是描述金融犯罪现象的结论，也是解释金融犯罪原因的起点。此外，随着知识经济的到来，利用计算机技术进行的高科技金融犯罪，也使得金融犯罪表现出极大的隐蔽性和欺骗性。

4. 金融犯罪属于一种内外牵连的复合型犯罪

随着金融市场的不断发展，金融业务活动的复杂化、专业化特点决定了金融犯罪成本和比例增大，属于高智能型犯罪，有时单靠一人很难达到犯罪的目的。因此，金融犯罪呈现出复合化的特点。其复合化表现为以下三种：一种是团伙形式的犯罪有相当大的比例。据某市统计，在 26 起金融诈骗案中，团伙作案占 60%，其中由境外不法分子在国内寻找代理人后共同作案的团伙又占团伙作案总数的 70%；另一种是金融机构内部工作人员与外部诈骗分子相互勾结共同作案，如金融机构外部的诈骗分子实施的集资诈骗、贷款诈骗、信用卡诈骗、保险诈骗等犯罪，往往都是与金融机构内部工作人员的相互勾结，或者是由于金融机构内部工作人员的收受贿赂才能得逞；再一种是境内外人员勾结团伙作案。随着改革开放的发展，一些境外的有组织犯罪逐步渗透到我国，境内外的犯罪分子相互勾结，金融系统内部人员与外部人员相互勾结，共同进行诈骗活动，一起金融犯罪案件往往牵连若干人，涉及许多单位。一起犯罪案件由于各犯罪行为人的犯罪动机和危害结果不同，往往兼犯数罪，同时又侵犯多种社会经济关系。

5. 金融犯罪具有较为明显的国际化趋向。随着全球经济一体化进程的加快，导致国际金融业务自由化、多元化和全球化，同时也给国际金融犯罪提供了较多的方便。目前，在我国，金融犯罪国际化主要表现在两个方面：一是境外的犯罪分子利用各种伪造、欺诈手段进行贷款、信用证诈骗活动，或者与境内的犯罪分子相勾结，进行大规模有计划、有组织的金融诈骗活动。二是利用金融系统在世界范围内进行洗钱活动。由于我国新刑法颁布之前，在洗钱犯罪方面的立法基本上处于空白。

二、金融犯罪的原因

（一）社会原因

金融犯罪作为经济犯罪的一类，它是一种经济现象，更是一种社会现象。因此，探究金融犯罪的成因，离不开对社会原因的分析。目前，正在进行的社会转型使中国的社会问题带有明显的转型期特征，成为转型性社会问题。金融犯罪就是这一时期具有代表性的经济犯罪类型。首先，社会结构急剧变动，社会监控弱化，是产生金融犯罪的直接根源。处于非转型期的社会，其“有序化”程度一般都比较高，宏观经济体制的转型使旧的社会控制机制失效，而新的社会控制机制又未能建立，这样在社会监控方面必然存在一些空白和盲点，使犯罪分子有可乘之机。其次，社会分配不公，导致权利和金钱欲望的膨胀，是金融犯罪产生的重要因素。在我国社会主义初级阶段，由于各种法律制度不健全，监督制约机制不完善，社会物质利益的分配因权力的介入而形成劳而不获、获而不劳、脑体倒挂、贫富悬殊的现象。这种现象使得国民心态失衡，为了弥补自己的损失，寻求社会物质利益的再分配，便采取各种非法活动向社会进行报复，在这种因素的影响下，金融犯罪便愈演愈烈。

（二）管理原因

现代社会中，金融活动在经济生活中起着重要的作用。对金融活动的管理，是国家经济管理的一个重要部分。然而，目前不论宏观上国家对金融活动的管理，还是微观上从事金融业务的单位的内部管理，都存在不少漏洞和薄弱环节。宏观上，随着近年来金融体制改革力度的不断加大，由于各种管理措施没有及时跟上，金融领域的管理秩序一度陷入无序状态，各种扰乱金融秩序的现象频频发生，使金融管理活动出现混乱的局面。某些不法分子趁机混水摸鱼，导致非法集资诈骗、银行结算凭证诈骗等金融犯罪案件层出不穷。从内部管理来讲，金融系统内部的各项规章制度，既是融资活动客观规律的反映，又是从业人员行为规范和违法行为防范的经验总结。而从近几年发生的案件看，案犯作案的手段司空见惯，并不高明，但往往得逞，其主要原因就是规章制度执行不严，形同虚设。此外，金融从业人员素质差、防范意识淡薄、金融监督意识薄弱、制约乏力。所有这些都为犯罪分子提供了良好的作案条件。

（三）法律原因

社会主义市场经济是法制经济。金融管理必须纳入法制的轨道，实现金融活动的依法管理。就我国目前的情况来看，众多金融犯罪的出现与金融立法和执法活动的缺陷有着很大的关系，从而成为金融犯罪长期屡发不止的重要原因。立法上，随着我国金融体制改革的深化和市场经济的发展，国家立法部门先后制定了《银行法》《票据法》《证券法》《信托法》等法律，新刑法又专门在经济犯罪中设置了两节，较为详细地规定了金融犯罪问题。然而，与现实的需要相比，仍有很大的差距。金融机构和有关外贸企业缺乏应有的法制保障。在其他金融法规中，预防金融欺诈的规定还有待进一步完善。法律制度的不健全，且配套性差，往往为犯罪分子进行金融犯罪活动打开了方便之门。执法上，有案不报，以罚代刑；以有无造成实际损害或者损害大小作为定罪的标准，司法机关对造成实际危害后果的诈骗案件才投入较多的力量立案侦查；对金融犯罪分子降格处理，有法不依、违法不究、执法不严的现象相当普遍。以上种种，事实上助长了犯罪分子的侥幸心理。

（四）经济原因

商品经济意识形态，表现在价值观、功利观等方面，任何商品经济活动的目的都是为了获取价值，商品生产者都希望以最少的投入、最低的成本、最快的速度获取最大的利润。商品经济的负面因素，对金融犯罪有巨大的诱惑力。金融犯罪可以比选择任何的合法投入更快地以更低的成本而获取更多的纯利。计划经济转型为市场经济，由于新的企业，尤其是乡镇企业、集体企业和私人企业的大量增加，对资金的需求大增，导致资金短缺，作为非主体企业结构形式的非国有企业信贷资金供给方面受到了限制。不少人因通过正常的渠道无法获得贷款，于是就采取非法的手段诸如行贿，其中大多数罪犯所常用的手段就是欺诈，骗取金融机构工作人员的信任，获取贷款，然后非法占有。而由于银行所处的联结企业的桥梁纽带作用和具有的组织资金支持建设的功能，特别是在社会各方面有求于银行的情况下，某些掌握权力的人将权力商品化，权钱交易便成为诱发经济案件的一种表现形式，如贪污挪用、索贿受贿等金融案件的发生。

（五）文化、心理原因

道德与法律的正负效应总是互为存在的条件。不同经济形态与不同的道德法律形态相适应，然而，他们之间却很难同步进行，旧观念不适应新的形态，而新的观念未必及时反映新的形态。在实行市场经济的初期，我国“权大于法”的现象仍然普遍存在，正常的银行业务常受到行政干预及外来压力。多数地方领导干部并不熟悉银行业务，却或出于发展地方经济的好心，或因收受贿赂而陪同诈骗犯到银行游说，强令银行放贷，把银行处于不利的两难境地，而提高诈骗犯罪得逞的概率。“崇洋媚外”的心理作怪也是金融领域犯罪的一个重要因素。对于我国有些企业和银行主管人员而言，容易轻信外商的承诺是一个致命的弱点。由于某种传统文化影响，崇洋媚外的心理仍是一种社会流毒，一些西方国家或我国港、澳、台地区诈骗犯仅凭一纸假巨额存单，就能充做与我方合作投资的信用依据。此外，前面所提到的因社会分配不公而导致的国民心态失衡都是诱发金融犯罪的重要心理因素。

三、防控金融犯罪的对策

（一）秩序上，应深化金融改革，规范金融秩序

目前，我国金融体制改革处于“瓶颈阶段”，金融体制尚不完善，许多金融犯罪的滋生与此有直接的关系。要遏制和减少金融犯罪的发生，就必须不断加快改革的步伐，尽快建立起适应社会主义市场经济要求的新体制，同时加大对金融秩序混乱的整治力度。

（1）加强中央银行的宏观调控，使其真正起到对全国各专业银行的领导作用。

（2）加快专业银行向商业银行的转变进程，消除转轨时间过长而衍生的种种弊端。

（3）完善市场利率机制，在银行利率方面充分利用价值规律来调节。

（4）禁止乱集资，对社会闲散资金的管理，应纳入法制化管理的渠道，从而保证金融资产和金融信用工具安全有效运用，防止非法集资诈骗活动的发生。

（5）规范同业拆借市场，严格按照国家有关政策和法律法规行事，对非法拆借行为要依法严厉打击。

（6）严肃结算纪律，彻底消除多头多户现象，加强对银行现金的有效管理，严防资金的“体外循环”。

（二）在管理方面，应强化金融管理，不断完善各项规章制度

（1）加强用人管理，认真坚持“先审后用”的原则，切实做到严格审查，认真把关。凡是即将进入金融系统重点单位、重要岗位的工作人员，均须经审查合格后方可上岗。

（2）坚持“赏罚严明”的原则，建立严格的岗位责任制，实现人员管理的

规范化、制度化和科学化。

（3）强化监督，不折不扣地落实各项规章制度。必须做到有章必循、违章必究，综合使用各种监督检查力量，加大检查的频率与覆盖面。

（4）加强新业务管理制度的研究。新技术的开发与应用，给犯罪案件的防范带来了新的课题，如在软件开发上由于管理制度的不完善，导致各类利用计算机进行的金融犯罪案件的发生。因此，如何进行密码管理和系统管理，如何进行岗位制约和档案管理，都须要进一步加强和研究，规范管理。

（三）在立法和执法方面，应完善立法，加强执法力度

（1）适应市场经济发展的需要，加快金融立法的步伐，凡是在社会经济生活中，尚未纳入法制轨道的金融活动，均应及时制定相应的法律予以规范，如金融监督法、结算法等应尽快出台。

（2）完善和健全金融管理体制的立法，强化中央银行的宏观调控。

（3）完善和补充金融岗位责任和法律责任制度的立法。

（4）以银行所在地方行政机关及银行内部有关人员为对象进行普法教育，使有关人员在观念上明确：超越权限、违反金融业务自身的客观规律、违反国家有关金融法律法规、干涉银行业务并造成严重后果的，要受到相应的行政、经济制裁；情节严重的，要依刑法有关规定追究其刑事责任。

（5）公、检、法三机关要密切配合、相互监督、严格执法，从重从快地惩治金融犯罪，对某些金融机构有案不报、有案不查、以罚代刑、自行消化的行为也要追究相应的法律责任。

（四）思想素质方面，应加强思想教育，提高业务素质

思想政治工作是经济工作和其他一切工作的生命线，改革开放越深入，市场经济越发展，就越要加强思想政治教育。任何犯罪活动都是在一定的思想观念与特定心理状态的支配和影响下发生的，而对于金融犯罪的行为人来说，往往是“一念之差”或者一时的侥幸心理促使其走上犯罪道路的。在金融系统的大变革时期，必须根据金融从业人员的需求层次，研究他们的思想活动，加强理想与宗旨教育，帮助他们正确认识人生的价值，从而自觉地树立为人民服务的思想，自觉抵御拜金主义、享乐主义、极端个人主义思想的侵蚀。同时，把职业道德、刑法知识的教育溶进一般从业人员平时的业务学习之中，使业务培训学习同时又成为敬业精神的灌输与熏陶和法律知识的普及教育。结合业务学习，灌输敬业精神和法律知识，还能收到业务水平的提高和思想素质的优化之间相互促进的效果。

从而增强金融工作人员识骗防骗的能力，杜绝某些犯罪分子利用工作人员素质差，大肆实施金融犯罪活动的可能性。

（五）抓好金融犯罪的综合防范

由全社会共同参与、相互协作、共同努力，防范金融风险，维护金融管理秩序。

（1）发挥我国金融机构的整体优势和治安综合治理政策的强大力量，建立健全银、贸、警联防体系。在各金融机构之间建立健全险情监测通报制度，并将其纳入金融业务范畴。在金融机构、企业、公安三方面之间，将事前的风险分析、事中的协调控制、事后的联手制裁以制度化的形式固定下来，形成一个结构严密、反应迅速的防范体系，使犯罪分子无插足之地。

（2）动员全社会，加强社会监督。金融犯罪既是一种经济现象，也是一种社会现象，它不可避免地要受到社会方方面面因素的影响和制约。因此，要动员全社会，密切关注金融事业，充分发挥各机关、团体、组织、新闻媒介及社会舆论的监督作用，充分动员社会各方面的力量实行齐抓共管，运用政治、经济、文化、教育、行政、法律等多种手段来提高整个社会的防范机制，尽快在全社会形成一种强大的威慑力，使一切金融犯罪活动难以得逞。

★ 相关案例链接

一、朱小华受贿案

朱小华于1996年10月至1999年7月任中国光大集团（香港）董事长、中国光大金融控股有限公司原董事长。1997年至1999年期间，朱小华利用职务便利，接受他人请求，为他人谋取利益，先后收受他人股票及现金折合人民币共计405.9万元；个人违反规定，决定、批准将数亿港元贷给他人，给光大集团造成巨大经济损失。2002年，朱小华以受贿罪被一审判处有期徒刑15年，并处没收个人全部财产。

二、王雪冰受贿案

2004年1月14日，中国建设银行原行长王雪冰以受贿罪被北京市第二中级人民法院一审判处12年有期徒刑。法院认定，1993年至2001年，王雪冰利用职务上的便利为华晨（中国）控股有限公司、北京再东方广告有限公司等企业谋取利益，并收受贿赂共计115.14万元人民币。

三、张恩照受贿案

张恩照，复旦大学金融管理专业毕业。1964年在中国建设银行上海市分行参加工作。1984 年 7 月任中国投资银行上海分行副行长、党组成员；1986 年 1 月任中国建设银行上海市分行副行长、党组副书记（主持工作）；1987 年 6 月任行长、党委（党组）书记；1999 年 9 月任中国建设银行副行长、党委委员；2000 年 2 月任中国建设银行第一副行长、党委副书记；2002 年 1 月起任中国建设银行行长、党委书记兼中国国际金融有限公司董事长。2005 年 3 月 16 日，张恩照因个人原因辞职。2006 年 9 月 28 日，张恩照案一审开庭。检察机关指控张恩照于 2001 年至 2005 年担任建行副行长、行长期间，先后 19 次收受三人行贿的美元、港币、人民币、手表、房屋等款物，总计折合人民币 419 万元；张恩照在收受贿赂后，利用职权给行贿人的贷款等行为提供了便利。

北京市第一中级法院认为，鉴于张恩照因违纪问题被审查后能主动交代有关问题，应视为自首，且赃款、赃物已全部退缴，于 2006 年 11 月 3 日对其依法从轻判处有期徒刑 15 年。张恩照未向北京市高级人民法院提出上诉，目前被羁押在公安部秦城监狱。

四、农行西藏分行原行长受贿被判无期

2007 年 9 月，受最高人民法院指定，四川省自贡市中级人民法院依法对中国农业银行西藏分行原行长韩文明及其前妻高建民受贿一案作出一审判决，以受贿罪判处韩文明无期徒刑，剥夺政治权利终身，并处没收个人财产；以受贿罪判处高建民有期徒刑七年，并处没收财产人民币 20 万元。二人的赃款、赃物予以没收。

★ 法条链接

◆《中华人民共和国刑法》（共 33 个罪名）

第三章　破坏社会主义市场经济秩序罪

第四节　破坏金融管理秩序罪

第一百七十条　伪造货币罪

第一百七十一条　出售、购买、运输假币罪；金融工作人员购买假币、以假币换取货币罪

第一百七十二条　持有、使用假币罪

第一百七十三条　变造货币罪

第一百七十四条　擅自设立金融机构罪；伪造、变造、转让金融机构经营许可证、批准文件罪

第一百七十五条　高利转贷罪

第一百七十六条　非法吸收公众存款罪

第一百七十七条　伪造、变造金融票证罪

第一百七十八条　伪造、变造国家有价证券票证罪；伪造、变造股票、公司、企业债券罪

第一百七十九条　擅自发行股票、公司、企业债券罪

第一百八十条　内幕交易、泄露内幕信息罪

第一百八十一条　编造并传播证券、期货交易虚假信息罪；诱骗投资者买卖证券、期货合约罪

第一百八十二条　操纵证券、期货交易价格罪

第一百八十三条　职务侵占罪；贪污罪

第一百八十四条　公司、企业人员受贿罪；受贿罪

第一百八十五条　挪用资金罪；挪用公款罪

第一百八十六条　违法向关系人发放贷款罪；违法发放贷款罪

第一百八十七条　用账外客户资金非法拆借、发放贷款罪

第一百八十八条　非法出具金融票证罪

第一百八十九条　对违法票据承兑、付款、保证罪

第一百九十条　逃汇罪

第一百九十一条　洗钱罪

第三章　第五节　金融诈骗罪

第一百九十二条　集资诈骗罪

第一百九十三条　贷款诈骗罪

第一百九十四条　票据诈骗罪；金融凭证诈骗罪

第一百九十五条　信用证诈骗罪

第一百九十六条　信用卡诈骗罪；盗窃罪

第一百九十七条　有价证券诈骗罪

第一百九十八条　保险诈骗罪

第一百九十九条　［本节之罪刑罚的特别规定］犯本节第一百九十二条、第一百九十四条、第一百九十五条规定之罪，数额特别巨大并且给国家和人民利益造成特别重大损失的，处无期徒刑或者死刑，并处没收财产。

第二百条　［单位犯本罪的刑罚规定］单位犯本节第一百九十二条、第一百九十四条、第一百九十五条规定之罪的，对单位判处罚金，并对其直接负责的

主管人员和其他直接责任人员，处五年以下有期徒刑或者拘役；数额巨大或者有其他严重情节的，处五年以上十年以下有期徒刑；数额特别巨大或者有其他特别严重情节的，处十年以上有期徒刑或者无期徒刑。

◆**《全国人民代表大会常务委员会关于惩治骗购外汇、逃汇和非法买卖外汇犯罪的决定》**骗购外汇罪

◆**禁止违规揽储相关规定**

（违规揽储主要包括公款私存、擅自或变相提高利率等违规行为。企业事业单位可以自主选择一家商业银行的营业场所开立一个办理日常转账结算和现金收付的基本账户，不得开立两个以上基本账户。）

《商业银行法》第四十八条　任何单位和个人不得将单位的资金以个人名义开立账户存储。

《储蓄管理条例》第三条第二款　任何单位和个人不得将公款以个人名义转为储蓄存款。

《关于加强金融机构个人存取款业务管理的通知》（1997 年 9 月 1 日中国人民银行发布）第三条　办理个人存取款业务的金融机构为个人开立的储蓄账户（含银行卡、下同），除代发工资和小额个人劳务报酬外，不得接受单位开出的各类转账支票。

《关于重申严禁金融机构不正当存款竞争的通知》（银办发［2000］35 号）第一条　各金融机构……不得对非储蓄部门下达存款考核指标，不得把存款考核指标下达到职工个人，不得将存款考核指标与职工个人工资、奖金、福利、行政职务等挂钩。

《关于严格禁止高息揽存、利用不正当手段吸收存款的通知》（中国人民银行 2000 年 8 月 9 日发布）第一条　各金融机构（包括邮政储蓄机构）必须严格执行中国人民银行规定的存款利率，严禁擅自提高利率，或以手续费、协储代办费、吸储费、有奖储蓄、介绍费、赠送实物等名目变相提高存款利率。

《中国人民银行关于执行〈储蓄管理条例〉的若干规定》第十四条　储蓄机构以发展我国的储蓄事业，为储户提供优质服务为宗旨。下列做法属于使用不正当手段吸收存款：

（一）以散发有价馈赠品为条件吸收储蓄存款；

（二）发放各种名目的揽储费；

（三）利用不确切的广告宣传；

（四）利用汇款、贷款或其他业务手段强迫储户存款；

（五）用各种名目多付利息、奖品或其他费用。

★ 他山之石

周芬棉、甫林：《金融大案背后的犯罪路线图》，《法制日报》2005年3月30日。

李强：《唐双宁（中国银行业监督管理委员会副主席）撰文称中国银行业监管有7大差距》，《新闻晨报》2004年10月14日。

★ 请你断案：陕西最大金融腐败案①

案情简介：1996年初，时任西安市北郊支行自强西路办事处主任的周利民，与办事处信贷内勤刘怡冰预谋，利用职务之便，以高息存款为诱饵，采用私拿空白存单、私盖印鉴、给储户出具“大头小尾”存单的方式，用虚假金融凭证骗取储户存款。在1997年9月至2000年10月间共同或单独吸收30余家单位和近400名个人资金共计4.8444亿余元。周利民、刘怡冰不将上述资金入银行账，而由个人支配、占有。扣除为掩饰作案支付的高息和兑付到期存款2.7817亿余元，实际侵吞2.0627亿余元。后刘怡冰又指使他人从建行西安分行印刷厂窃取半成品空白存单，非法制作假存单骗取存款。

周利民和刘怡冰在疯狂骗取储户存款的同时，也在谋划“后路”。1998年12月，周利民通过香港商人吴某采用非法手段，在江西办理了化名为“黄志伟”的港澳通行证，很快，又在香港申领了“黄志伟”的香港居民身份证和回乡证。2000年10月，周利民逃往香港，次年7月23日在香港被抓获。刘怡冰化名“刘吴芳”逃往国外。2001年8月在印尼被抓获。

案发后，追回赃款及两被告用赃款购置的房屋、汽车等共计折合人民币704万元，已发还给受害单位。其余1.3亿余元无法追回。

请判断法院将如何判决？

---

① 宁军：陕西最大金融腐败案：建行巨贪侵吞存款2亿元，《华商报》2006年12月14日。

★ 参考答案

一审：2003 年 7 月 22 日，西安市中级人民法院作出一审判决，周利民和刘怡冰均以贪污罪被判处死刑，剥夺政治权利终身；以挪用公款罪判处无期徒刑，剥夺政治权利终身；数罪并罚，决定对二人执行死刑，剥夺政治权利终身，并处没收个人全部财产。二人当庭提出上诉。

二审：2004 年 3 月 26 日，陕西省高级人民法院裁定驳回上诉，维持原判，并依法报请最高人民法院核准。

依法审核后，最高人民法院认为周利民、刘怡冰在作案过程中归还了部分存款系掩饰贪污犯罪的手段，一审判决、二审裁定认定两被告人构成挪用公款罪不当，遂判决撤销了陕西省高级人民法院二审刑事裁定和西安市中级人民法院一审刑事判决中对被告人周利民、刘怡冰挪用公款罪的定罪、量刑；核准陕西省高级人民法院维持一审以贪污罪判处被告人周利民、刘怡冰死刑，剥夺政治权利终身，并处没收个人全部财产的裁定内容。

第十一讲　中国结婚与离婚的程序与条件

问题：我国首例在校大学生离婚案

★ 法理链接

一、结婚的概念和要件

（一）结婚的概念

结婚是指婚姻的成立，是指男女双方按照法律规定的条件和程序，建立夫妻关系的民事法律行为。

（二）结婚的要件

1. 结婚的实质要件

结婚的实质要件是指结婚当事人本身以及双方之间的关系必须符合的法定条件。包括结婚的必备条件和禁止条件。根据我国《婚姻法》的规定，结婚的必备条件有三点：一是必须男女双方完全自愿；二是必须达到法定婚龄；三是必须符合一夫一妻制。结婚的禁止条件有两点：一是禁止近血亲结婚；二是禁止患一定疾病的人结婚。

2. 结婚的形式要件

结婚的形式要件是指婚姻成立的法定程序或方式。这是婚姻取得社会承认的方式。根据我国《婚姻法》的规定，结婚登记是我国公民结婚的法定形式要件。

二、离婚的概念、特点和种类

（一）离婚的概念和特点

离婚是婚姻关系中止的原因之一，是指在夫妻双方生存期间按照法律规定的条件和程序，解除婚姻关系的民事法律行为。其基本特点表现为以下五方面：

（1）在主体上，离婚只能是具有合法夫妻身份的男女双方自己的行为；

（2）在时间上，只有在夫妻双方生存期间才能办理离婚；

（3）在程序上，离婚和结婚一样，必须具备一定的法律条件，履行一定的法律程序，得到国家法律的认可，才能发生法律效力；

（4）在条件上，离婚必须以合法婚姻关系的存在为前提；

（5）在内容上，离婚是具有法律意义的社会行为，必然导致夫妻关系的解除和终止，从而引起一系列的法律后果。

（二）离婚的种类

以解除婚姻关系的方式为标准，可以将离婚分为协议离婚和诉讼离婚。

1．协议离婚

协议离婚即双方自愿离婚，是指夫妻双方自愿离婚，并就离婚的法律后果达成协议，经过有关部门认可即可解除婚姻关系。在我国，这种双方自愿离婚的法律程序即登记离婚，由国家通过主管部门依法对双方的离婚协议进行审查、登记。

根据我国婚姻法以及《婚姻登记条例》的规定，登记离婚的条件主要有如下六点：一是登记离婚的男女双方必须有合法的夫妻身份；二是双方当事人为完全民事行为能力人；三是当事人双方必须有离婚的合意；四是登记离婚时双方必须对子女的抚养教育作出恰当、合理的安排，并达成了一致意见；五是登记离婚必须对夫妻共同财产的分割作出适当的处理；六是登记离婚必须合法。

根据我国婚姻法以及《婚姻登记条例》的规定，登记离婚的程序必须经过申请、审查、登记三个步骤。

2．诉讼离婚

诉讼离婚是指夫妻双方对待离婚或离婚后子女抚养及财产分割等问题不能达成协议，由一方向人民法院提起诉讼，经人民法院审理、调解或判决的一种离婚制度。

诉讼离婚必须符合以下基本要求：一是诉讼离婚必须由当事人一方提出离婚申请；二是诉讼离婚限于一方要求离婚，另一方不同意离婚或是双方都同意离婚，但对子女抚养、财产分割等问题不能协商一致等情况；三是诉讼离婚只有人民法院才能受理和管辖，人民法院独立行使审判权。

我国诉讼离婚的一般程序以调解为主，调解具体可分为两种，一是由有关部门进行调解，即诉讼外调解，二是诉讼内调解。调解不成，则由人民法院进行判决。

★ 典型案例：全国首例夫妻双方均为在校大学生的离婚案①

案情概要：江苏南京某大学的两名在校大学生，大一相识相爱，为

① 山佳、殷学兵．全国首例在校大学生离婚案宣判，准予离婚，《南京日报》2006年07月14日。

了见证他们的爱情，大二草率选择同居结婚，因为生存压力、缺乏责任感、缺乏对婚姻最基本的正确认识，大三争吵分居，大四临近毕业时决定离婚。

2006年5月16日，江苏南京某著名院校自动控制专业的一名大四本科生王秀秀向南京市玄武区人民法院提起诉讼，要求法院判决其与其夫程志刚（为同一大学法律系学生）离婚。法院受理此案后，展开了调查。原来，出生于江苏省徐州市一普通工人家庭的王秀秀于2002年9月以优异的成绩考入大学。在一次晚会上，王秀秀认识了该校法律系学生程志刚，两人一见钟情，迅速发展成一对名副其实的恋人。2003年“五一”长假，王秀秀和程志刚相约出游，在一家宾馆内，两人发生了性关系。6月，他们在学校附近找到一间民房开始了非法同居生活。

一天，程志刚从报纸上获悉，从2003年10月1日起，新《婚姻登记条例》开始实施，大学生可以结婚了！为了享受合法的性爱，程志刚通过“熟人”关系，从学校开出户口证明，2003年10月25日，两人在没有告诉各自父母的情况下，到南京市玄武区民政局婚姻登记处办理了结婚手续。

当王秀秀和程志刚的父母得知这一消息后，中断了他们的生活费。两人不得不外出打工。由于没有固定收入，为了省钱，两人不得不多次搬家，一日三餐也成了问题，生活上的清贫使两人有了婚后的第一次争吵。同时二人的学习成绩也出现了下滑，第二学年期末考试，程志刚有一门主修课不及格，王秀秀有两门主修课不及格。生活、学习出现问题后，王秀秀、程志刚开始相互埋怨。偏在这时，程志刚又喜欢上了另外一位女同学。2005年4月，在一次激烈争吵之后，王秀秀收拾东西搬回了学校，二人开始分居。这期间，程志刚曾与一名大他5岁的女老板同居。这促使王秀秀决定与程志刚离婚。2005年10月，进入四年级的王秀秀毅然将程志刚告上了南京市玄武区人民法院，要求离婚。同时，她还将程志刚的不轨行为报告了学校。法律系主任给了程志刚最严厉的警告：如果你再不收敛自己的行为，学校将对你作出处罚，同时将你的表现写进档案。程志刚一听傻眼了，他向王秀秀跪地哀求道：“亲爱的，你这次饶了我吧！你撤诉后，我们好好过行不行，我以后再也不跟别的女人好，再也不打你了……”几声长叹之后，王秀秀选择了撤诉。

此后的一段时间，程志刚确实好了一阵子。可不久，他的老毛病又犯了。2006 年 4 月的一天，王秀秀发现程志刚和那个女老板亲亲热热地手拉手在逛街。彻底寒了心的王秀秀再一次将程志刚告上了南京市玄武区人民法院。在接受立案大厅法官的询问时，两个人都对在校草率结婚很后悔。此案在全国引起了强烈的关注。

2006 年 7 月 13 日，南京市玄武区人民法院作出一审宣判。法院认为，原被告感情确已破裂，依据婚姻法，法院判决准予双方离婚。因原被告婚后无共同财产、债务，法院没有主持财产分割。宣判后，原被告皆向法官表示，他们很后悔在校草率结婚。（文中人名均为化名）

★ 问题与思考

一、大学生可否结婚？

二、大学生应否结婚？

◆ 灵感闪存

☆ --

☆ --

☆ --

☆ --

☆ --

☆ --

☆ --

☆ --

☆ --

☆ --

☆ --

★ 案例评析

一、大学生可以结婚：法律允许大学生结婚

（一）我国宪法赋予我国公民结婚的权利

宪法是公民权利的“保障书”，我国宪法第二章“公民的基本权利和义务”中第四十九条明确规定：“婚姻受国家保护”、“禁止破坏婚姻自由”。可见，公民的结婚权神圣不可侵犯。从宪法的角度看，大学生可以自由地按照个人意愿来缔结婚姻。然而，我国宪法所确立的结婚权只是一项原则，它无法实际调整公民的婚姻关系，而是须要通过具体的部门法来付诸实施。

（二）我国婚姻法规定了结婚的实质条件与程序条件，只要符合婚姻法的相关规定，大学生可以结婚

我国婚姻法作为民事领域处理婚姻关系的基本法律，对公民的结婚权作出了进一步的细致的规定。我国婚姻法第一章第二条规定：“实行婚姻自由。”第三条规定：“禁止包办、买卖婚姻和其他干涉婚姻自由的行为。”第二章第五条明确规定：“结婚必须男女双方完全自愿，不许任何一方对他方加以强迫或任何第三者加以干涉。”第六条规定：“结婚年龄，男不得早于二十二周岁，女不得早于二十周岁。晚婚晚育应予鼓励。”第七条规定：“有下列情形之一的，禁止结婚：（一）直系血亲和三代以内的旁系血亲；（二）患有医学上认为不应当结婚的疾病。”第八条规定：“要求结婚的男女双方必须亲自到婚姻登记机关进行结婚登记。符合本法规定的，予以登记，发给结婚证。取得结婚证，即确立夫妻关系。未办理结婚登记的，应当补办登记。”可见，一对男女，不论其是否是大学生，只要自愿，没有婚姻法所载明的禁止结婚的情况，且男已满二十二周岁，女已满二十周岁，就可以结婚，任何第三者不得加以干涉。这个“任何第三者”甚至包括他们自己的父母，自然也包括大学。

因此，从立法的角度看，立法者在制定婚姻法时并没有考虑对大学生结婚作出任何限制。大学生可以自由地行使自己的结婚权，这是双方意思自治的表现，只要不违背法律，国家即予以确认，任何第三方不得干涉。德国圣哲康德就曾经把婚姻比作是男女双方互相利用对方性器官的契约。婚姻也是男女双方建立在两性结合基础上的一种非常重要的社会关系。

（三）我国新《婚姻登记条例》的实施，为在校大学生结婚提供了实现的条件

1994年实施的《婚姻登记条例》对于公民登记结婚时要求提交的文件主要

包括身份证、户口本和单位介绍信等，而2003年10月1日起施行的新《婚姻登记条例》实施后，取消了对于单位介绍信的要求。这为在校大学生结婚创造了更有利的条件。

结婚提交介绍信，这意味着要求公民所在单位（或所在地居委会）出示公民婚姻情况的证明，身处异乡的大学生们，他们要结婚就必须向所在学校提出申请，得到所在学校出具的未婚证明后才能登记结婚。实践中，这就成为了大学生结婚的一个前置性程序，学校可以通过这个前置性程序来审查和控制学生的结婚权，并作为一种手段来禁止大学生结婚。这种制度的设计，巧妙地将婚姻当事人的实体权利主张兑变为毫无权力支持的程序请求，而权利的被规制实质上意味着权利的被蔑视或权利的消灭。对于打算结婚的大学生们来说，这一纸未婚证明就成为一道无形的限制，难以逾越。而介绍信这一法定要件一旦被取消，学校在某种程度上就丧失了对于学生结婚权的控制，只能直接面对已经发生的事实而无法挽回，这将给学校正常的管理和教学工作带来消极、负面的影响。而更让教育行政主管部门和学校担忧的问题是：大学生在各方面条件还不具备的情况下，一旦结合将难以承受二人世界所带来的种种难题，以至于不能很好地实现求知权而耽误学业，影响前程。因此，由于新《婚姻登记条例》的变化，学校实际上陷入了尴尬和两难的境地。一方面，法律没有明文禁止大学生结婚；另一方面，大学生结婚明显不利于其自身的发展，弊大于利，也会给学校工作带来消极影响。

大学作为一个法人团体，它可以自由地治理自己的内部事务，最小程度地接受来自外界的干扰和支配。这种自主管理权在现行法律法规中得到了具体的体现，我国教育法第二十八条第一项中指出高校有权按照规章进行自主管理，第四十三条规定了受教育者应当遵守所在高校或其他教育机构的管理制度。我国《高等教育法》第十一条也规定高等院校应当依法自主办学，实行民主管理。高校作为公法人，既然手中握有自主管理权这一利剑，面对大学生结婚，学校所能做的就是通过事后惩处来予以控制。原国家教委在1990年颁布的《普通高等学校学生管理规定》（国家教育委员会令第7号）第三十条曾对此作出具体规定："在校期间擅自结婚而未办理退学手续的学生将作退学处理，"并在第三十三条强调"取消学籍或退学的学生，均不得申请复学。"应当说，行政机关把如何处置大学生结婚问题的权力授权给了各高校，在这一问题上，学校可以制定规章、自主判断、自由裁量。对此，各高校管理层对大学生结婚的普遍心态是以限制大学生的结婚权为代价保障其受教育权和求知权的实现。

问题在于，高校拥有了处置大学生结婚的法律权力，但是在以个人权利为原点的现代法治社会，这种权力同大学生享有的法定结婚权之间发生了冲突。从法律位阶的角度，高校禁止在校大学本科生结婚的法律依据是《普通高等学校学生管理规定》，而该规定本身只是原国家教委制定的一个部门规章，它的法律效力根本不足以对抗全国人大制定的有关公民婚姻关系的法律《中华人民共和国婚姻法》，并且，当我们重新审视《普通高等学校学生管理规定》的立法主体时，不难发现，原国家教委（教育部）作为国务院下属的一个职能部门，在制定《规定》时根本无权对大学生能否结婚作出任何形式的限制，《规定》第三十条明显违背了法律保留原则。结婚权应属于宪法第二章中公民的基本权利，按照《中华人民共和国立法法》第八条的规定，能对这一权利进行限制的立法主体仅限于全国人大及其常委会，原国家教委的行为是属于典型的越权立法，该条款应视为无效。

（四）新《普通高等学校学生管理规定》，解除了对大学生结婚的约束和限制

我国自2005年9月1日起施行的《普通高等学校学生管理规定》中取消了一些涉及学生的强制性规定，最显著的是修改删除了原国家教委发布的《普通高等学校学生管理规定》第三十条“在校学习期间擅自结婚而未办退学手续的学生，作退学处理”和第三十三条“取消学籍或退学的学生，均不得申请复学”的规定。新规定强化了学生的主体地位，尊重学生作为公民的基本权利，大学不再对大学生的结婚作出限制和约束，充分彰显了教育人文关怀。有利于高校在保证正常的教学秩序的基础上，更多地引导学生逐渐学会自我约束，愉快地学习，健康地成长。

综上所述，大学生享有自由结婚、离婚不受侵犯的权利，受到法律的保障。

☆不同观点：大学生不可以结婚

主要是因为大学生行使结婚权利缺乏配套的法律法规的保障，如大学生婚后住宿问题如何解决，大学生婚后生孩子是否有产假，大学生在校期间所生孩子的户口怎么解决，孩子谁来扶养等诸多问题，国家、教育主管部门都没有出台相关的法律法规予以保障。而生活在大学校园这样一个特定的环境中的大学生要安然幸福地走进婚姻的殿堂，享受婚姻生活，这些都是必须解决的问题。因此，法律上大学生结婚权的解禁，在现实中不具备可操作性。

二、大学生不应结婚

（一）婚姻并不能简单地等同于爱情，等同于性，它包含得更多的是忠诚与责任

婚姻是指由法律所确认的男女两性的结合及由此产生的夫妻关系。婚姻应以当事人的爱情为基础，而且婚后要继续保持这种爱情。恩格斯曾说过：“如果说只有以爱情为基础的婚姻才是合乎道德的，那么也只有继续保持爱情的婚姻才合乎道德。”①

而爱情，首先就体现为男女双方彼此真实真诚，自愿为对方承担责任，这是爱情的本质体现；其次，恋爱的双方要尊重对方的情感和人格，平等履行道德义务。双方在人格上是独立的，在相互关系上是平等的，任何一方都不能强迫或诱骗另一方接受自己的爱，即使这种爱是纯洁的，也不能强求对方违心地接受。恋爱关系一旦确定，双方就要共同承担起这一关系所包含的相互忠诚、负责的义务。如果说爱情是婚姻的血液，那么责任意识就是婚姻的筋骨。文学作品中那种不顾其他的纯洁爱情，往往在现实中并不见得美妙。因此，婚姻更多的是忠诚和责任。

当初的程志刚、王秀秀显然不可能明白其间的要义，以为通过在校结婚这种方式使同居合法化就是忠诚，以为只有结婚才算得上对彼此的负责。可他们想错了，结婚是符合法定年龄的成年人的基本权利，婚姻更意味着忠诚与责任。

（二）大学生不适合婚姻生活

1. 大学生的主要任务仍然是学习

对于婚姻，马克思曾经做过非常形象的比喻，他指出，一个人干不了事，要想美好地度过一生，就只有两个人结合，因为半个球是无法滚动的。所以每个成年人的重要任务就是找到和自己相配的另一半。的确，婚姻是人生的重要支柱，缺少它，就不算是完美的人生。但是，学生的天职是学习。在一个阶段，人只能专心致志地做一件事情。大学生处于人生最重要的阶段，大学生年龄虽然符合我国婚姻法规定的适婚年龄，但作为一个学生，他的主要精力应该放在学习上。大学阶段是成才的黄金季节，理应好好把握，在青年时期扎扎实实地打好学业的基础，才能成就一番事业，成为一个有益于国家和社会的人。对大学生来说，奋斗才是根本，而婚姻爱情会冲击学习。在人生的宝贵时期，把美好的时光浪费在花前月下，沉溺在脉脉柔情之中，不仅浪费时间、劳民伤财、造成精神上的困扰，也丧失了大学生应有的责任，势必要影响学业。那么，大学生应如何正确处理学业和婚姻两者之间的关系？正确的答案只能是个人的情感应当服从于事业（学

---

①《马克思恩格斯选集》第4卷，人民出版社1995年第2版，第81页。

业），如果脱离了事业（学业），婚姻和爱情就会变得渺小和苍白，失去鲜活的力量。正如培根所说，“一切真正伟大的人物，无论古人、今人，只要是其英名永铭于人类记忆中的，没有一个是因为爱情而发狂的人，因为伟大的事业抑制了这种软弱的感情。”①

2. 大学生婚姻的物质基础相对贫瘠

婚姻中还要包含基本的物质条件。在校的大学生，往往并不具备基本的物质条件，而仅靠单纯甚至懵懂的爱情成就的婚姻，很容易变成不牢固的激情游戏。

大学生的生活来源，还主要来自父母的供给。他们不能靠自己挣钱生活，而婚姻的维系却需要一定的物质条件，如住房。即使现在学校允许学生在外租房，但还有婚姻生活中的一些其他的开销，往往也会使他们承受不起。这也是考验其感情、导致感情出现裂痕甚至最终分手的重要原因。

3. 大学生不具备结婚的心理素质

“现在有的教育主管部门认为，只要是法律规定了的，就可以放任不管，其实这是不负责任的做法。只一味地强调以法治国、以人为本，我觉得有时过于极端。”北京市政协常委、中国人民大学党委统战部部长、国际关系学院博导周淑真教授认为，即使有的学生经济条件允许他在外面租房养家，他的心理条件也不一定成熟。现在的年轻人在家都是独生子女，父母对其照顾得更宽泛、时间也更长，使其生理年龄和心理年龄严重不符，也缺少社会生活经验。这样的婚姻是经不起时间和生活的考验的。在自己的心智尚没有与身体同步成熟，经济基础尚不足以支撑整个家庭的时候最好慎重面对结婚。

人是唯一有理性的存在。婚姻作为人类情欲的体现，其本身的理性与否深刻地影响着作为历史主体的人的发展和活动，关系到人们是否可以能动地认识和改造自然、社会与自身，实现人的本质力量和全面发展。马克思曾指出：“任何人的职责、使命和任务就是全面发展自己的一切能力。”② 在当代中国，面对社会的深刻变革，如何实现人的全面自由发展？最重要、最急需、最紧迫的就是通过提高人的素质来实现这一目标，进一步推动社会经济和文化的前进。大学生作为社会发展的精神动力和智力支持，他们的成才与否、是否具备较高的素质是决定整个民族生死攸关的大事。大学生应通过不懈的努力，利用大学创造的育人和成

---

① 培根．培根论人生，何新译．上海人民出版社，1983 年版，第 56 页。

② 《马克思恩格斯全集》第 3 卷，人民出版社 1979 年版，第 66 页。

材环境，为个人充分、自由、全面地发展创造条件。结婚作为一项复杂的社会活动，将从各个方面影响大学生的成材，不符合中国的国情。从历史发展的角度来看，也不利于国家和民族的发展。那么，在当前提倡人的全面发展的社会历史背景下，面对大学生权利和人的全面发展引发的冲突，我们应当如何应对？理性的答案是：大学生不应结婚。

☆不同观点：大学生应结婚

（一）大学生的生理发育已成熟

首先，大学生的性生理已发育成熟。大学生的平均年龄目前多为20岁左右，正处于青年中期，各方面的生理变化已不像中学时代那样明显。大学生的生理发育就身体各部分的长度、宽度和围度来看，已基本完成，身体内部各器官、系统的结构与机能也基本成熟和健全。神经系统的发育是心理发展的重要物质。从大学生神经系统的发育来看，他们的大脑及整个神经系统已经基本发育成熟。尤其在性的发育上，由于下丘脑和垂体前叶迅速发育，促性腺释放因子和促性腺激素分泌量增加，性腺激素的分泌水平相应提高到成人水平，性开始成熟。总的说来，大学生的生理发育处于一个基本成熟、逐步稳定的阶段。随着性发育日趋成熟，青年男女的性欲意识已越来越强烈。

其次，大学生的性心理的发展基本是积极的、健康的。大学生通过上生理卫生课以及大量的书刊媒体对性的知识有了一定的了解；男女大学生对性别差异的认识已突破了传统的“男尊女卑”的观念，为大学校园增添了男女平等的人文氛围；男女大学生性别角色的态度也摆脱了走极端的幼稚状态，传统的男性重事业、女性重家庭的观念已很少见，男女大学生都向往着事业和家庭两全的理想人生。

（二）爱情总是不期而遇地降临

美好的婚姻总是建立在男女双方真挚的爱情的基础之上。爱情是男女双方基于一定的客观现实基础和共同的生活理想，在各自内心形成的最真挚的彼此倾慕、互相爱悦，并渴望对方成为自己的终身伴侣的最强烈、最持久、最纯洁专一的感情。

处于青春年华的大学生，对爱情有着最甜蜜的憧憬，正如德国著名诗人歌德所说：“哪个少男不钟情？哪个少女不怀春？”他们热切渴盼着心目中的“白雪公主”与“白马王子”有朝一日降临在自己的身边。感情的这种不定性，不能由一个人来决定。而当这人生的机缘终于出现的时候，为了避免因犹疑徘徊而导致的错失良机而后悔，就必须抓住这难得的爱情机缘，走进婚姻的殿堂。

★ **相关案例链接：北京市海淀区人民法院审结的首例在校大学生离婚案**

案情简介：2005 年 6 月 8 日，北京市海淀区人民法院审结一起离婚案。原告孙女士由于新婚丈夫倪先生一改常态，常常对自己侮辱打骂，而将还是在校大学生的丈夫告到法院。

原告孙女士诉称，在高中时便与倪先生谈恋爱，2005 年 2 月登记结婚。正在体味甜蜜生活时，却发现倪某一反常态，多次对自己进行侮辱打骂。由于倪某系在校大学生，二人其实未实际生活在一起。现孙女士已怀孕数月，她认为，自己与倪某没有共同语言，无法共同生活，感情已破裂，故诉至法院要求离婚。

倪先生在审理过程中表示，他与妻子刚刚结婚，感情尚未破裂，现女方已怀孕在身，希望与原告重归于好，同时，离婚纠纷已导致他三个月不能回校上课，希望尽快解决纠纷，继续完成学业。

鉴于此案当事人身份特殊，承办法官在调解不成后，告知双方当事人要珍惜夫妻感情，考虑未出生的孩子，慎重对待婚姻问题。经承办法官的努力，孙女士最终同意给被告一次和好的机会，撤回了起诉，被告倪先生也表示会积极改正自己的错误，并尽快回学校上课。

★ **法条链接**

◆《中华人民共和国婚姻法》（1980 年 9 月 10 日第五届全国人民代表大会第三次会议通过，根据 2001 年 4 月 28 日第九届全国人民代表大会常务委员会第二十一次会议《关于修改〈中华人民共和国婚姻法〉的决定》修正）

第二条　实行婚姻自由、一夫一妻、男女平等的婚姻制度。

第五条　结婚必须男女双方完全自愿，不许任何一方对他方加以强迫或任何第三者加以干涉。

第六条　结婚年龄，男不得早于二十二周岁，女不得早于二十周岁。晚婚晚育应予鼓励。

第七条　有下列情形之一的，禁止结婚：

（一）直系血亲和三代以内的旁系血亲；

（二）患有医学上认为不应当结婚的疾病。

第八条　要求结婚的男女双方必须亲自到婚姻登记机关进行结婚登记。符合本法规定的，予以登记，发给结婚证。取得结婚证，即确立夫妻关系。未办理结婚登记的，应当补办登记。

第三十一条　男女双方自愿离婚的，准予离婚。双方必须到婚姻登记机关申请离婚。婚姻登记机关查明双方确实是自愿并对子女和财产问题已有适当处理时，发给离婚证。

第三十二条　男女一方要求离婚的，可由有关部门进行调解或直接向人民法院提出离婚诉讼。

人民法院审理离婚案件，应当进行调解；如感情确已破裂，调解无效，应准予离婚。

有下列情形之一，调解无效的，应准予离婚：

（一）重婚或有配偶者与他人同居的；

（二）实施家庭暴力或虐待、遗弃家庭成员的；

（三）有赌博、吸毒等恶习屡教不改的；

（四）因感情不和分居满两年的；

（五）其他导致夫妻感情破裂的情形。

一方被宣告失踪，另一方提出离婚诉讼的，应准予离婚。

◆《中华人民共和国婚姻登记条例》（2003 年 8 月 8 日国务院第 387 号令公布）

第二条　内地居民办理婚姻登记的机关是县级人民政府民政部门或者乡（镇）人民政府，省、自治区、直辖市人民政府可以按照便民原则确定农村居民办理婚姻登记的具体机关。

第四条　内地居民结婚，男女双方应当共同到一方当事人常住户口所在地的婚姻登记机关办理结婚登记。

中国公民同外国人在中国内地结婚的，内地居民同香港居民、澳门居民、台湾居民、华侨在中国内地结婚的，男女双方应当共同到内地居民常住户口所在地的婚姻登记机关办理结婚登记。

第五条　办理结婚登记的内地居民应当出具下列证件和证明材料：

（一）本人的户口簿、身份证；

（二）本人无配偶以及与对方当事人没有直系血亲和三代以内旁系血亲关系的签字声明。

第七条　婚姻登记机关应当对结婚登记当事人出具的证件、证明材料进行审查并询问相关情况。对当事人符合结婚条件的，应当当场予以登记，发给结婚证；对当事人不符合结婚条件不予登记的，应当向当事人说明理由。

第十条　内地居民自愿离婚的，男女双方应当共同到一方当事人常住户口所在地的婚姻登记机关办理离婚登记。

第十一条　办理离婚登记的内地居民应当出具下列证件和证明材料：

（一）本人的户口簿、身份证；

（二）本人的结婚证；

（三）双方当事人共同签署的离婚协议书。

第十二条　办理离婚登记的当事人有下列情形之一的，婚姻登记机关不予受理：

（一）未达成离婚协议的；

（二）属于无民事行为能力人或者限制民事行为能力人的；

（三）其结婚登记不是在中国内地办理的。

第十三条　婚姻登记机关应当对离婚登记当事人出具的证件、证明材料进行审查并询问相关情况。对当事人确属自愿离婚，并已对子女抚养、财产、债务等问题达成一致处理意见的，应当当场予以登记，发给离婚证。

第十四条　离婚的男女双方自愿恢复夫妻关系的，应当到婚姻登记机关办理复婚登记。复婚登记适用本条例结婚登记的规定。

第二十二条　本条例自 2003 年 10 月 1 日起施行。1994 年 1 月 12 日国务院批准、1994 年 2 月 1 日民政部发布的《婚姻登记管理条例》同时废止。

★ 他山之石

李湘荃、鲁燕华：允许在校大学生结婚、尊重权利却带来尴尬，《北京青年报》2001 年 12 月 14 日。

丁宁：100% 支持解除禁婚令——在校结婚？沈城大学生说不，《沈阳晚报》2005 年 4 月 11 日。

★ 你会选择在校结婚吗？请说明理由。

第十二讲　中国知识产权的保护问题：网络歌曲《老鼠爱大米》版权纠纷案

★ 法理链接

一、什么是知识与知识产品[①]

（一）知识的含义

现实生活中，知识一词被广泛使用，但其内涵往往因使用者的不同而异。一般情况下，知识的概念有广义与狭义之分。广义的知识是指人类积累的关于自然和社会的认识和经验的总和。广义的知识又可分为认识类知识与经验类知识。狭义的知识仅指认识类知识，又称科学知识，它是关于自然和社会的运动规律、原理方面的理论体系，即关于"知道是什么"和"知道为什么"的知识，这类知识我们可以形象地将其形容为"知其然而且知其所以然"。而经验类知识是人类社会生产实践经验的总和，即关于"知道怎么做"的那类"只能意会、不能言传"的知识，这类知识我们也将其形容为"知其然但不知其所以然"的知识。

人类社会的发展过程实际上就是一个知识不断积累的过程，知识在人类社会的发展过程中也发挥了巨大的作用。在前资本主义时期，知识大都表现为经验类知识。此时的科学知识和技术知识一般是分离和脱节的，知识应用于生产还只是偶尔的和不自觉的行为。此时的技术知识一般由平民工匠掌握，技术的进步全凭经验摸索和传统技艺的提高和改进；而科学知识则属于贵族、绅士或者有钱有闲人士，科学理论常常落后于生产实践，只是概括和总结实践过程中积累的经验材料。这时在劳动产品的生产中占主导地位的还是体力因素，或者说是体力因素掩盖了智力因素，知识的作用还难以被人们清楚和直观地认识。在这一阶段，运用科学技术知识生产的物质产品可以作为商品，但科技知识本身却不是商品，知识的财产性也不能明显地体现出来。

① 吴汉东．知识产权法通识教材，知识产权出版社，2007 年版，第 3～4 页。

（二）知识产品的诞生

近代社会以来，随着人类科学活动的发展以及对自然和社会规律的逐渐揭示，知识也越来越多地表现为认识类的科学知识。此时，科学知识被广泛地运用于社会生产，以往在劳动产品的生产中占主导地位的体力因素逐渐让位于智力因素，科学知识开始直接为生产过程服务，从而为社会创造了巨大的财富。

根据马克思的劳动价值理论分析，智力劳动也是一种生产劳动，作为智力劳动成果的知识也是一种劳动产品，知识产品本身与采用知识生产的物质产品一样都具有有用性和稀缺性，因此具备使用价值和交换价值。

知识产品的有用性表现在它能够满足人们精神生活的需要，也能够投入生产领域转化为有形的物质产品，满足人们的物质生活和需要；知识产品的稀缺性表现在知识产品生产的长期性、复杂性和高成本化以及知识产品创造者的高素质，相对于社会需求而言，知识产品常常供给不足。

随着知识的财产性被鲜明地显现出来，知识产品也成为可以在市场上自由交换的产品。整个社会财富的结构也由以往单纯的物质财产（如土地、粮食、机器、房屋等）延伸到无形的知识财产（如知识、技术、信息等），而且无形知识财产的比重还在逐渐增大，开始成为社会财富的主要组成部分。

二、知识产品的特点①

知识财产作为人们在科学、技术、文化等知识形态领域中创造的精神产品，主要包括文学艺术作品和科学作品、发明创造、商业标志、商业秘密等。与物质产品相比，知识产品具有以下特点。

（一）创造性

知识产品不可能是现有产品的简单重复，它必须有所创新、有所突破。创造性是知识产品取得法律保护的条件，而一般财产并不要求这样。创造性说明知识产品不是被轻而易举地生产出来的，其中凝结了生产者大量的智力劳动。就某类具体的知识产品而言，其创造性程度的要求各不相同。如发明要具有“技术先进性”、作品要具有“独创性（原创性）”、商标要具有“可识别性”等。

（二）非物质性

所谓非物质性，是指知识产品的存在不具有一定的形态（如固态、液态、气

① 吴汉东．知识产权法通识教材，知识产权出版社，2007年版，第4~6页。

态等）、不占有一定的空间。人们对它的“占有”不是一种实在而具体的控制，而表现为认识和利用。对于物质产品，在一定时空条件下，只能由某一个人或社会组织来实际占有和使用，所有人能够有效地管理自己的有形财产，以排除他人的不法侵占。如一支钢笔，一般情况下不可能同时由两个人占有和使用。而一项知识产品却不同，它可以为若干主体同时占有，被他们共同使用。如一项技术，可以被甲地的某企业在生产中运用，在该企业毫不知情的情况下，也可以同时被乙地的企业运用。

知识产品虽然具有非物质性的特点，但总是要通过一定的客观形式表现出来，这是对其进行保护的条件之一。如作品表现为文字著述、舞台表演等，发明创造表现为文字叙述、设计图表等，商标表现为图案、色彩、文字等。

（三）公开性

知识产品必须向社会公示、公布，使公众知悉。公开性是知识产品所有人取得无形财产权的前提。而法律规定有形财产所有人并无将其财产公开的义务。如作者创作作品的目的之一就是使之传播，在传播中得以行使权利、取得利益；发明创造者要划定自己的权利范围，就必须公布专利的技术内容；商标所有人为了将自己的商品与他人的商品区分开来，就要公开使用自己的商标标志。但必须注意，属于知识形态财产的技术秘密不具有公开性，它依靠保密来维持其专用权利。

★ 典型案例：网络歌曲《老鼠爱大米》版权纠纷案①

案情概要： 2004年10月，由杨臣刚创作并演唱的歌曲《老鼠爱大米》（原名《这样爱你》）由于其贴近生活、朴实无华、琅琅上口在网络上迅速窜红，并成功地登上春节联欢晚会的舞台，获得了当年最受观众欢迎的歌曲类节目三等奖。而由此引发的官司也接连不断。其中影响最大的是北京市海淀区人民法院于2004年11月受理的原告北京太格印象文化公司诉被告广东飞乐影视制品有限公司、贵州文化音像出版社侵权案。此案由北京市海淀区人民法院知识产权庭庭长、全国“十杰法官”宋鱼水担任审判长。本案追加杨臣刚、王虎、田传均为第三人参加诉讼。

原告认为：杨臣刚与王虎分别于2002年7月13日和2003年3月1

① 参见《楚天都市报》2005年2月24日。

日签订两份合同，约定杨臣刚将歌曲《这样爱你》（又名《老鼠爱大米》，以下统称《老鼠爱大米》）词曲的著作财产权转让给王虎，后王虎于2003年4月20日将该权利转让给原告，故原告成为该歌曲词曲的著作财产权人。二被告未经授权，擅自使用该歌曲词曲制作CD光盘出版发行，侵犯了原告的著作权。原告要求二被告立即停止侵权，赔偿原告经济损失50万元，并在《法制日报》和《北京晚报》上向原告公开赔礼道歉。

被告广东飞乐影视制品有限公司认为：被告曾于2004年10月10日与杨臣刚签订合同，约定杨臣刚授权其独家使用歌曲《老鼠爱大米》词曲，其时被告对杨臣刚曾与王虎、田传均等人签订该歌曲词曲的著作权转让合同并不知晓。后被告发现杨臣刚的授权存在瑕疵，故从曾与杨臣刚于2002年11月6日签订著作权转让合同的田传均处取得该歌曲词曲的使用权。其使用该歌曲词曲具有合法授权，亦无任何过错，不应承担侵权责任。

被告贵州文化音像出版社是从广东飞乐处合法取得授权出版含有歌曲《老鼠爱大米》的CD光盘，无任何过错亦不应承担侵权责任。

杨臣刚认为自己与王虎分别于2002年7月13日和2003年3月1日签订的两份合同虽所涉歌曲均名为《老鼠爱大米》，但实则为两首完全不同的歌曲。杨认为自己与田传均于2002年11月6日签订的著作权转让合同有效，田传均实际受让取得歌曲《老鼠爱大米》词曲的著作权并有权进行处分。

王虎认为自己与杨臣刚于2002年7月13日签订的著作权转让合同合法有效，因知识产权的无形财产属性，自己于该合同签订和生效之时即已取得歌曲《老鼠爱大米》词曲的著作财产权，而与杨臣刚于2003年3月1日签订的著作权转让合同系对2002年7月13日所签合同的细化约定和部分变更，当时其实际上早已受让取得该歌曲词曲的著作财产权，后将该歌曲词曲的著作财产权合法转让与原告。

田传均认为杨臣刚与王虎于2002年7月13日签订合同约定版权转让，但杨臣刚并未于合同签订之后向王虎实际交付歌曲《老鼠爱大米》的词曲手稿。自己与杨臣刚于2002年11月6日签订的著作权转让合同合法有效，且杨臣刚已向自己实际交付该歌曲的词曲手稿，实际受让取得该歌曲词曲的著作权并有权进行处理。

而法院经审理认为：在杨臣刚与王虎和田传均签订的几份著作权转让合同中，王虎与杨臣刚于2002年7月13日所签合同合法有效，其时歌曲《老鼠爱大米》词曲已由杨臣刚创作完成且内容固定，该歌曲词曲著作权亦已于当时转移，王虎自合同签订之日起拥有对歌曲《老鼠爱大米》词曲的永久版权。王虎于2003年4月20日将其对歌曲《老鼠爱大米》词曲享有的权益全部无偿转让给太格印象，系双方的真实意思表示，且未违反任何法律规定，应属合法有效，太格印象由此成为歌曲《这样爱你》词曲的著作财产权人。

2005年11月17日，北京市海淀区人民法院依法作出判决：判令被告立即停止侵权行为；赔偿原告经济损失十五万元；驳回原告其他诉讼请求。本案宣判后，各方当事人均未提起上诉。

杨臣刚简历：网络歌手，1979年10月出生于武汉，是武汉吉他研习会理事长、原创音乐基地词曲创作音乐人。1996年开始研习吉他，并随吉他研习会在武汉地区各大高校及武汉地区演艺厅等地演出，五年演出的场次不下千次；1998年到2000年师从武汉音乐学院教授学习专业作曲；1999年到2000年为武汉“欢乐总动员”“幸运千万家”作专业背景乐队；2001年在海外旅游公司游轮上担任钢琴师、吉他手；2002年获全国原创音乐“美少年才艺”一等奖，中国百事新星总决赛原创作曲银奖。2004年10月，杨臣刚因原创歌曲《老鼠爱大米》迅速窜红，连续高居各大型中文门户网站“十大流行金曲榜”第一名数周，并横扫各大网站排行榜榜首，成为一首有望创造传唱奇迹的在网络红起来的歌曲，其推荐指数也远超大牌歌星刀郎、罗林和周杰伦的新歌推荐。有专家预言，如果杨臣刚顺利出道的话，他的首张专辑至少可以卖200万张！业内人士分析，凭借当时杨臣刚的知名度，大可以挑选一家有实力的唱片公司加盟。是什么使他沉迷于眼前的微利，置光辉的前途而不顾呢？

★ 问题与思考

一、什么是知识产权？

二、如何保护知识产权？

◆ 灵感闪存

☆ ……

☆ ……

☆ ……

☆ ……

☆ ……

☆ ……

★ 案例评析

一、知识产权的含义和特点

（一）知识产权的含义

当前，学术界关于知识产权的含义主要存在三种观点：

1. 范围说或列举说

1967 年签订的《建立世界知识产权组织公约》第二条第八项规定，“知识产权”包括下列有关的权利：文学、艺术和科学作品；表演艺术家的表演以及唱片和广播节目；人类经过努力在各个领域的发明；科学发现；工业品外观设计；商标、服务标志以及商号和标记以及所有其他在工业、科学、文学或艺术领域中的智能活动产生的产权①。这一条款被对世界经贸影响力更大的世界贸易组织 1994 年签订的《与贸易有关的知识产权协定》（TRIPS）的第一部分第一条所重复。上述两个国际公约对知识产权划定的范围是当今世界各国知识产权法律制度的通例，迄今为止，多数国家的法理专著、法律乃至国际条约，都是从划定范围出发来明确知识产权这个概念，或给知识产权下定义的。

2. 概括说

这是我国学者普遍采用的一种给知识产权下定义的方法。如高等学校法学统

① 曹新明. 知识产权法学，中国人民大学出版社，2008 年版，第 5 页。

编教材《知识产权法教程》[1] 所下定义为："知识产权指的是人们可以就其智力创造的成果依法享有的专有权利"；又如《知识产权法学》对知识产权的定义是指自然人、法人或者其他组织对其智慧创作物依法享有的专有权利[2]；再如《知识产权法》中使用的知识产权概念，是指人们对于自己的智力活动所创造的成果和经营管理活动中的标记、信誉依法享有的权利[3]。

3. 无形财产体系说

有学者认为以知识产权名义统领下的各项权利，并非都是来自知识领域，亦非都是基于智力成果而产生，知识产权的"知识"一词似乎是名不副实。因此建议参照无形资产的类别，在民法学研究中建立一个大于知识产权范围的无形财产权体系，以包容一切基于非物质形态（包括知识经验形态、商业信誉形态、经营资格形态）所产生的权利。该无形财产权包括创造性成果权、经营性标记权和经营性资信权等三类权利。

（二）知识产权的范围和种类

知识产权的范围有广义和狭义之分。广义的知识产权的范围已为《建立世界知识产权组织公约》《与贸易有关的知识产权协定》所认可，范围十分广泛。而狭义的知识产权即传统意义上的知识产权，包括著作权、专利权和商标权三大部分，可分为两大类：①文学产权，是作者对文学、艺术、音乐、摄影、电影、电视、计算机软件等方面的专有权以及由此派生出来的邻接权等；②工业产权，包括专利权（发明专利、实用新型专利和工业品外观设计）和商标权（商业商标、服务商标和制造商标）。工业产权是个广义的概念，它不仅包括工商业本身而且还包括农业、采掘业以及交通运输业等。

（三）知识产权的特点

1. 无形性

知识产权客体的非物质性是知识产权区别于财产所有权的本质特征，知识产权的客体即知识产品，是一种没有形体的精神财富，属于无形财产权。尽管其通过一定的有形载体体现出来，但有形载体的价值与无形的知识财产的价值不能同日而语。这是知识产权的本质属性。

---

① 郑成思．知识产权法教程，法律出版社，1993 年版。

② 曹新明．知识产权法学，中国人民大学出版社，2008 年版，第 4 页。

③ 吴汉东．知识产权法，中国政法大学出版社，2002 年版，第 1 页。

2. 国家授予性

有形财产权通过一定的法律事实予以设定和取得，并不需要国家有关机关的介入，而知识产权具有无形性，不易为权利人实际控制，因此一般需要由国家认定和许可，必须得到国家法律的特别保护。如专利权需要由权利人或其代理人向国家有关机关申请，由国家主管机关审查批准，发给权利证书予以确认。

3. 专有性

亦称独占性或垄断性。主要表现在两个方面：一是知识产品为权利人所独占，权利人垄断这种专有权利并受到严格保护，没有法律规定或未经权利人许可，任何人不得使用权利人的知识产品，否则就是侵权；二是对同一项知识产品不允许有两个或两个以上同一属性的知识产权并存。

4. 时间性

它是指法律对知识产权的保护有一定的保护期，过了有效保护期，这种专有权就自行消失，相关智力成果就变成了人类社会的共同财富，为全人类所共同使用。这是世界各国为了促进科学文化发展、鼓励智力成果公开所普遍采用的原则。

5. 地域性

是指知识产权的空间效力范围只局限于一国范围之内，超出一国范围知识产权便不被认可，也就不具有法律效力。即依某一国法律而取得的某一专有权，只在该国境内有效，受该国法律保护，在其他国家无效，其他国家没有保护的义务，除非有相关国际条约的规定。

二、保护知识产权的有效途径

（一）知识产权的国内保护

1. 立法保护。即指国家通过立法赋予民事主体对其知识财产和相关的精神利益享有知识产权，并予以法律拘束力的一种保护。

没有知识产权立法，就没有知识财产的法权形态，就没有其创造者和其他权利人的法律地位。其他财物（产）还可以通过储藏、占有等手段进行保护，但知识财产的特性决定如果其脱离、失去国家法律的保障，其创造者或其他所有人就会一无所有、丧失一切。即使他保有了知识财产的物质载体，但其知识财产并未因此获得保护。假冒、盗版、未经许可使用等将会成为不受法律追究的行为，权利人的知识财产被彻底剥夺。有学者将知识产权称为“诉讼上的权利”，意指知识产权通常要通过诉讼等执法活动才能得以实现和保护。而实现诉讼上的权利，前提就要有立法对其进行保护。一个科学、先进、完备的知识产权立法，是知识产权保护的法律基础，是知识产权执法的前提和准绳。因此，建立和不断完善知识产权立法是知识产权保护的首要任务。

2. 行政保护。即指国家行政机关对当事人某些比较严重违反知识产权法律的行为予以行政处罚，以及对某些知识产权向权利人予以授权等的行政行为。

对知识产权的行政保护，是中国知识产权保护具有特色的“双轨制”的体现。从发达国家来看，对知识产权的保护，主要通过司法途径保护。他们的行政执法职能主要指海关的边境措施，以及贸易委员会对他国和地区的盗版、假冒严重的、在双边贸易中的经济制裁等。一般没有类似我国各个行政机关对侵权行为的罚款等行政处罚的情况。不论今后我国行政执法的趋向如何，对我国当前严重的盗版、假冒等侵犯知识产权的行为，利用行政处罚手段，对知识产权给予保护仍不失有效措施之一。从近几年的情况看，在某些知识产权领域（如商标），行政执法占据重要的地位。

3. 司法保护。对知识产权的司法保护是知识产权保护的中心和关键的一环，是最重要的知识产权法律实施活动。

我国加强了对知识产权的司法保护。我国对知识产权的司法保护，是在人民法院深入进行司法改革，强调严肃、公正和公平执法，为我国改革开放、进行社会主义市场经济建设提供可靠司法保障的背景下开展的。也是在我国加入世界贸易组织，对知识产权的保护按照世界贸易组织 Trips 协议规定不断提高执法水平的情况下开展的。对知识产权的司法保护，是指对知识产权通过司法途径进行保护，即由享有知识产权的权利人或国家公诉人向法院对侵权人提起刑事、民事诉讼，以追究侵权人的刑事、民事法律责任，以及通过不服知识产权行政机关处罚的当事人向法院提起行政诉讼，进行对行政执法的司法审查，以支持正确的行政处罚或纠正错误的处罚，使各方当事人的合法权益都得到切实的保护。

我国知识产权司法保护的范围包括对专利、商标、著作权（版权）、邻接权以及防止不正当竞争权等涉及人类智力成果的一切无形财产的财产权和人身权的保护。我国法律规定的保护范围和水平基本与知识产权国际条约规定的范围和水平相同，并且将会受到《与贸易有关的知识产权协议》等国际公约的积极影响。人民法院的知识产权审判庭还应将有关技术转让、技术合作等各类技术合同纠纷案件作为自己的受案范围。

4. 知识产权集体管理组织保护。

集体管理组织是知识产权创造者或其他权利人自身权利予以保护的社会组织。在知识产权保护机制形成的历史中，较弱小的知识产权人为维护自身利益与势力往往强大的使用者如出版商、广播电视公司等相抗衡，为保护权利起到很大作用。各国法律一般赋予知识产权集体管理组织应有的法律地位，我国的音乐著作权协会就是类似的组织。最高人民法院曾经发函承认其与成员间的信托法律关系，该组织可以其名义作为原告为其成员进行诉讼。知识产权集体管理组织可以协助政府做很多的涉及知识产权保护的事情，可以自行处理涉及维护他们自身权益的事务以及发挥服务于社会的功能性作用，如完成收转作品等权利使用费、授权许可和转让、进行侵权交涉等许多事务。

5. 知识产权人或其他利害关系人的自我救济。

知识产权人与其他利害关系人对知识产权具有直接利害关系，对侵权、盗版往往有切肤之痛。他们本身的知识产权及其法律意识有无或高低，对知识产权保护意义重大。发达国家的公司、企业等都十分重视自身知识产权的保护，设有专门从事知识产权法律事务的部门，并制定了一系列如何保护知识产权、如何在开展业务中避免对他人侵权等的具体措施和手段，以完善地保护自己的权利。我国的企业相对来说知识产权保护意识淡薄，不懂得利用多种知识产权保护和发展自己的知识财产，对屡屡发生权益被侵犯、域名被强注、误将公知技术当“专有技术”受让当“冤大头”等，有的将发明专利的专利号仅起到包装装潢作用等。知识产权人的自我救济范围很广，在主张权利阶段，就包括向侵权人提出警告、交涉，各类请求权的行使等。

（二）知识产权的国际保护

知识产权的国际保护主要通过互惠保护、双边条约保护和国际公约保护三种途径实现。其中，国际公约尤其是实体性国际公约的保护是最主要的途径。《保护工业产权巴黎公约》《保护文学艺术作品伯尔尼公约》和《与贸易有关的知识产权协议》是目前影响最大的三个实体性国际公约。《保护工业产权巴黎公约》是知识产权领域第一个世界性多边公约，而且也是成员国最为广泛、对其他世界性和地区性工业产权保护影响最大的公约；适用范围为发明专利、实用新型、外观设计、商品商标的保护，基本原则是国民待遇原则、优先权原则、临时性保护原则、专利商标保护的独立性原则。《保护文学艺术作品伯尔尼公约》是著作权领域第一个世界性多边国际条约，也是至今影响最大的著作权公约；适用范围为对文学艺术作品的版权保护；基本原则是国民待遇原则、自动保护原则、版权独立性原则。《与贸易有关的知识产权协议》是关贸总协定乌拉圭回合谈判的21个最后文件之一；适用范围为版权、商标、地理标志、工业品外观设计、专利、集成电路布图设计、未披露信息的保护，基本原则是国民待遇原则、最惠国待遇原则。

1. 对专利权的法律保护

我国专利法第二十条规定：中国单位或者个人将其在国内的发明创造向外国申请专利的，应当首先向中国专利局申请，并经国务院有关主管部门同意后，委托国务院指定的专利代理机构办理。申请专利的发明创造涉及国家安全或者重大利益需要保密的，按照国家有关规定办理。第六十四条规定：擅自向外国申请专利泄露国家机密的，由所在单位或者上级主管机关给予行政处分；情节严重的，依法追究刑事责任。

2. 对商标权的法律保护

我国出口商品须在国外注册的，应依照我国参加的《巴黎公约》和《马德里协定》或根据对等原则，以及对方国家规定的无条件国民待遇原则，首先在我国工商管理机关注册，并委托中国国际商会代理，在外国申请注册。

而外国人在我国的商标注册问题，我国《商标法》第十七条规定：外国人或者外国企业在中国申请商标注册的，应当按其所属国和中华人民共和国签订的协议或者共同参加的国际条约办理，或按照对等原则办理。第十八条规定：外国人或者外国企业在中国申请商标注册和办理其他商标事宜的，应当委托国家认可的具有商标代理资格的组织代理。即我国对外国人的商标注册采取了有条件的国民待遇原则。根据这一原则，目前已有30多个国家和地区的几十万件商标在我国注册获得了商标专用权。外国人在我国注册商标，以及办理其他商标事宜，应当委托国家指定的中国国际商会代理。委托代理，必须正式办理经过公证认证的委托书和有关证明文件。

外国人在我国注册商标所享受的优先权问题，按照我国参加的《巴黎公约》的原则，我国国务院规定，从1985年3月19日起，凡是公约成员国国民，已向《巴黎公约》的任何一个成员国提出了商标注册申请，其后又在中国就同一商标、在相同的商品上提出注册申请的，可以从第一次申请后六个月内要求享有优先权。凡要求享有优先权的，应当提出书面声明，以及在其他成员国第一次申请的副本和其他有关文件。

3. 对著作权的法律保护

我国《著作权法》关于著作权的国际保护采取的是“双国籍国民待遇原则”，即中国公民、法人或者其他组织的作品不论其在境内还是在境外、是否发表，均作为中国作品，受中国《著作权法》保护。如果外国人的作品在中国境外首先出版，30 天内在中国境内也出版的，视为在中国境内首先出版，也作为中国作品受法律保护。

外国人已在我国境外出版的作品，应根据其所属国同中国签订的协议或者共同参加的国际条约，受中国《著作权法》保护。上述外国人的作品不论是否在中国境内首次出版，只要符合《著作权法》的规定，都在我国境内像中国公民的作品一样，自动受到法律保护。

我国公民、法人和其他组织的作品，如要在外国受到法律保护，可以根据我国已经参加的国际公约的规定，在公约某一成员国首次出版，在其他成员国也同时受到法律保护，或者首次在我国出版后的 30 天内也在《伯尔尼公约》某个成员国中出版，将被视为同时出版，则可以受到所有成员国的法律保护。

★ 相关案例链接

一、网络歌曲《老鼠爱大米》版权纠纷案之：原告广东飞乐影视制品有限公司诉被告北京全天通信息咨询服务有限公司侵权案。

原告称其通过受让方式取得了歌曲《老鼠爱大米》的词曲著作财产权。被告未经其许可，擅自在湖南、黑龙江、河北、天津移动通信公司开展的无线增值彩铃业务中使用了该歌曲，侵犯了原告对该歌曲享有的著作财产权。要求被告立即停止在无线增值彩铃业务中使用该歌曲，在《法制日报》上公开赔礼道歉，并赔偿经济损失 100 万元。

被告辩称，根据原告提交的证据，不能证明其享有《老鼠爱大米》歌曲的著作财产权。而其在彩铃业务中使用该歌曲取得了北京太格印象文化传播有限公司的合法授权，尽到了法律赋予的审查义务。因此其不同意飞乐公司的诉讼请求。

北京市朝阳区人民法院经审理查明：2001 年前后，杨臣刚创作了《老鼠爱大米》一歌的词曲。2005 年 2 月 1 日，杨臣刚曾向北京市海淀区人民法院出具声明，主要内容包括：杨臣刚于 2002 年 11 月 6 日将《这样爱你》（《老鼠爱大米》一歌原来的名称）词曲版权转让给田传均；2003 年 3 月 1 日将该歌曲词曲版权无偿转让给王虎；2004 年 10 月 10 日再次将该歌曲版权转让给飞乐公司。杨臣刚保证以上声明客观真实，如有伪证，愿依法承担相关法律责任。2005 年 2 月，广州出版社出版的《杨臣刚〈老鼠爱大米〉纪实》一书中刊登的杨臣刚的《道歉信》中，杨臣刚称“曾先后于 2002 年 11 月以 2 000 元的价钱卖给北京音乐人田传均；2003 年 3 月无偿转让给北京的王虎；2004 年 6 月以 2 000 元的价钱卖给武汉歌手誓言；2004 年 9 月又以 8 000 元的价钱卖给飞乐唱片的歌手香香，造成了版权上的混乱。”判定被告的行为是否侵犯原告的权利，首先应当确定原告是否享有《老鼠爱大米》一歌的词曲著作财产权。本案中，原告依据杨臣刚对肖飞的授权而从肖飞处取得的权利，法院无法确认该权利的有效性。故法院对原告依上述权利主张的诉讼请求不予支持。2006 年 11 月 27 日，法院驳回了原告的起诉。

二、《新概念英语》作者遗孀起诉新东方索赔 100 万①

原告《新概念英语》作者路易·乔治·亚历山大的遗孀朱莉亚以侵犯著作权、署名利益等权利为由，向在网上使用了以新概念相关内容为课件的新东方迅程网络科技有限公司和新东方教育科技集团有限公司索赔 100 万元。

2007 年 11 月 16 日，该案在北京市第一中级人民法院开庭审理。朱莉亚·班纳·亚历山大本人并没有亲自到庭。2007 年初，朱莉亚女士发现新东方学校向社会销售并使用了《新概念英语》作品的系列学习课件，并向互联网客户提供有偿下载、使用等服务。朱莉亚女士分别公证购买了新东方提供的涉案产品，经对比后发现，其提供的网络学习课件都是在未经自己授权许可的情况下，非法的使用自己享有著作权的《新概念英语》第一至第四册的内容制作的侵权产品。

法庭上，原告代理律师主张，新东方的网络教学产品侵犯了权利人的著作权、署名利益，同时侵犯了权利人复制权、发行权以及信息网络传播权、依法许可他人并获得报酬的权利。原告提出，请求法院判令新东方迅程网络科技有限公司停止使用以新概念四册书制作的网络学习课件，停止相关服务并删除销毁相关课件，并在媒体公开道歉；要求新东

① 杨昌平．新概念英语作者遗孀起诉新东方，《北京晚报》2007 年 11 月 16 日。

方教育集团停止销售该课件，停止网络连接；同时要求二被告连带赔偿经济损失 100 万元。

被告新东方的代理人认为，新东方产品的核心价值是老师的讲解，其盈利是靠老师讲解以及教学环境。新东方学员先要进行课堂教学，那些落课和记不下笔记的学员，可以花 1 060 元购买新概念课程四个级别的网络课件密码来使用。被告方还认为，新概念是公开发行物，该教材是对单词和文章的汇编，该公司制作的课件仅仅引用了其中很小部分的单词和文章，并且上述学习课件并没有取代教材，而是为了教学的合理使用，因此不构成侵权。

本案未当庭宣判。

另悉：在 2004 年底，美国教育考试服务中心和研究生入学管理委员会告新东方“未经同意，大量复制、出版和发行自己享有著作权和商标权的 TOEFL、GRE、GMAT 考试试题”一案在北京市高级人民法院终审判决，新东方被判赔偿二机构 600 多万元。判决生效后，新东方被强制执行，新东方学校校长助理还在执行现场当场宣读了保证今后未经许可绝不实施一切侵权行为的承诺书。

世界知识产权日：4 月 26 日。根据中华人民共和国和阿尔及利亚在 1999 年的提案，世界知识产权组织在 2000 年召开的第三十五届成员大会上通过决议，决定从 2001 年起，将每年的 4 月 26 日定为“世界知识产权日”。4 月 26 日是《建立世界知识产权组织公约》（《世界知识产权组织公约》）生效的日期。设立世界知识产权日旨在全世界范围内树立尊重知识，崇尚科学和保护知识产权的意识，营造鼓励知识创新和保护知识产权的法律环境。

★ 法条链接

◆《中华人民共和国民法通则》

第九十四条　公民、法人享有著作权（版权），依法有署名、发表、出版、获得报酬等权利。

第九十五条　公民、法人依法取得的专利权受法律保护。

第九十六条　法人、个体工商户、个人合伙依法取得的商标专用权受法律保护。

第九十七条　公民对自己的发现享有发现权。发现人有权申请领取发现证书、奖金或者其他奖励。

公民对自己的发明或者其他科技成果，有权申请领取荣誉证书、奖金或者其他奖励。

◆我国有关知识产权保护的法律法规

《著作权法》（1990 年 9 月 7 日通过，1991 年 6 月 1 日施行，2001 年 10 月 27 日修改）

《著作权法实施条例》（2002 年 9 月 15 日施行）

《专利法》（1984 年 3 月 12 日通过，1985 年 4 月 1 日施行，1992 年 9 月 4 日修改）

《专利法实施细则》（2001 年 7 月 1 日施行）

《商标法》（1983 年 3 月 1 日施行，2001 年 10 月 27 日修改）

《商标法实施条例》（2002 年 9 月 15 日施行）

《国防专利条例》（2004 年 11 月 1 日施行）

《集成电路布图设计保护条例》（2001 年 10 月 1 日施行）

《著作权集体管理条例》（2005 年 3 月 1 日施行）

《信息网络传播权保护条例》（2006 年 7 月 1 日施行）

《计算机软件保护条例》（1991 年发布第一部，2002 年实行新条例）

《知识产权海关保护条例》（1995 年 10 月 1 日施行，2004 年 3 月 1 日实施新条例）

《海关关于知识产权保护的实施办法》（2004 年 7 月 1 日施行）

《音像制品管理条例》（1994 年 8 月 25 日发布，2002 年 2 月 1 日实施新条例）

《奥林匹克标志保护条例》（2002 年 4 月 1 日施行）

《合同法》（部分）（1999 年 10 月 1 日施行）

《担保法》（1995 年 10 月 1 日施行）

《植物新品种保护条例》（1997 年 10 月 1 日施行）

《植物新品种保护条例实施细则》（农业部分 2008 年 1 月 1 日施行、林业部分 1999 年 8 月 10 日施行）

《反不正当竞争法》（1993 年 12 月 1 日施行）

★ 请你断案：《乌苏里船歌》是原创还是改编[①]

案情简介： 40年前，歌唱家郭颂首唱的《乌苏里船歌》歌颂和宣传了勤劳善良的赫哲族人民，唱红了大江南北。1999年11月12日，在中央电视台直播的"南宁国际民歌艺术节"上，主持人宣称《乌苏里船歌》为郭颂创作。郭颂在其他出版物上也把自己署名为作曲者。节目播出后，在赫哲族群众中引起很大反响，他们认为，《乌苏里船歌》应属赫哲族民歌。2001年3月，黑龙江省饶河县四排赫哲族乡政府将郭颂、中央电视台、南宁市政府、北京北辰购物中心告上法庭，称其侵犯了著作权，请求法院判令被告在中央电视台播放《乌苏里船歌》，说明其为赫哲族民歌，并对侵犯著作权一事作出道歉，判令被告赔偿原告经济损失40万元，精神损失10万元。

请判断法院将如何裁决？

★ 参考答案

一审：2002年12月27日，北京市第二中级人民法院作出一审判决：①郭颂、中央电视台以任何方式再使用《乌苏里船歌》时，应当注明其根据赫哲族民间曲调改编。②郭颂、中央电视台于判决生效之日起30日内在《法制日报》上发表音乐作品《乌苏里船歌》系根据赫哲族民间曲调改编的声明。③北京北辰购物中心立即停止销售任何刊载未注明改编出处的音乐作品《乌苏里船歌》的出版物。④郭颂、中央电视台于判决生效之日起30日内给付原告因本案诉讼支出的合理费用各1 500元。⑤驳回原告其他诉讼请求。一审宣判后，被告不服，向北京市高级人民法院提起上诉。

二审：2003年12月17日，北京市高级人民法院终审维持原判。法院审理认为，原创和改编均是著作权法规定的产生文学、艺术和科学作品的一种智力活动，但是因为投入的智力劳动不同，作者对形成的作品享有的权利和承担的义务也不同。一部作品如系原创，则作者对该作品享有完整的著作权；如果改编，则作者对该作品享有的权利要受原作品著作权人权利的限制，未履行法定的义务就会构成侵权。在本案中，经双方同意，受法庭委托，中国音乐著作权协会作出鉴定认为，"《乌苏里船歌》是在赫哲族民间曲调《想情郎》《狩猎的哥哥回来了》

① 廖万里、格西．乌苏里船歌：原创还是改编，《人民法院报》2007年10月26日。

原主题曲调的基础上改编完成的，应属改编或编曲，而不是作曲。”因此，被告在使用该作品时应注明该歌曲曲调根据赫哲族传统民间曲调改编，因其未履行该义务，故构成侵权。

第十三讲　大学生心理素质教育的现状及实施途径

20世纪80年代末，我国教育界提出了“素质教育”这一新理念，随之出现了心理素质与心理素质教育等概念。1998年4月，在教育部颁布的《关于加强大学生文化素质教育的若干意见》中明确指出：“大学生的基本素质包括思想道德素质、文化素质、专业素质和身体心理素质。”可见，心理素质是大学生基本素质的重要组成部分。心理素质教育对大学生的人格特征、能力素质的形成起着十分重要的作用，大学生的身心健康、人格健全、和谐发展是他们学习与成长的需要，也是社会对21世纪人才素质的要求。可以说心理素质教育是“实施素质教育、培养德智体美全面发展的社会主义建设者和接班人”[①] 的重要前提和手段。

面对科技日益发达的21世纪，知识借助高科技的发展可以无限制地复制和传播，而在这传播的过程中，大学生应该掌握的内核是什么？古人有云：授人以鱼，不如授人以渔。当今社会是一个日益复杂和多元的社会，我们培养的人才将是21世纪的主人，他们不仅要具有为社会作贡献的真才实学，更需要健康的心理。正因如此，作为一个有社会责任感的大学教师，我们更应该关注的是如何有针对性地给学生们一个健康的心理，培养学生良好的心理素质。基于此，现结合大学生的一些心理素质的现状[②]，作以下分析。

一、大学生心理素质的现状及成因

（一）大学生心理素质的概念和特点

心理素质是以生理素质为基础和前提，在实践活动中通过主体与客体的相互

① 胡锦涛：高举中国特色社会主义伟大旗帜，为夺取全面建设小康社会新胜利而奋斗——在中国共产党第十七次全国代表大会上的报告，2007年10月15日。

② 2008年6月，结合“大学生犯罪问题：马加爵案”这一专题，以《法学典型案例分析》课堂的160名学生为基础，分别以问卷、采访等形式随机调查了中南财经政法大学11个学院的共500余名2006级和2007级学生，得到一些基本数据。文中数据均出于此。参加此次调查的人员有：王芳、幸桂兵、陈宙、郑松林、陆琳莎、崔超、刘圣楠、陈尉、许恒源、赖成才等。

作用，而逐步形成和发展的影响人们学习、生活和工作的水平和成效的心理品质。大学生心理素质是在生理素质的基础上，通过后天环境和教育的作用形成并发展起来的，与大学生的学习、学术研究和生活实践密切联系的心理品质的综合表现。大学生心理素质具有四个特点：一是相对稳定性与可发展性，二是综合性，三是可评价性，四是基础性。心理素质不是大学生在特定领域中获得的某一专门知识和技能，而是那些对大学生学习、生活、社会适应性和创造性等活动效果产生重要影响的心理品质的综合。①

（二）当前大学生心理素质现状

当代大学生具有强烈的求知欲和较高的智商，能适应群体、社会和学校环境，能正确认识自我，拥有完整的人格和自我意识，个性心理品质总体状况是好的，但也存在一些不容忽视的问题。通过调查，了解到大学生六个方面的心理素质现状，现分述如下。

1. 学习方面，大多数学生进取心强，状态良好，但也有少部分学生属于被动学习，存在学习焦虑心理

调查中，大部分学生对学校各方面硬件设施与软件建设都较为满意，但仍有43%的学生认为与自己理想的大学有一定的差距，由此导致这部分学生在学习上较为消极，调查显示有46.5%的学生是被动学习，而真正主动学习的学生只占8.21%。不少学生因此出现了“学习焦虑”，学习效率不高。关于学习成绩排名是否会给学习带来影响，觉得会影响的学生达80%。曾经流行的“六十分万岁，多一分浪费”的口头禅，在今天的大学生中已逐渐销声匿迹，可见大学生在学业上进取心更强。

2. 人际交往方面，大学生注重交际，择友理性，积极参加群体活动，能理性处理同室友的关系

调查显示，83%的学生表示经常或偶尔参加班级或者社团组织的活动，这说明大部分大学生很注重人际交往，交际范围也在不断扩大。择友较为理性，在择友标准上，有一半以上的学生认为“可以信赖”是择友的重要标准，“诚实的品质”和“志趣相投”分别占19.7%和18.1%的比例。面对陌生的环境，能很快适应的学生有30.8%，大多数学生认为视情况或机缘而定，而9.7%的学生则难和陌生人混熟。

① 周冶金．论大学生心理素质结构，《高等教育研究》2003年第24卷第3期。

大学生都充分认识到同寝室同学之间的友谊是很重要的，是影响大学生活的重要部分，因此处理舍友间冲突的方式一定要小心谨慎。62.4%的学生主张采取积极主动的方式去面对，21.2%的学生认为应当乐观被动的等待，12.9%的学生认同采取消极的方式去处理，只有3.5%的学生认为要采取非理性的方式去面对。

3. 消费方面，大多数学生的消费水平与家庭经济条件较为适应，能把握消费尺度，理性对待超前消费与透支消费

调查显示，讲求实际、理性消费是当前大学生主要的消费观念。调查表明，在购买商品时，大学生首先考虑的是价格和质量。由于消费能力有限，大学生在花钱时往往比较谨慎，力求"花得值"，会尽量搜索那些物美价廉的商品。在消费水平与家里的经济条件是否相适应上，56.5%的学生认为适应，认为略微超出的学生有32.6%，比较不平衡的学生有7.5%，严重失衡的学生占3.4%。在消费尺度上，41.8%的学生可以控制，稍微越界的学生达47.3%。可见，初次自行支配钱财的大学生，理财能力还有待提高。关于大学生的超前消费和透支消费，35.1%的学生持反对态度，46%的学生认为只要在经济承受范围之内是可以接受的，既可以给自己带来利益，也可以促进社会经济的发展。

4. 情感方面，大多数学生能正确处理恋爱与学习的关系，恋爱趋于理性

调查中，关于恋爱是否会影响学习，有超过三成的学生认为不会有影响，他们认为恋爱一般来说不会占用学习时间，在一起的时间多为课余、周末和假日，尤其是跨校之间的恋爱；而且恋爱可以给人带来愉悦的心情，这有利于提高学习的效率。同时，也有21.4%的学生认为恋爱会影响到学习，在时间和经济上面都会有压力，其间情绪容易波动，而且限制了社交圈子。

调查还显示，未谈恋爱的学生占80%，他们对于谈恋爱的学生是不嫉妒也不羡慕，相信属于自己的幸福是争取来的，表现出了大家对恋爱比较成熟的认识，大家的恋爱观主流上是好的。也有一部分学生认为："走自己的路，让别人谈去。"正在谈恋爱的学生占20%，他们在谈到对将来的打算时，有67.9%的学生选择想跟恋人毕业后继续在一起，32.1%的学生选择了随便或不想。可见，大多数学生对恋爱是比较严肃、认真的。但仍有32.1%的学生对恋爱持随意的态度。

5. 就业方面，大多数大学生存在就业危机感，因此对毕业后的目标都较明确，对就业时专业是否对口以及是否低就岗位都有较清醒的认识

调查显示，82%的学生存在就业危机感。对于本科毕业后的打算约92%的学生有较明确的目标，其中45%的学生要先工作，但没想过创业，40%的学生要考

研，9%的学生选择直接就业。仍有8%的学生没有任何打算。

面对当前严峻的就业形势，大多数学生都能理性对待。如果找不到对口的工作，大部分持“退一步海阔天空”的态度，高达87%的学生选择先找个一般的工作，一边积累经验一边等待和创造更好的机会，这虽是一种退而求其次的心态，却不失为一种有效的用以平衡理想和现实之间落差的良方。但也有13%的学生对此持有固执或退缩的倾向，其中8%的学生要坚持找对口的工作，即使处处碰钉子也不放弃；5%的学生面对富裕的家境，选择依靠父母在家待业。还有9%的学生勇气可嘉，他们选择自己创业，自力更生。关于低就岗位的问题，74%的学生持观望的态度，表示要视情况而定；也有22%的学生愿意低就；4%的学生不愿意低就。

6. 压力方面，来源广泛，尤其以学习、就业压力为重，但应对方式多样，大部分都能找到合适的方式来释放压力

压力是环境对人的要求与人去应付这些环境的能力之间的不平衡，这种不平衡将导致严重的精神负担，即心理压力。适度的压力能使人情绪处于兴奋状态而产生动力，使个性潜力良好发挥，但压力过大则会产生负面影响。

调查显示，大学生的压力来源主要是学习、人际交往、消费、恋爱和就业等五个方面，所占比例分别为：学习问题占54.5%，社交问题占24.9%，家庭经济问题占7.46%，感情问题占21.9%，就业压力占30%，此外，还有健康原因占6.5%等。

大学生应对压力的方式多种多样。48%的学生会选择娱乐、游戏、读书的方式转移压力，22.1%的学生会通过哭、倾诉、写日记的方式宣泄，10.7%的学生则会变得压抑、郁闷，还有的会选择顺其自然，也有的会采取逃避态度，沉湎于过去，有9.1%的学生留恋中学时光并时刻想要回到过去。

综上所述，大学生心理素质状况主流是积极、乐观的，存在的问题主要是一些一般性的成长心理问题，即所谓的“成长的烦恼”。随着大学生知识的增多，感性与理性思维日趋成熟，大多数学生会客观而全面地对自己进行分析和评价，在心理上会形成自我纠偏、自我调节的能力，不健康的情愫会慢慢消失，不一定发展成为心理障碍和心理疾病。但极少数学生可能会由于长期积聚的心理压力无从释放，或在外界突发性事件的刺激下，由普通的心理问题发展为病态人格或心理障碍。

（三）影响大学生心理素质状况的因素

1．社会因素

对大学生的心理素质影响最大的是社会环境。当前我国处在社会经济文化的转型时期，社会经济的迅速增长，并没有带来就业率的必然升高。随着我国高等教育体制的改革，面对竞争激烈的人才市场，面临就业的大学生逐年增加，就业岗位却相对减少，竞争越来越残酷，这使部分学生感到难以适应，从而产生较大的心理压力，尤其是一些技能平平、无社会背景、家境一般的学生，压力更大。大学生的学习压力、经济压力，究其根源仍然是社会竞争的压力。

2．学校因素

高校承担着促进学生全面发展的重任，是培养人才的主要场所，除传播知识之外，还要培养大学生健康的人格和心理。人格的完善与知识的完善是同等重要的，因此心理素质教育和知识教育也同等重要，是相互联系、相互促进的两个方面。但目前不少学校对心理素质教育的认识存在偏差，误将心理素质教育与思想品德教育混为一谈，这是当前高校教育存在的普遍问题。素质教育的重点是教育“学会做人”，而做人教育的关键是对学生进行心理素质教育，因为只有心理健康的人才能正确地认识自己、控制自己，并懂得如何与他人相处。

3．家庭因素

家庭是大学生成长最重要的场所之一，父母往往是孩子的第一任“老师”。父母作为家庭教育的主体，在孩子成长的过程中始终应肩负义不容辞的责任。在经济方面，父母会尽力为孩子提供衣食所需，但有的大学生父母下岗，从而造成家庭生活困难，这些大学生即会产生生活和消费带来的压力。在教育方面，父母更应引导孩子健康地成长与发展。而现实生活中，相当多的家长在子女考入大学后将更多的精力转移到提供经济支持上，而对子女的心理成长问题关注不够。家庭教育是一个连续的过程，大学阶段的家庭教育是以往各阶段家庭教育的延续，主要体现在配合学校、社会对大学生进行综合素质培养。这就要求家长要不断学习新的教育观念，了解大学生的心理特点，做好大学生的心理压力的调节和疏导工作。

4．大学生自身因素

（1）大学生从生理年龄上看已是成年人了，由于性生理的成熟，性意识的觉醒，对异性更加关心，不少大学生走进了甜蜜的二人世界，开始了恋爱。但由于对恋爱的理想化追求以及缓解孤独感的功利需求，由恋爱引起的种种烦恼迅速增加，因而情绪波动，心态不稳，严重者可能因失恋而变态。

（2）大学生从心理年龄上看，大多处于心理“断乳期”。他们大多是第一次离开父母和家乡，在陌生的学习生活环境里产生了种种不适之感。

第一，对学校的不适应。大学生理想中的大学与现实大学有较大差距，对学校在全国的排名不满意，对学校教学制度、教师资源的不认同，对新的学习环境不适应，从而产生心理落差。

第二，对专业学习和自主的学习方式的不适应。大学课程设置中专业性相对突出，专业课往往占很重要的地位，大学生的学习向专业学习发展，许多学生无法适应这一变化，觉得学习负担加重，感到压力很大；而大学的学习方式主要是强调大学生的自主学习，没有了高中时期家长、老师的双重监督，学习时间全靠自己自主安排，这也使部分学生无所适从。

第三，对大学里激烈的竞争不适应。大学生在学校要面临各种各样的竞争，包括学习竞争，各种社会工作所要求的能力高低的竞争，班干部、学生会干部、团干部的竞选等各种名目繁多的竞争。大学生原来在中学都是各校各班的尖子，有着强烈的优越感。而大学里尖子荟萃，对比之下自我认识会发生动摇。面对激烈的竞争，大学生会感到压力就在身边。

第四，对大学人际交往的不适应。大学生的交往更加复杂和广泛。他们开始尝试独立的人际交往，试图发展交往能力。而且，交往能力成为大学生心目中衡量个人能力的一项重要标准。大学生在人际交往中常因自信受挫而陷入苦闷、焦虑、烦恼、恐惧，产生心理障碍。

二、大学生心理素质教育的有效途径

对大学生进行成功的心理素质教育的关键是：必须动员全社会的力量，建立社会、学校、家庭和大学生自身四位一体的心理素质教育体系：社会加强大学生心理素质教育的正面宣传；学校提供正式而规范的心理教育；家庭提供日常和潜移默化的心理教育；大学生自身也积极参与其中，加强心理保健，愉快体验教育过程。四者有机融合，从而使大学生形成良好的心理素质，为大学生成为全面发展的世纪之才打下良好的基础。

（一）社会应加强大学生心理素质教育的正面宣传，创造高校心理素质教育的良好氛围

当前，国家、社会日益重视人的心理素质和心理健康，5·12 四川汶川大地

震之后，社会各界都极为重视受灾群众的心理康复，组织了很多心理专家、志愿者赴灾区进行心理援助，取得了很好的效果，在全国范围内也营造了一种良好的心理环境和氛围。针对大学生的心理素质现状，国家、社会应加强正面宣传，创造良好的社会舆论环境。

1. 引导社会大众转变观念，正确看待心理问题和心理疾病。同时使有心理咨询、辅导等需要的大学生减少顾虑，主动求助于学校内的专门机构，从而扩大覆盖面。

2. 通过宣传，使全社会包括媒体在内进一步明确高校大学生心理素质教育工作的职责，从而防止渲染，减少指责，为高校开展心理素质教育工作创造良好的社会舆论氛围。

（二）学校应以人为本，加强心理素质教育，建立完善的心理服务机制，开展有效的心理咨询服务，为大学生营造良好的心理环境

1. 以人为本，尊重大学生作为高校心理素质教育主体的地位，培养一支高素质的高校心理素质教育师资队伍

以人为本，首先要以学生为主体，即尊重、关心、理解与信任每一个大学生，从而充分发挥和调动学生的主体积极性。反对把大学生简单地当作机器、奴隶甚至动物，而是必须把学生当人看。只有这样，才能让大学生生动活泼、积极主动地去发展，从而把他们培养成为学校的主人、国家的主人、社会的主人！① 其次应下大力气培训一支稳定的心理教育专业师资队伍。定期不定期地对高校心理素质教育工作者开展专业培训，并以有关高校的心理专业为依托，提供学历进修机会。为高校心理素质教育工作者外出考察学习提供条件。鼓励科学研究，每年设立若干心理素质教育相关课题，促进高校心理教育工作者不断提高水平。教育部应出台“大学生心理咨询人员”任职资格标准，组织建立专门的考试认证机构，对大学生心理咨询人员进行资格认证，建立起高校心理从业人员的资质社会声望和专业认同标准。

2. 加强大学生心理健康教育

首先，针对大学新生开设心理健康教育课程，作为公共必修课，对新生群体进行科学、系统的心理教育。其次，针对新生在适应环境的幅度和程度上存在明显的个体差异，定期举办对象明确、针对性强的心理教育专题讲座。第三，针对

① 周冶金. 论大学生心理素质结构，《高等教育研究》2003 年第 24 卷第 3 期。

教师的人格和心态会直接影响人格尚未定型的大学生健康心理的形成这一客观事实，在提高教师的心理健康水平的同时，要求每一位教师在自己的教学中，自觉地把心理素质教育与专业教育有机地结合在一起。为此，每位教师都应当考虑：(1)把提高学生的心理素质作为一项教学目的；(2)认真挖掘教材中蕴含的心理素质及其教育的内容；(3)自觉地采用某些有利于提高学生心理素质的方式方法；(4)在评估教学效果时，要把心理素质的提高程度作为反馈的一个重要项目。①

3. 建立完善的心理服务机制

首先，新生入学体检时即开展心理健康检测工作，建立在校生心理健康档案，并进行追踪观察。针对大学生实际的心理健康状况，提出可行的教育与预防措施，帮助学生提高自身心理健康素质，增强其承受挫折、适应环境的综合能力。其次，定期开展心理素质状况调查。通过问卷调查、观察、心理测验等方法对当前大学生的心理素质状况开展全面调查，有针对性地在大学生中开展心理素质教育。第三，由专职心理保健人员或心理教育工作者，在学生中开展各种形式的普及心理健康基本常识教育。第四，培训一批学生骨干让他们承担心理保健员和心理咨询员的职责，及时发现学生中出现的问题，并帮助有严重心理问题的学生及时求医救治。第五，对各院系辅导员、班主任以及学工部的工作人员进行心理保健专题培训，使他们懂得区别思想政治问题与心理问题的异同，掌握解决一般心理问题的能力，及时解决大学生的心理问题。第六，设立大学生心理咨询中心，由专职人员对大学生群体实施心理健康教育。对有较严重心理问题的学生，必要时要转移到医疗机构治疗。

4. 开展有效的心理咨询服务

当前，各高校相继成立了大学生心理咨询中心，但仍然满足不了学生的需求。比如心理迷乱、情绪不稳是青年学生典型的心理疾病，但在目前的大学里，许多人无法直面心理疾病，不敢去看心理医生，有些人好不容易鼓起勇气去学校心理咨询中心，却由于老师太忙而由学生接待。因此，学校的心理咨询也要有所改善，提高心理咨询的效果。首先，要健全大学生心理咨询中心的机构设置，加大经费投入，按在校大学生的比例科学配备专业的心理咨询人员，改善工作待遇，不断增强工作的吸引力和荣誉感，保证有固定的工作场所和足够的资金。有

① 燕国材. 论心理素质及其教育，《上海教育科研》2000 年第 8 期。

条件的学校，应在学工部设立心理咨询中心的基础上，在各学生宿舍设立心理咨询室，就近为学生提供服务。其次，转变工作机制，心理咨询人员要由过去的"消防员"变为现在的"防疫员"。以往的心理咨询工作是问题咨询，即在学生出现了心理冲突和心理障碍即"问题"之后，才帮助他们度过"危难期"，咨询员付出了大量的时间和精力，但解决的仅仅是个别学生的心理问题。当前，高校心理咨询应根据心理学对个体心理发展规律研究的成果，解决学生在成长中不同阶段所产生的或将面临的各种冲突，探索妥善解决其心理矛盾的有效途径，建立发展性心理咨询机制，即通过此种咨询，培养心理素质，促进心理健康；咨询对象主要是心理比较健康、无明显心理冲突的学生。

（三）学校、家庭要有意识地加强对大学生心理健康的引导，培养大学生良好的心理素质

学校对大学生的引导是整体上的、普遍性的引导，家庭对大学生的引导是有针对性、个别性的引导。因此，家长要注重对自己孩子的了解，加强与孩子的沟通，在配合学校教育的前提下，有针对性的加以引导，努力为孩子营造一个积极健康、温馨和谐的成长环境。

1. 加强对大学生心理调适的引导，提高学生心理调适能力，使大学生尽快适应大学的学习与生活。学校和家庭要引导大学生尽快适应学校的学习与生活，变被动学习为主动学习；理性地看待学习排名，学习排名靠前，只能说明学习能力强，并不一定意味着实践能力强，要努力做到学习能力和实践能力的完美结合。面对巨大的学习和就业压力，大学生要努力提高自己的就业资本，从各个方面来提高并完善自己的就业技巧，提前做好职业生涯规划，明确自己的目标。

2. 引导大学生学会控制情绪，消除其人格障碍，学会宽容，提高大学生承受压力和应对挫折的能力。

3. 引导大学生建立和谐的人际关系。大学生要放弃偏激和自卑心理，笑对人生，广交朋友，使自己的心理常常处于轻松愉快之中。要做到善于结交；善于表达；善于倾听；善于处理交往过程中产生的各种矛盾，能够打破僵局，化解矛盾，保持良好的人际关系，创造深入交往的氛围。

4. 引导大学生正确处理恋爱与性问题。当前在校的大学生应该树立正确的恋爱观，应该以友情为重，不应过早确立恋爱关系。学校应该加强他们的性教育和性道德的教育，引导和帮助大学生以严肃的态度对待爱情，正视恋爱关系，保持稳定的情绪及健康的心理。

5. 引导大学生理性消费。大学生是一个特殊的消费群体，有着自己独特的消费观念和消费行为。一方面，他们有着旺盛的消费需求，另一方面，他们尚未获得经济上的完全独立，消费受到很大制约。而对大学生消费观念的超前和消费实力的滞后这一实际情况，应引导大学生有计划地合理安排支出，提高理财能力，形成良好的消费理念，理性消费。

（四）大学生自身要充分发挥主动性，正确面对各种心理问题，对照心理健康标准进行自我心理保健，提高心理承受能力

根据我国心理健康理论，心理健康有三个标准：一是正确认识自己。既要看到自己的短处与缺点，也要看到自己的长处和优点。二是悦纳自己。悦纳自己不是说要宽容或欣赏自己的缺点和错误，而是说自己虽然有这样那样的不足，但我仍然喜欢我自己、不憎恨自己、不欺骗自己，并设法使自己发展得更好。三是调适自己。个人的行为总是受社会规范和环境的约束，而个人的需求又往往与规范和环境不符，并发生冲突。因此，个人必须经常调适自己，以使个人和环境保持和谐的关系。

大学生应根据这三个标准，进行自我心理保健。首先，大学生要正确认识评价自我，给自己准确定位，扬长避短。其次，大学生要充满自信，愉快地接受自己，努力改正缺点与不足，发扬优点与长处；第三，大学生在自我评价时，要结合实际情况及时调整自己的心态，不能或不会调适自己的学生，就会经常产生心理问题，只有经常很好地调适自己的学生，才是一个心理健康的学生。第四，最关键的是，大学生要确立大学的学习、奋斗目标，并持之以恒，努力实现它。从心理等角度来讲，有一个明确目标，会使心理指向集中于一处，无形中会转移注意力，削弱心理压力的不利影响。有了明确目标，就有了内在驱动力，就会让人变得积极向上，从而更有利于克服各种心理压力。

重视大学生的心理素质教育，及时缓解大学生的心理压力和紧张情绪，疏导大学生成长中产生的各种心理问题，是高等教育的重要使命。希望社会、学校、家庭、大学生一齐行动，真正让广大学生拥有一个充实健康的大学生活。

下　编

热点案例简评

从“彭宇案”看到的法律程序正义问题

中南财经政法大学法学院 吴 迪

摘要 南京“彭宇案”因为其一审法院“依照常理推断”作出的判决，引起了社会舆论的广泛关注，本文通过对本案有关法律审判程序问题的思考，阐述了法律程序正义的重要性。

关键词 程序正义 举证责任 证据合法性

案情简介 2006年11月20日上午9点左右，彭宇乘坐83路公车在南京水西门广场站下车。据彭宇描述，当天早晨他从公交车上下来，看到一位老太太跌倒在地便上前去扶她，并和当时在场并主动过来帮扶的另一位中年男子陈二春一起将这位老人送到医院。彭宇认为自己是在做一件好事。对此，老人徐寿兰却有截然相反的说法。当时，在医院被检查出胫骨骨折的老人徐寿兰当场指认自己是被彭宇撞倒的。因为被摔成骨折，鉴定后构成8级伤残，须花费数万元医药费，老人徐寿兰及家人要求彭宇承担其医疗费。该要求被拒绝后，经调解无效，老人一纸诉状将彭宇告上法庭，请求判令被告赔偿各项损失，共计人民币136 419.3元，并由被告承担本案诉讼费。2007年9月3日，南京市鼓楼区人民法院一审判决彭宇赔偿徐寿兰4.5万元。彭宇找到媒体，希望获得帮助。随即，该案成为各大网站论坛的热议话题，成为人们关注的焦点。

由于双方对一审判决都表示不满，随即向南京市中级人民法院提起上诉，最终达成和解协议，并且申请撤回上诉。虽然和解结果对外保密，但被媒体炒得沸沸扬扬的“彭宇案”终于尘埃落定，告一段落。

关于彭宇案，公众舆论存在着诸多方面的争议。在此，仅从本案引发的法律程序正义问题来简述个人的看法和观点。

一、程序正义的含义

丹宁勋爵说过：正义不仅应得到实现，而且要以人们看得见的方式加以实现。这句话其实就很好地诠释了程序正义的含义。程序正义实质上就是通过正当的法律程序得以实现的。我们所说的“法律的正当程序”，“系指法律为了保持日常司法工作的纯洁性而认可的各种方法：促使审判和调查公正的进行，逮捕和搜查适当地采用，法律援助顺利地取得，以及消除不必要的延误等。”① 程序正义通俗地说就是即使司法机关对一个案件的判决已经达到公平、公正、合法、合理的标准，这还不够，要使裁判得到社会公众的普遍认可和赞同，裁判者必须确保判决过程和程序符合公平、正义的要求。因此，所谓“看得见的正义”，实质上就是指裁判过程的公平、法律程序的正义性。“如果通过诉讼程序的规范或科学的变通操作，保证每个人应得即得，那我们的诉讼操作方式就符合法律正义的要求，或者说我们的程序运作是公正的”②，“而法律规范只有在制定这些规范的程序被认为是合法的而得到广泛承认时，才能始终具有强制的有效性。”③ 由此可见，程序的公平公正是法律规范能够得以实施的重要条件之一。

二、与本案有关的程序正义问题的思考

（一）对于本案举证责任的思考

我国民事诉讼法采取的是“谁主张，谁举证”的举证责任原则。《中华人民共和国民事诉讼法》第六十四条规定：“当事人对自己提出的主张，有责任提供证据。”徐寿兰老人指证彭宇就是撞倒她的那个人，请求法院判决彭宇对其的“撞倒”行为承担民事责任。那么，按照民法举证原则，就应该是徐老太太提供彭宇撞人的证据。然而徐老太太除了口头的指认外，并没有实际的客观证据证明自己是彭宇撞倒的。在实体正义无法找到正当化根据的时候，法律就应该寻求程序正义了。此时即使程序正义违背了实际正义，没有程序支持的实际正义仍是不被法律所保护的。我们假设彭宇真的撞倒了老太太，但是由于老太太没有实质的证据证明，那么法律是不应该支持老太太的主张的。但是从一审判决来看，法院却是仅凭“依照常理判断”就认定是彭宇撞倒了老人的事实，这明显是不符合法治精神和审判原则的。老太太被摔倒在地受伤，固然很值得同情，但是，法律的规则就是“谁主张谁举证”，没有证据支持的诉讼请求，是无法得到也不应该

---

① ［英］丹宁勋爵．法律的正当程序，李克强、杨百强、刘庸安译，法律出版社，1999 年版，第 1 页。

② 鲁千晓、吴新梅．诉讼程序公正论，人民法院出版社，2004 年版，第 8 页。

③ ［德］哈贝马斯·哈勒．作为未来的过去——与著名哲学家哈贝马斯对话，章国锋译，浙江人民出版社，2001 年版，第 313 页。

得到支持的。

法律讲究的是“以事实为依据，以法律为准绳”，意思就是说如果没有确凿的事实证明当事人违法，我们就不能够说他违法了。整篇判决书中却充斥着“常理”“可能性”“情理”等词汇。“疑罪从无”虽然不是民法中的法律原则，民法允许在证据条件不充足的情况下，法官从职业道德、专业素养出发，依照逻辑推理和日常生活经验，裁定案件中各方的责任。但是，法律讲究完全的公平公正公开，完全以情理和法官的主观意识来判决一个案件，未免有失公道。“在实体正义被相对化，纠纷所涉及的关系越来越复杂的当代社会中，以利害关系者的参加和程序保障为中心内容的程序正义观念在其固有的重要意义基础上获得了前所未有的重要性，这也是我们必须更加注重程序的理由。”① 因此，对于这个案子的判决，我认为法官有滥用自由裁量权之嫌，违背了程序正义的要求，不能算是公正的判决。

（二）对本案证据合法性的思考

本案中，当彭宇向承办法官申请，向当时出警的派出所调取彭宇、陈先生及徐老太太的原始询问笔录时，派出所却以各种理由推辞，无法提供，后来更是声称笔录遗失，最后呈交上来的是一份由手机拍照下来的询问笔录，而这部拍照的手机居然是徐老太太儿子的手机，最后派出所所长在追问下才道出实情：原来徐老太太的儿子也是一名警察，该所长认为他是同行，所以扣下他的手机作为证据。在这样一份“证据”中彭宇称，并不是他撞倒了老太太，而是老太太撞了他。这样一份重要的证据，却是出自当事人的近亲属之手，这份“证据”的来源可疑，真实性有待调查，因此，这份所谓的“证据”是不能够作为法院的审判依据的。但是我们看到的判决书却说派出所“在本案中提交的有关证据能够相互印证并形成证据锁链”，即该证据被法院予以采纳，而彭宇对于该证据向法院的抗辩不予采纳。《最高人民法院关于民事诉讼证据的若干规定》第六十九条规定：“下列证据不能单独作为认定案件事实的依据：……（二）与一方当事人或者其代理人有利害关系的证人出具的证言；（三）存有疑点的视听资料；（四）无法与原件、原物核对的复印件、复制品……”原告徐老太太的证据均符合上述三点，真实性、合法性均存在可疑之处，而一审法院在关键证据存在可疑、被告对此

---

① ［日］谷口安平．程序的正义与诉讼，王亚新、刘荣军译，中国政法大学出版社，1996 年版，第 22 页。

有异议的情况下对此证据予以采纳，在这样的证据下产生的判决是不能让人信服的。

三、程序正义的重要性

对“彭宇案”，公众之所以产生如此强烈的反映，主要原因是公众质疑法院判决的程序公正性，对程序正义的是否实现产生了怀疑。美国最高法院大法官霍尔姆斯有句名言：“罪犯逃脱法网与政府的卑鄙非法行为相比，罪孽要小得多。”虽然，“彭宇案”中一审法院的判决不是一个非法的行为，但是其依靠“常理”推断出来的结果，不能不说是一次对程序正义的挑战。法谚曰：“程序是法治和恣意而治的分水岭”，由此可见，对程序正义的重视对法治民主建设具有极其重要的意义。程序正义为司法公正提供了制度上的保证，为实体正义的实现提供了程序上的保障，更为公众树立起对法治的信心奠定了思想上的基础。要消除民众对案件判决的质疑，树立司法审判在民众心中的权威，最佳的方式莫过于通过正当程序的透明化运作，以强化司法机关在人们心目中的正面形象。因此，对于程序正义的追求，应当成为司法机关工作的一个重要价值追求和行为导向。

“程序正义是一个汇聚了多重含义的法学基本范畴：作为法制理想，它表明了对正义的追求；作为法律手段，它制约着权力的运行；作为人权观点，它推动了社会的最终进步。”① 正当的法律程序是权利平等的前提，是权力制衡的机制，也是权利实现的保证，更是法律权威的保障。“人们对公正的理解和对法律权威的体验首先是从‘能够看得见的程序’中开始的。”② 祈愿我国司法机关和社会公众能以“彭宇案”为起点，重视程序正义，树立起程序至上的观念，纠正重实体、轻程序的现象，确保司法审判的公平与公正。

---

① 徐亚文. 程序正义论，山东人民出版社，2004 年版，第 266 页。

② 张文显. 法理学，高等教育出版社、北京大学出版社，1999 年版，第 165 页。

本土视角中的宪法监督

——对洛阳种子案的思考

中南财经政法大学法学院　陈　尉

摘要　我国确立了依法治国的方略，但中国必须开创自己的法治之路。法律的创制、继承、移植和实现都必须关注本土资源。本文将叙说我国宪法监督的本土之维，至于我国法学能否在西方的影响和发挥传统优势上保持衡平，我持乐观态度。

我坚信中国在坚持和完善人民代表大会制度的前提下可以走出一条自己的宪法监督之路。从传统文化和习惯中，我们可以受到很多有益的启发，从现有制度内我们也可以建构出可行的有效的宪法监督制度。

关键词　宪法监督　本土资源　习惯　制度内建构

案情简介　2003年5月27日，河南省洛阳市中级人民法院审理了一起种子赔偿纠纷案。甲公司委托乙公司培育玉米良种，双方签订合同，约定了数量、质量、价格、交货时间等事项。但是，乙公司在培育完种子后，并没有依约把种子交给甲公司，而是高价卖向市场，给甲公司造成了经济损失。甲公司依法把乙公司告到了法院。洛阳市中级人民法院在审理此案时遇到了法律冲突问题：双方就赔偿标准产生分歧，因为此案可以同时适用《中华人民共和国种子法》（以下简称《种子法》）和《河南省农作物种子管理条例》，并且二者赔偿差异较大。

经审理，洛阳市中级人民法院适用《种子法》作出了一审判决，判决书中写道："《种子法》实施后，玉米种子的价格已由市场调节，《河南省农作物种子管理条例》作为法律位阶较低的地方性法规，其与《种子法》相抵触的条（款）自然无效。""自然无效"的表述引起了河南省人大的不满，河南省人大常委会办公厅迅速下达了处理本案主审法官李慧娟等相关人员的文件。河南省高级人民法院受理此案的上诉后，向最高人民法院请示，最后，在最高人民法院的指导下，河南省高级人民法院维持了洛阳市中级人民法院的原判。

一、宪法监督的含义

关于宪法监督的概念，刘茂林认为，宪法监督是由宪法授权或宪法惯例认可的机关，以一定的方式进行合宪性审查，取缔违宪事件，追究违宪责任，从而保证宪法实施的一种宪法制度。① 陈云生认为，宪法监督，通常是指国家和社会采取各种积极的和消极的措施，保证宪法不被违反，并得到完全的、正确的实施的一种制度。② 我个人更同意后者的观点。宪法监督是宪政秩序中的重要环节，具有裁判、处理、维护的功能，没有宪法监督，仅有宪法的各种规则，宪政秩序和法治秩序不会形成。③ 因此，各国都非常重视本国的宪法监督制度，特别是发达国家几乎都建立起了独具特色并运行有序的宪法监督模式。中国要想自立于世界民族之林、建设社会主义法治国家，就必须建立自己的宪法监督制度。

二、案件分析和法律思考

洛阳种子案本来是一件很普通的民事纠纷案，但它因为涉及宪法监督而广受关注；本案也因为李慧娟法官在判决书中的判词——“《种子法》实施后，玉米种子的价格已由市场调节，《河南省农作物种子管理条例》作为法律位阶较低的地方性法规，其与《种子法》相抵触的条（款）自然无效”——而引发学者热议。

洛阳种子案后，学者大多赞同李法官僭越人大权力的“违宪行为”，还呼吁建立违宪审查制度，大多数人主张建立美国式的司法审查制度，也有人主张建立宪法法院等。他们只是满足于机械式的法律移植——盲目移植、缺什么移植什么，而没有仔细考虑中国的现实和现有制度。他们早已忘记苏力在《变法、法治及其本土资源》中对我国法治的忠告：“中国的法治之路必须注重利用中国的本土资源，注重中国法律文化的传统和实际。”④ 所以，作为中国法治的有机组成部分地宪法监督也必须立足于本土，关注中国的本土资源，注重中国文化的传统和实际。因为文化传统不仅代表着一个民族的过去，而且事实上构成了一个民族精神的核心；⑤ 我们只是在本土资源中寻求宪法监督的有利资源，而绝非是要宪

---

① 刘茂林．中国宪法导论，北京大学出版社，2005 年 3 月版，第 70 页。

② 陈云生．宪法监督司法化，北京大学出版社，2004 年 1 月版，第 29 页。

③ 刘嗣元．宪政秩序的维护——宪法监督的理论与实践，武汉出版社，2001 年 10 月版，第 43 页。

④ 苏力．法治及其本土资源，中国政法大学出版社，2004 年 3 月版，第 6 页。

⑤ ［美］伯尔曼．法律与宗教，梁治平译，中国政法大学出版社，2003 年 8 月版，第 13 页。

法监督本土化，盲目排外是行不通的，正如威尔逊说的“假如外国的创制是有用的，不管它采用什么方式，在我们需要的时候，我们为什么就不能部分地采用它呢？吸收这些外来的东西，对我们来说没有什么危险。我们引进了大米，但是我们不会把它们连同筷子一起吃掉。”[①] 只有这样，我们才能吸收各方精华，保证宪法在我国法律体系中的“高级法”地位和法治的统一，以确保我国法治的进步。

（一）宪法监督之习惯篇

寻求宪法监督的本土资源，就应该注重我国的传统，是要从社会生活中的各种非正式法律制度中去寻找。[②] 这里的社会生活中的非正式法律制度应该包括本民族的普遍的信念、习惯和民族的共同意识（the common consciousness of the people）。[③]

我国早在氏族社会就确立了最早的具有正当性的习惯——禁忌。这些禁忌主要是近亲奸、杀人和叛逆。[④] 这可以说是人类最早的法了。习惯一直也是制定法的重要渊源，而且习惯和惯例在法治生活中有很大的作用，“因为法律不可能规定一切，需要各种习惯惯例，而且更重要的是许多法律往往是对社会生活中通行的习惯、惯例的确认、总结、概括和升华。”在西方国家中法治传统或相当一部分法律制度是在市场经济“自然”发生过程中逐渐演化变革形成的，它们是对已经通行于市民社会中的习惯性制度的认可，而不是或主要不是法学家或政治家的创造。

综上所述，作为我国立法机关和宪法监督机关的全国人民代表大会及其常务委员会很有必要注意民间习惯，在立法之前，必须组织各方力量对我国传统的商业习惯、民间习惯进行调查研究，提高立法质量，这样必然可以减少大量法律冲突，以制定出适合中国人自己的法律。只要宪法监督能够很好地从我国传统习惯中汲取养分，那么我们离一个法制完备、宪法至上的法治国家就为期不远了，到

---

① ［美］弗兰克．初审法院——美国司法中的神话与现实，赵承寿译，中国政法大学出版社，2007年10月版，第104页。

② 苏力．法治及其本土资源，中国政法大学出版社，2004年3月版，第15页。

③ ［美］E·博登海默．法理学：法律哲学与法律方法，邓正来译，中国政法大学出版社，2004年1月版，第92页。

④ ［德］卡尔·布鲁·赖德尔．死刑文化史，郭二民译，三联书店，1992年版，第7页。转引自周永坤：《法理学：全球视野》，法律出版社2000年5月版，第477页。

那时，宪政和法治就会成为我们的习惯。

（二）宪法监督之制度内构建

洛阳种子案中，李法官的推理是正确的，但是她宣布《河南省农作物种子管理条例》因与人大制定的《种子法》抵触自然无效的行为也毫无疑问是违宪的，因为她（法官）没有行使宪法监督的权力——我国《宪法》已明确地将宪法监督的权力赋予了立法机关。1998年9月19日，湖北鹤峰县人大依法监督政府撤销一违法文件①，就是人大行使（广义的）宪法监督权的典范。

洛阳种子案凸显我国宪法监督制度的缺陷，因此学者主张建立司法审查制度。我认为不妥。每个制度都有自己的优点和缺点，一个制度出现问题不能成为我们废弃它的理由——“与其改变法律，不如给公民提供一个热爱旧法的新理由”②，发现问题，然后解决它，这才是我们热爱这个制度的新理由。帝王总统尼克松的出现并没有使美国人放弃总统制，他们只是想尽办法制约总统的专横，仅此而已。洛阳种子案找出了我们制度的问题，我们要做的是修复它，而不是废弃它——更换制度的代价需要几代人去承担而且结果未定。

从现有制度内构建我国宪法监督制度的途径有以下几种。

首先，在坚持人民代表大会制度基础上，人大应该进行专门立法，规定宪法监督的具体操作办法：如宪法监督的效力、启动程序、监督对象、监督范围、审查标准、处理结果和撤销程序等。特别是要赋予一般主体申请启动宪法监督程序的权利，人大可以拒绝审查，但须说明理由。其实，《宪法》第四十一条和《立法法》第九十条第二款为这一设想提供了足够的法律依据。赋予一般主体这个权利可以避免美国式的司法挑战（以身试法），还可以调动民间各种力量投入法治建设的积极性，以更好的实现法律的治理。

其次，在立法以及宪法监督的过程中，必须注重对本土资源的关注，特别要注意符合中国的文化传统和民族习惯，例如“仁者，爱人”、“己所不欲，勿施于人”、“民惟邦本，本固邦宁”③、“天之爱民甚矣！岂其使一人肆于民上，以从其淫而弃天地之性？必不然矣！”④、尊老爱幼、尊师重道、扶危济困等。

---

① 李树忠、焦洪昌．宪法教学案例，中国政法大学出版社，1999年8月版，第339～340页。

② 傅静坤．法国民法典改变了什么，《外国法译评》1996年第1期。转引自苏力：《法治及其本土资源》，中国政法大学出版社，2004年，第12页。

③ 《尚书·五子之歌》。

④ 《左传·襄公十四年》。

再次，宪法监督必须坚持一些基本的原则，我认为至少包括法治原则和司法独立原则。《宪法》第五条规定：中华人民共和国实行依法治国，建设社会主义法治国家。国家维护社会主义法制的统一和尊严。一切法律、行政法规和地方性法规都不得同宪法相抵触。一切国家机关和武装力量、各政党和各社会团体、各企业事业组织都必须遵守宪法和法律。一切违反宪法和法律的行为，必须予以追究。任何组织或者个人都不得有超越宪法和法律的特权。宪法第一百二十六条规定：人民法院依照法律规定独立行使审判权，不受行政机关、社会团体和个人的干涉。孟德斯鸠有言，“如果司法权力不与立法和行政权力相分立，就没有自由而言。”而美国大法官斯托里也说过，“为了保障人民避免行政和立法部门有意无意的侵犯，司法部门的独立都是不可或缺的。”① 只有坚持这两个原则，宪法监督才可以有效、有序地运作。

最后，宪法诉讼问题。宪法诉讼制度是宪法监督的一个辅助制度，我国一直以来视宪法诉讼为司法的禁区，但事实上又有很多宪法司法化的案例，例如齐玉苓诉陈晓琪案。宪法本身就决定了宪法诉讼的必要性和可行性。宪法规定了公民的基本权利，而宪法无法适用必然给公民基本权利的实现和救济带来困难。允许司法机关对宪法诉讼案件拥有管辖权，这并不违背人民代表大会制度，因为司法机关没有审查宪法的权力，而只是适用它。宪法诉讼可以赋予宪法“牙齿”，提高宪法的权威，以形成良好的宪政秩序。我认为，中国必须建立宪法诉讼制度以使宪法监督和其他制度得以良好地运行。

三、结语

我们不必妄自菲薄，“我们切不可在赞美民主的同时又鄙视、轻视中国民众以他（她）们的实践体现出来的创造力，不可在高歌平等的同时又把中国人（包括古人）的实践智慧和理性视为糟粕”②。注重本土资源，在我国五千年文化积淀之中吸取养分，结合我们的现实情况，中国一定可以建构出自己的宪法监督制度，这是我们13亿中国人应该有的豪情，也是我们这一代法学人肩负的历史使命。

---

① ［美］约瑟夫·斯托里. 美国宪法评注，毛国权译，上海三联书店，2006年1月版，第488页。

② 苏力. 法治及其本土资源，中国政法大学出版社，2004年3月版，第22页。

南阳淫秽视频被罚案：关于部门规章涉嫌违宪的思考

中南财经政法大学公安学院 罗 双

摘要 任超奇因为下载淫秽视频被警方处以警告和1 900元罚款，这样一起看似普通的治安处罚却引起了我们对违宪审查制度的思考。我国违宪审查制度并非一片空白，我国宪法中有相关的规定。但违宪审查机制在我国运行的实际效果不容乐观，须要进一步的改进和完善。

关键词 淫秽视频 高额罚款 部门规章 违宪审查

案情简介 2008年9月17日，南阳市民任超奇手持一张1 900元的罚单，表示将申请行政复议。罚单是网警9月12日开具的，原因是“电脑上复制下载有一部淫秽视频”。

28岁的任超奇和同为南阳市民的李晋是生意伙伴，二人在南阳光彩大世界开了一家汽车配件店。2008年8月18日，南阳市公安局直属分局的网警来到店里，称李晋的电脑涉嫌传播反动（不良）信息，要进行检查。为做生意方便，2008年4月任超奇把自己的电脑从家中带来，当时也放在店里。网警当时顺便也检查了他的电脑，发现了他下载的淫秽视频后，就扣押了电脑主机。任超奇称，这部视频是他2007年11月从网上下载的，长约30分钟。当时自己还没有结婚，既没有传播，也没有让别人看，完全是为了好奇，事后忘了删除。

2008年9月12日，任超奇收到了警方的处罚决定书，称“进行日常检查时发现其中一台电脑上复制下载有一部淫秽视频”，决定对任超奇“警告并处1 900元罚款”。对此，任超奇表示将申请行政复议，他称自己看淫秽视频虽然不对，但只是他一个人观看，没有传播也没有造成严重后果。类似夫妻在家中看黄片，是否违法值得商榷。①

① 男子下载淫秽视频被罚1 900元，《长江商报》2008年9月20日。

一、对于本案的思考

（一）警方声称罚款有据

南阳市公安局直属分局出具的处罚决定书称，对任超奇的处罚，有本人陈述、检查笔录和淫秽物品鉴定为证，处罚的依据是公安部颁发的《计算机信息网络国际联网安全保护管理办法》，其中第五条第六项规定：任何单位和个人不得利用国际联网制作、复制、查阅和传播“宣扬封建迷信、淫秽、色情、赌博、暴力、凶杀、恐怖，教唆犯罪”的信息。第二十条规定：违反第五条所列行为之一的，由公安机关给予警告，有违法所得的，没收违法所得，对个人可以并处五千元以下的罚款，对单位可以并处一万五千元以下的罚款。

（二）民众认为处罚严厉

民众纠纷表示仅仅因为看淫秽视频就被罚款 1 900 元太过牵强。警方不去围堵和处罚违法视频的提供者，却拿一介草民开刀，让人不能接受。还有民众认为这分明就是警方在搞创收，并且提出网警的做法严重侵犯了公民的隐私权，可以要求公安机关赔偿。而我个人认为在整个事件中，警方的处罚本身并没有太大的问题，问题在于警方处罚的法律依据《计算机信息网络国际联网安全保护管理办法》这个公安部制定的部门规章上，此办法本身就和我国宪法是有冲突的。我国宪法规定我国公民享有言论自由和获取信息的自由。从实际情况来看，我们日常上网浏览网页，在打开这个网页之前，很难判断其中的具体的内容，并不能确定其中是否包含不良信息。按照该办法的相关规定，如果我们无意中打开了一个包含不良信息的网页，那么我们就是违法的，就要受到处罚，这显然是违背常理并且和我国宪法的精神相冲突的。坦白地讲，本人就浏览过包含不良信息的网页，恐怕没有几个人敢保证自己从来没有浏览过吧，那么我们岂不是都违法，都该罚？

（三）部门规章是否违宪

如上文所述的《计算机信息网络国际联网安全保护管理办法》第五条第六项和第二十条的规定中，我个人认为把“查阅”和“制作、复制、传播宣扬”并列显然是不合理的。“查阅”和“制作、复制、传播宣扬”在性质上有本质的不同，其社会危害性也是不相同的，“制作、复制、传播宣扬”的社会危害性显然要远远大于“查阅”的社会危害性，这点就是该办法涉嫌违宪的关键所在。

二、我国违宪审查现状

我国现行宪法规定，全国人民代表大会修改宪法、监督宪法的实施，有权改变或者撤销全国人民代表大会常务委员会不适当的决定；全国人民代表大会常务委员会解释宪法、监督宪法的实施，有权撤销国务院制定的同宪法、法律相抵触的行政法规、决定和命令，有权撤销省、自治区、直辖市国家权力机关制定的同宪法、法律和行政法规相抵触的地方性法规和决议。

可见违宪审查机制在我国并非一片空白。对任超奇下载淫秽视频被罚案涉及的由公安部制定的《计算机信息网络国际联网安全保护管理办法》进行违宪审查是有法律依据的。在公民提请违宪审查权上也有法可依，《立法法》第九十条第二款规定，公民认为行政法规同宪法或法律相抵触的，可以向全国人大常委会书面提出进行审查的建议。

三、我国违宪审查的完善

任超奇下载淫秽视频被罚案虽然引起了学者对违宪审查的反思，但真正对相关部门规章担起违宪审查的职责在实际操作层面上还有较多有待完善的地方。

作为一项制度，违宪审查由提起、受理、审查、确认、处理等环节共同组成，缺少其中某一道程序，违宪审查制度都将是不完整的。赋予公民以违宪审查的提起权，固然有其重要意义，但如果仅有提起，而无受理，或无审查，或无确认，或无处理，则公民的提起权事实上形同虚设。这也是为何近年来公民提请违宪审查的个案寥寥无几的主要原因所在。

在我国监督宪法实施的实践中，一方面违宪的法律、法规、规章并不鲜见，另一方面全国人大及其常委会迄今为止却尚未依违宪审查要求撤销一例违宪的法律、法规、规章等。这样的现状，绝非法律的不尽完善可以解释，宪法已经明确了全国人大常委会有权“撤销”，作为根本大法的宪法不可能在其文本上详尽规定“撤销违宪立法或惩罚违宪行为”的具体程序和措施——那需要被授权者的努力。将宪法的授权束之高阁，必有损于宪法的至上权威。

违宪是最严重的违法行为，理应承担相应的违法责任。作为权利保护的最后屏障，当违宪立法和违宪行为发生时，违宪审查机制就应当发挥其作用。应通过程序设计和监督实践，让违宪立法和违宪行为在一个个鲜活的个案中直接进入审查机制，并通过“撤销”“确认无效”等手段使宪法的权威得以切实的保障，使公民享有的宪法权利真正成为实体性权利，这才是众所期盼的违宪审查机制的伟大意义。

徐建国案：对我国公民的权利意识的思考

中南财经政法大学法学院　陈　维

摘要　公民的权利意识近几年来是一个热门的话题，随着我国社会主义法治建设的不断深入，公民权利意识的重要性日益凸显，那么到底什么是公民的权利意识，公民的权利意识的重要作用是什么以及如何完善我国公民的权利意识，就是本文想要和大家一起探讨的问题。

关键词　公民的权利意识　政府　公民

案情简介　原告徐建国，户籍在黄冈市黄州区，现在北京做律师。他因想在黄州购买摩托车，于2008年5月1日用特快专递去函，向黄州区交通局申请告知该局机关机构设置，摩托车养路费征收标准，办理程序等。黄州区交通局在5月3日就签收了申请书信函，但却迟迟没有答复，超过《政府信息公开条例》规定的30个工作日（含延长答复期限15天）的法定期限。6月2日，徐建国向黄州区人民法院提起行政诉讼，要求法院确认黄州区交通局"行政不作为"，并在一定期限内，重新履行主动公开相关政府信息的法定职责。9月5日上午，黄州区人民法院公开开庭审理此案。黄州区交通局的委托代理人在答辩中提出了"因前段时间抗震救灾及近期防汛抢险耽误了时间"等理由。黄州区人民法院于10月7日作出判决认定：被告的辩解"于法无据"，行为违法，因此判决原告胜诉。[①]

一、公民权利意识释义

本案作为"政府信息公开败诉第一案"意义是十分重大的，尤其是当原告徐先生的合法权益受到侵害时，他敢于用合法的手段维护自身的合法权益，哪怕对方是强大的政府，这种勇气更是让人敬佩。在徐先生的身上，我们看到了当代中国公民权利意识的日益觉醒。那么，什么是公民的权利意识呢？

所谓公民的权利意识指的是公民对于权利义务的认知、理解及态度，是人们

① 王孝武. 不理市民问询交通局被判败诉，《楚天都市报》2008年10月11日。

对实现其权利方式的选择，以及当其权利受到损害时以何种手段予以补救的一种心理反映。它构成公民权利意识和宪法精神的核心。具体说来，权利意识包括三个方面的内容：一是公民认识和理解依法享有的权利及其价值；二是公民掌握如何有效行使和捍卫这些权利的方式；三是公民自觉地把行使公民权利的行为规约于法律规范之中，以免损害其他主体的合法权利。①

二、中外公民权利意识的差别

经过启蒙思想和资产阶级革命的洗礼，西方人很早就将自由、民主等天赋人权写进了他们的宪法与法律。可以说国外公民的权利意识不仅出现得较早，而且经过数百年的发育，现在已形成了一种根深蒂固的理念即当自己的合法权利受到不法的侵害时，他们会毫不客气地用各种合法的手段维护自己的合法权利，个人的合法权益神圣不可侵犯。因此，在瑞典这个公民权利意识高度发达的国家出现使用最频繁的句子是“法庭上见”也就不足为奇了。而在中国，古代由于实行了数千年的封建君主专制和小农经济的社会形态使广大民众的公民权利意识长期受到压抑，先人后己和容忍成为了我们民族的一大特点，因此遇到不公的待遇，在心中默默地念道，“多一事不如少一事”。于是“忍一忍风平浪静，退一步海阔天空”成了我国民众在自己的合法权利受到侵害时的心态的真实写照。新中国成立以后，伴随着三大改造的完成、社会主义公有制的确立以及高度集中的政治经济体制的建立，国家配置一切的资源，公民的一切都由国家来安排，公民个人基本上丧失了自主性，因此逐步形成了计划经济体制下的依附人格②，所谓个人的权利意识可以说仍处于冬眠之中。加上当时中国的重心是放在经济建设上，法制的落后无疑让这种情况雪上加霜。当然，改革开放以来这三十年使我国的经济发生翻天覆地的发展和法制工作的日益完善，无疑也带动了公民的思想意识的变化，公民的权利意识也得到了不同程度的增强。本案中的徐先生可以说是用合法手段维护自己合法权益的一个典型代表。但是在各种条件的制约之下，公民的权利意识的培育和完善还有很长的路要走。

---

① 姜涌．公民的主体意识，山东大学学报（哲学社会科学版），2003年3月第94页。

② 辛世俊．我国公民权利意识淡薄的原因，南都学坛（人文社会科学学报），第25卷第1期，2005年1月，第105～107页。

三、权利意识在当代社会的重要作用

权利意识的作用是多方面的，在此我主要从其与政府的互动关系方面来探讨一下。相对拥有强大社会资源和权力机关的政府而言，普通的民众总是出于弱势的地位，他们的合法的权益往往容易受到政府机关有意或是无意的侵害，此时公民权利意识的作用就凸显出来了，如果受到侵害的公民，面对政府的不法侵害时，出于对强势政府的敬畏或其他原因，忍气吞声，那么其后果远非自己的合法权益得不到保护那么简单，从长远来看，那会使政府对于民众的利益更加熟视无睹，把自己的权力的触角伸向民间的每一个的角落。可以想象，到那时，对公民而言，无疑是巨大的灾难。如果我们每个人对侵犯自己权利的事情都胆怯沉默，不敢站出来捍卫自己的权利，一些政府部门就会更加为所欲为，到头来吃苦头遭罪的还是我们自己，正如一句话所说的“如果对盛行的邪恶习以为常，那么我们就是迫害自己的同谋。”① 因此，对于政府的非法行为，公民可以充分在法律的范围内行使自己作为国家主人的权利，把政府的行政行为置于公民的监督与制约之下，让政府依法执政和阳光执政真正落到实处。

四、如何加强我国公民的权利意识

公民权利意识的养成是一个长期系统的工程，需要我们持之以恒的努力。现阶段的具体措施主要有以下几点。

（一）从政府的角度看，政府首先应该切实保障公民享有政治权利。不管是制定具体的行政法规，增加公民权利行使的可操作性，还是从资金等方面给予公民相关的支持和保障。其次，政府要引导公民的参政意识，加强对公民权利意识的宣传和教育，警惕传统文化的负面影响，将普法工作落到实处。最后，政府要尊重公民的言论自由，为公民权利的行使提供一个宽松的政策环境。

（二）从社会的角度看，社会可以有针对性地成立一些关注政府行为的民间团体，有意识地培养民众参与政治活动的积极性和自觉性。当然公益的维权机构也是必不可少的，因为当公民的合法权益受到政府不合适的侵犯时，一个有效的救济机构是大有裨益的。这不仅让公民减少了很多后顾之忧，而且是一个可靠的

---

① 谭世贵、何亮．和谐从何而来——从“杜宝良现象”说起，《法学家茶座》第十辑，山东人民出版社，2006 年 5 月版，第 21 页。

权利救济的途径。其次，社会应当为公民权利意识的行使提供一个良好的舆论环境。

（三）从公民个人的角度看，公民应该有意识地去关注政府的行政行为，在自己的合法权利受到政府部门的不法侵害时，要勇敢地站出来，为权利而斗争，就像本案中的徐先生一样。其次，公民要认真对待而不能滥用自己的权利。

“路漫漫其修远兮，吾将上下而求索”，相信在各方的努力之下，我国公民权利意识的逐步发展和完善将会在不久的将来实现。

汶川赈灾：对中国慈善捐赠法制化的思考

中南财经政法大学法学院　李雅晨

摘要　汶川发生特大地震之后，一系列赈灾活动呼之欲出，本是善举，但一些不法分子竟打着“赈灾”的旗号大发“国难财”，捐赠制度凸显许多弊病：捐赠与募捐的识别不清，捐赠行为非法化，捐赠机制的初级化，使得捐赠法制化亟待提上议程。

关键词　捐赠　募捐　合法募捐　捐赠法制化　制度完善

案情简介

案例一　2008年5月12日，四川汶川地区发生了8.0级地震。地震后在全国人民积极抗灾的同时，一些不法分子竟利用国难进行短信诈骗。5月13日，北京市公安局、海淀区公安分局均接到报警，称有人以中国红十字会和四川省红十字会的名义发送手机短信，借募集抗震救灾款的名义进行诈骗。5月16日，奔赴湖南的民警在张家界市将赵海涛、王建三、刘伟国等3名湖南籍犯罪嫌疑人抓获，并起获了大量短信群发器、作案手机、银行卡等物。5月17日凌晨5时，赶往福建的侦察员将犯罪嫌疑人何钻波及其妻子抓获。据何钻波交代，地震后，他认为这是一次利用社会对灾区的关注和爱心“发财”的良机，于是开始假借各地红十字会的名义群发短信进行诈骗。他用短信群发器将“四川发生7.8级地震，××红十字会慈善募捐卡号为＊＊，一方有难八方支援，伸出援助之手，献出您的爱心”的诈骗短信随机发送①。

案例二　2008年5月19日顺德两名“自发组织”进行“募捐”活动的男子在路边进行非法募捐被大良文秀派出所抓获。5月18日，顺德市民梁先生在路经大良凤山路时，看到两名男子拿着一个募捐箱在路边募捐，声称为四川地震灾区募集善款，其中一名男子还向路过的群众散发募捐传单，梁先生于是掏出钱投到募捐箱内。然而走开不远后，细心的梁先生就发觉情况不对。“这两名募捐者

① 黑心男子诈骗赈灾款、北京警方千里擒贼，《京华时报》2008年5月21日。

的募捐箱感觉很奇怪，另外他们也没有穿统一的工作服，派发的传单也是旧的。”想到这，梁先生拿出电话拨通了顺德慈善会的电话，证实此二人并不是慈善会派出的，于是立即打了110报案①。

一、捐赠与募捐

（一）捐赠是指捐赠人为了公益目的（如扶贫、救灾、教育、社会公共事业等）向受赠人无偿转移财产所有权的一种特殊的赠与行为。捐赠的法律关系主要涉及三方面主体：捐赠人、受赠人和受益人。就捐赠的主体而言，可以是社团法人、财团法人和个人。其中社团法人主要指企业，财团法人主要是指民办的非企业组织和基金会。所以毫无疑问，此次汶川赈灾就是全国各地的企业、社会团体和全中国的普通民众以及海内外的基金会和国际组织作为捐赠人齐心协力慷慨解囊的结果。

（二）募捐是劝募人主动发起对金钱、物资等的请求并表明用于公益目的的行为。募捐的法律关系也涉及三方面主体：捐赠人、募捐人和受益人。募捐的形式多种多样，可以是通过电话短信等方式进行劝捐，如案例一中何某假借各地红十字会的名义发短信进行募捐。也可以是书面或口头的，如案例二中的发传单这种书面劝捐行为，顺德的两名男子作为募捐人在大街上进行募捐。

二、合法募捐

汶川地区发生特大地震灾害，全国人民万众一心支援灾区进行募捐筹集善款，本是善举，但却给了一些不法分子借机发黑心财的机会，他们趁着各地都在进行募捐活动，浑水摸鱼假借红十字会或慈善会的名义诈骗大量捐款。这种利用捐赠人的善心进行诈骗的行为，对于受益人来说是残忍的，相当于断掉了他们的生命之源；对于捐赠人来说更是痛心疾首的，自己捐赠的钱没达到支援受灾人民的目的，反而满足和助长了一批不法分子的贪财忘义之心。为什么我们会上当受骗？为什么这些不法分子能轻易得手？究其根源，一是因为我们太急于支援灾区的善心所致，二是我们并不了解到底哪些募捐组织才是具有合法资格可以进行募捐的，公民个人是否可以拿着募捐箱在街上进行募捐活动。由此，我们必须清楚什么是合法募捐。根据《中华人民共和国民政部令》（第35号令）关于救灾捐

① 顺德两男子非法募捐被拘，《南方日报》2008年5月20日。

赠管理办法的规定，合法的救灾捐赠受赠人包括：县级以上人民政府民政部门及其委托的社会捐助接收机构；经县级以上人民政府民政部门认定的具有救灾宗旨的公益性民间组织；法律、行政法规规定的其他组织。除此以外，其余的任何个人或组织在未经民政部门批准同意的情况下，面向社会公众进行救灾募捐活动都是不合法的。

三、捐赠法制化及制度完善

（一）我国捐赠制度存在的问题

1. 对社会捐赠者权利的漠视。捐赠行为应具有自愿性、无偿性、合法性。自愿是捐赠者的权利。本来没有捐款的义务，好心捐了反而成为罪名，对于捐赠者的权利我们应该予以重视。

2. 对募捐主体以及程序合法与否规定不明。这样就给不法分子制造了法律漏洞，使他们打着“捐赠”的旗号进行非法营利性活动，大发“国难财”。捐赠制度应该制定更为明确的法律条文，明确指出什么样的募捐主体是合法的，什么样的募捐程序是合法有效的。

3. 对捐赠款物未进行妥善管理。有些受赠组织漏报、虚报捐款数额，对捐款随便侵占、毁损，并挪用从事其他的活动。

4. 对捐赠款物的用途去向分配不公平。在有些重灾区，大多数灾民都还没房子住只能在帐篷中生活时，有的政府部门领导居然用捐款先盖了几栋质量好的房子优先给自己亲戚住，对其他灾民来说待遇不公。

5. 对捐赠过程和款项的发放使用缺乏一个监督机关。所有的一切都靠民政部一个部门来全权负责，缺乏必要的监督机制，导致捐赠及发放整个环节都不透明化，总有不公之声。

（二）捐赠制度的完善

1. 要在自愿平等的前提下，合理地、科学地聚集社会富余的游资浮财为特别需要救助的人群服务，尊重捐赠者的合法权利。

2. 要加大对捐赠方面的立法，现在涉及慈善捐赠方面只有《中华人民共和国公益事业捐赠法》《社会团体登记管理条例》《基金会管理条例》等三部法规和几个民政部令制定这方面的法律来修补法律漏洞，对主体、程序等方面进行必要的细化，使之更加明确是非常必要的。

3. 要规范慈善组织，使之专业化，建立妥善管理机制。走法制规范、政策驱动、舆论引导、民间组织参与的新型道路①。

4. 要建立款物去向的忠诚度、公正度机制，将如何运用、分配款项进行定期信息披露，并将此作为有关政府官员的政绩评价因素之一。

5. 要建立专门监督机关，对开始捐赠到受益人获益整个环节都进行监督。同时要利用舆论的力量对灰色地带进行披露和抨击，接受广大人民群众的监督。

① 杨淦、傅钵. 漫话慈善，新华出版社，2006 年版，第 197 页。

地震之中：对中国NGO法律管理现状的思考

中南财经政法大学财政税务学院　蒋励行

摘要　目前我国对NGO（非政府组织）在法律上的管理还处于极不规范的状态。当前，解决这一现状的有效办法有：转变思想观念、在法律上明确NGO的合法性以及用法律形式解决NGO在资金方面的问题等。

关键词　NGO　法律现状　管理

案情简介　2008年汶川大地震后，其中的一个小山村——绵阳安县的方碑村由于地理位置的偏僻和交通的不便，在震后半个多月的时间里，政府的救援仍然没有到达。而在这半个多月之中，一支来自于民间的救助力量已经在协助当地村支部对村民实行了救助。NGO（非政府组织）在地震之后反应极其迅速，地震后的第2天，就有约30个NGO组成了联盟，开始调配救灾物资与人员。他们身怀人文关怀之心，带领着许多志愿者，不仅在现场参加救援，在网络上通过网络信息平台分享、交流各种有用的信息，还投身于灾后重建。然而，赈灾之中由于信息掌握得不对称，NGO的行为往往被主流媒体牵引，哪里被报道得多，就去哪里；哪里国家领导人去得多，物资就往哪里去，结果导致来自社会各界的物资、人员“扎堆”严重，造成一定程度的混乱和资源浪费。①

一、我国的NGO现状

NGO，是英文“non_ government organization”的缩写，是指在特定法律系统下，不被视为政府部门的协会、社团、基金会、慈善信托、非营利公司或其他法人，不以营利为目的的非政府组织。NGO提供各种各样的服务和发挥人道主义作用，向政府反映公民关心的问题、监督政策和鼓励在社区水平上的政治参与，还提供分析和专门知识，充当早期预警机制。NGO这种非政府组织团体被认为是独立于政府和市场的第三方力量，因而，独立、自主成为NGO的重要属性。然

① 郝亚洲．NGO：兴邦新力量，《北大商业评论》2008年第7期。

而，中国的 NGO 有两种形态：一种是具有浓郁的“半官方”色彩的 NGO，另一种多由民间人士自发成立。中国的 NGO 具有的特色，有着深厚的成因，很重要的一点就是 NGO 的身份和管理的法律问题。对 NGO 来说，现存的政策和法律上的缺陷是其进一步发展壮大的最大障碍；对政府来说，NGO 等于是在政府之外树立了新的权威，带来了统治和管理上的困难。因此，对 NGO 在法律上的身份地位和对 NGO 有效的管理等问题进行思考是十分有必要的。

目前在中国活动的 NGO 主要有以下七种：第一种是半官方的 NGO，这些 NGO 在民政部注册，往往都有较深的政府背景；第二种是假半官方的 NGO，这些 NGO 一般在香港注册，但他们名字听起来与第一种几乎一样，往往冠名“中国（中华）××协会（学会、联合会、中心、委员会、研究院）”等，他们自称在民政部注册或自称有政府背景；第三种是在民政部门注册的民办非企业单位，如民办大学等；第四种为草根组织，由民间人士自发成立。第五种是在民政部门登记的国际组织，如美国福特基金会；第六种是以企业名义在工商部门登记的国际组织，如国际信用评估与监督协会（ICASA）等；第七种是不在国内政府部门登记，只通过国内的志愿者或联络员开展活动的国际组织。事实上，目前我国的 NGO 很多都并非由志愿者发起，而是由政府相关部门来组织，由政府部门派生出的 NGO，能够形成较大的规模，这样才足以在某些领域形成大的影响力，比如中华慈善总会，本质上是依靠着民政部生存，而不是一个完全的由志愿者组成的 NGO。这些组织行事的方式与操作的过程都有着官方的惯性，无法做到真正民间组织的细致、耐心以及效率、广泛。这就使得我国的 NGO 没有从更多方面对整个社会施加影响，而是只能处在一个很有漏洞的法律地位，许多 NGO 的身份得不到法律上的确认，也就是说，NGO 的正式身份的合法性始终是一个困扰其发展壮大的瓶颈。《社会团体登记管理条例》和《民办非企业单位登记管理暂行条例》都规定，民间组织登记注册由各级民政部门来管，而日常性事务由业务主管单位来管，从而形成双重管理体制，这种体制使 NGO 的管理出现了复杂繁琐的景象，非常不利于 NGO 的发展。《社会团体登记管理条例》第十一条规定：“申请筹备成立社会团体，发起人应当向登记管理机关提交下列文件：筹备申请书；业务主管单位的批准文件；验资报告、场所使用权证明；发起人和拟任负责人的基本情况、身份证明；章程草案。”其中，业务主管单位的批准文件成为 NGO 成立的高门槛，使很多 NGO 组织无法注册，只能以工商企业的形式注册或者处于地下状态。目前我国的 NGO 只有 10% 是正式注册的，90% 都不能注册。如此一来，这些 NGO 的资金和实际操作都成为扰人的问题。

二、解决NGO法律管理现状的办法

NGO的法律管理现状如此尴尬，有法律制度本身的问题，也有社会管理体制的问题，甚至还有思想观念变革的问题。现在，我们要让NGO有力量、有实力、有作用，最主要的就是解决在法律上给予NGO地位和资金支持这两个问题。

（一）转变思想理念

在对NGO的管理方面，核心环节之一是政府的公共管理理念须要进一步朝现代化方向转变，在对待各种非政府组织的观念和态度上，都应该做到重新相互了解和理解，谨慎地审视以及处理双方的关系。在这个民间力量不容小视的时代里，公共管理不是把所有的社会事务都纳入自己的控制之下，相反，大量的社会事务应由社会以自身为主管理和运行，如此才能使社会发挥其良好的协调作用，以非官方的效率处理社会事务。我们应该建立完善的法律机制来控制和管理NGO的运作和行动，以机制来约束NGO的行动方向和作用范围，保证NGO的正面影响以及高效的运转不受政治等因素的影响，保持自身的独立性，而不是放任自流，让其自生自灭。我们整个社会都要在这一方面转变思想观念，特别是政府机关。NGO是社会管理、稳定社会的一支强大的力量，只要能够使其有序运作，且有明确的权限和界限，NGO对政府而言可说是有力的支援者。

（二）合法性问题

当前，NGO在环保、救援、公益等领域明显有着政府没有的优势，NGO能够以其深入社会各个方面的力量来解决问题，这是体现民间力量的一个极好的组织形式。只要我们能够在立法上作出努力，加强对NGO组织的立法工作，保证NGO在法律上的地位，赋予NGO相应的权利和自由，对NGO的界定、合法地位、基本权利和义务、设立和管理、法律责任等诸多要素作出统一、明确的规定，使正式的NGO在成立时就能够获得合法的身份地位，完善对NGO的法律管理。在进入门槛方面，作好对NGO的性质和属性的调查研究，建立健全的准入制度，通过细则来调整不同的NGO的进入，作为对政府管理缺陷的补足或是支持。只要NGO能够从准入开始就得到法律的明确管理，就可以很好地管理社会上形形色色的NGO，把不合格的淘汰，留下管理和经营理念成熟、运转机制完善有效、对社会作用较大、外部性较高的NGO，并杜绝NGO参与政治事务和以经济利润为目的。相信NGO在法律上的身份问题基本解决后，就可以构建和政府之间的新型合作关系，在统一、明确的 NGO 法律体系之下，达到让 NGO 和政府共同为社会服务的目的。

（三）资金问题

关于资金问题，众所周知的是，NGO 的资金来源主要是民间。因此，在法律层面上完善对 NGO 的经济管理也是非常重要的。我们应该特别关注 NGO 的资金管理，用详细的法律制度来控制 NGO 的资金流动和其他交易。对 NGO 的资金管理主要体现在税收方面，通过法律确认给予 NGO 税收优惠，恢复 NGO 的相对独立的民间组织身份，使 NGO 只通过吸纳民间的资金就可以进行组织活动，以保持 NGO 的灵活、高效、低成本运作的特点和优势，使 NGO 能够在独立于政府的条件下可以自行运作，而不是倚靠着政府部门，挂靠在各种政府机关下，变成靠政府补贴运作的半官方组织。目前急需健全的是，在以 NGO 为征税对象的税制上，要扩大优惠税种，扩大税收优惠对象，重点解决由于 NGO 票据制度的不配套，而引起的国家现存税收优惠法规难以操作的问题，实现税收优惠制度在各地、各个部门的规范和统一配套。让 NGO 在自己筹集资金的情况下，通过市场来得到最优的效率和成效，同时以税收等经济手段来监管 NGO 的经济行为，避免出现各种经济问题和经济纠纷以致 NGO 的性质无法保持独立性和公益性，也可以促使 NGO 得以靠自身来发展壮大，从而实现 NGO 的优胜劣汰。

在当今的中国，保持独立、运作高效、作用显著、社会效益极高的 NGO 无疑是应对各种发展问题的有效良药。对 NGO 加强法律管理和法律治理，让 NGO 在我国不断完善的法制环境中生存、发展，才能使 NGO 在中国改革发展的大潮中发挥自己的特色，成为与政府一起管理社会的真正的民间力量。

瓮安6·28事件：谈和谐社会中法治政府的定位与构建

中南财经政法大学公安学院　周英俊

中南财经政法大学工商学院　柳云霞

摘要　在我们大力倡导法治政府、和谐社会的今天，越来越多的群体性事件却频繁发生，不得不让我们重新以审慎的视角来看待中国社会的走向，思考中国政府在如此复杂的环境中的自身定位和法治政府的构建问题。我们在关注社会政治、经济发展的同时，必须高度关注人民群众的权益，建立健全与基层群众自治相适应的利益协调机制、诉求表达机制和权益保障机制。

关键词　法治政府　政府定位　利益诉求　阳光行政

事件简介　2008年6月22日，贵州省黔南州瓮安县17岁初中学生李树芬被发现死于河中，公安机关经过尸检作出了“其自己跳河溺水身亡”的结论引起其亲属不满，于是他们在6月28日纠集近300名学生与群众在瓮安县游行，在一些别有用心的人员的煽动和利用下，最终引发为一场围攻党政办公大楼、严重扰乱社会秩序的打、砸、烧、抢的大规模群体性事件，整个事件历时7个多小时，县党政办公大楼及其中大多数办公设备和重要资料都被严重损坏或烧毁，100多名公安民警和干部遭到不同程度的伤害。经调查，此次事件中煽动群众冲击县党政办公大楼的首要分子系当地黑社会势力组织成员。在地方党、政高层干部的耐心劝导和多方协调下，事件最终趋于缓和。事后有关部门依法追究了相关责任人的法律责任，当地的失职、渎职官员也受到应有的处分。

在此次事件中，实质上有多股社会力量在博弈，但其中最突出的矛盾还是百姓与政府的直接对抗，而造成民与官这种尖锐对立局面的因素又是多种多样的。就在我们大力倡导“和谐社会、法治中国”的今天，激化的干群、党群矛盾，紧张的警民关系，民众对于政府的不信任、不理解，这些都不得不让我们反思：我们的法治到底怎么了？

一、现实的困境——政府与百姓的抗衡、冲突

通过各种网络和新闻渠道可以发现，历年来像“瓮安6·28”这样的群体性事件几乎年年都有发生，近几年表现得越发突出。自从信访和上访机制出台后，群众上访的人数与日俱增，反映的问题越来越严重，而在问题解决过程中，权力滥用、程序不透明、态度不端正、工作方法不恰当、处理结果不公正等，是干群、党群矛盾激化的导火索。我将以下图来阐明。

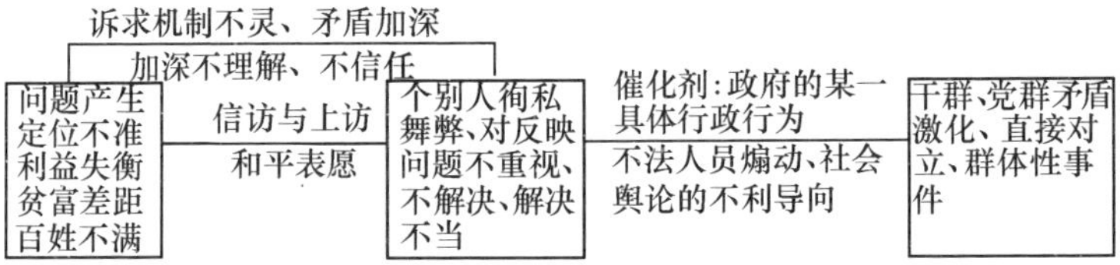

图一

在上面的这个作用链中，政府在经济、社会管理中自身定位不准（缺位与越位并存），问题处理不得当，长此以往就导致了一种利益失衡、贫富差距进一步扩大的局面，在群众中间埋下了危险的种子。这不但加深了党群、干群矛盾，还在一定条件下（具体的行政行为、别有用心者的煽动和社会舆论的引导）成为引发最终冲突和悲剧的导火索。可以看出，政府的自身定位和行政行为的效果是整个链条的枢纽，决定着民意的走向；民众既是行政行为的对象，也是整个链条的主体内容，干群、党群关系是否和谐关系着整个体系是恶性循环、继续维系还是打破这个怪圈、朝着好方向发展。

二、现实困境的原因分析

图一中所反映出的是比较显性的原因。从我国历史和现实的角度看，结合大的社会背景和环境，对于以上问题还存在以下几方面原因。

（一）法制不普及和法治不成熟的社会大环境，以及由此而导致的民众法治意识淡薄的状况就为民众选择暴力方式解决冲突、对抗政府提供了坚实的思想基础。我国广大民众特别是一些发展相对迟缓、地理位置相对偏远地方的人民，法治意识不强，法律素养不高，深受传统的封建思想的影响，我自己作为一个从山

区出来的学生，对这一点的理解更是强烈和深刻。那种传统的人治思想依然存在，并且是根深蒂固的，引导着日常行为，在短期内通过简单粗糙的法治教育和培训也是无法转变的，何况是那些长年都不可能跟法律打交道的老百姓呢？

（二）政府定位不准以及政府自身行政行为的不规范是激化和加剧党群、干群矛盾的现实缘由。各级政府特别是一些离政治权力中心很远的、影响不突出的基层人民政府，自身定位不准，依法行政的意识不强，深受传统的人治观念和官僚作风的毒害，在具体的行政活动中依然存在不合法不合理的做法，是出现以上困境的最大障碍。行政程序的法定性要求行政主体在实施行政行为时必须严格遵循法定的方式、步骤、顺序和时限，这是行政法治的基本要求。① 在法治尚未成熟的今天，政府官员缺位与越位，而又缺乏有效的监督和制约，民众反映的社会问题得不到及时的关注，群众不满度很大。而在熟人社会依然占主流的一些地方，制度不健全，一些人处理问题时考虑到自己的利益和政绩，在具体的业务中就会出现偏颇、错误，滥用手中的职权，损害群众的利益。

（三）民众与政府间缺乏有效沟通和交流的桥梁，民众的愿望和利益诉求长期得不到表达和关注，政府的利民政策和思想得不到宣传和落实，加深了党群、干群间的隔阂和矛盾。民众在长期的社会活动中同样会产生一些须要被了解和关注的诉求，有一些为政府科学合理行政的好建议须要表达，可现实是诉求得不到表达，或者就算表达了也只是形式上的，民众的诉求和建议往往石沉大海。而上级政府部门又须要了解社情民意来为制定更切合实际的政策服务，同时还有更多的政策和方针须要通过基层政府向广大民众传递，可恰恰就是基层的不负责、不务实导致民众和上级政府的联系被隔断，最终引起了矛盾。

三、法治政府的构建

法治政府建设是法治工程的主体环节，只有首先建立起一个能够依法行政、科学行政、阳光行政的政府，我国的法治建设才能具有活力和保障。要通过改善政府的行政作风和方式、完善工作方法、进一步明确权责关系来引导图一中作用链条的走向和发展趋势，试图建立起一个良性循环和自我克制、不断完善的行政体系。

---

① 方世荣、石佑启．行政法与行政诉讼法，北京大学出版社，2005 年，第 165 页。

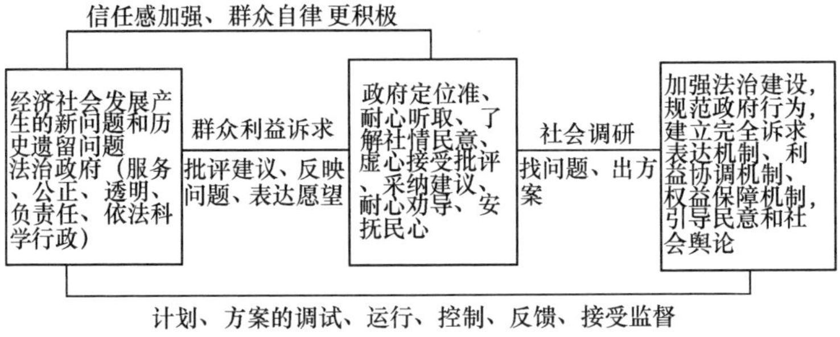

图二

在图二中，我们所看到的是一个“问题产生——群众反映——政府决策、政策运行与控制、反馈”良性发展、循环往复的体系，主要优势在于各个环节和要素的有效衔接、协调一致和流通顺畅，政府是“领头羊”，群众是主要参与者，政府部门在法定的职权范围内围绕着民众的利益诉求开展活动，来保障民众权益的实现。

（一）进一步完善法制，加大法制宣传教育力度，巩固法治建设的思想基础。特别是在一些偏远的地区，通过开展形式多样、丰富多彩的法律文化活动，以朴实易懂的方式向群众宣传法律，加强法治建设，努力割断民众传统的法律思想观念，提高其法律素养，让百姓知法、懂法、依法、守法，有问题通过法律途径解决，真正树立起法律的权威。

（二）建立一个行之有效的利益诉求机制，丰富群众信访和上访的形式，为民众提供一个可信赖的表达愿望和建言献策的大窗口，这是基础工程，也是法治得以有效运行的社会基础。政策制定者应该充分考虑社情民意，对于百姓针对具体问题所提出的好建议应当采纳，对于诚恳的批评要虚心接受，并在实际工作中不断更正和完善。对于群众反映的暂时不能解决的问题要耐心作出解释和劝导，并且在实际调查的基础上积极研究解决方案，树立努力为百姓办实事的好形象，建立起政府和百姓间良好的关系。

（三）要把法制观念植根于心，推进依法行政、建设法治政府。要做到合法行政、合理行政、程序正当、便捷高效、诚实守信。① 加强法治政府建设，政府

① 中共中央宣传部理论局．理论热点面对面·2008，人民出版社、学习出版社，2008 年 6 月版，第 120 页。

自身定位要准，坚持依法行政，合理行政，找准自己在经济、社会中应处的位置，切实转变职能，完善行政问责体制，努力建立一个开放的、透明的、公正的、负责任的法治政府。严格依法行政，进一步规范自身行政行为，加强内部监督，同时完善和欢迎外部和社会监督，把自己的行为和政策置于广泛的监督中去，真正建立阳光政府。在处理关系社稷民生的问题时，要摆正心态，树立良好的工作作风和态度，积极深入地了解情况，研究制定方案，不偏袒、不徇私，树立公正的形象。对于具体的行政行为给老百姓带来不便甚至是损害的，要诚恳道歉并积极弥补过错，对于行政人员的违法失职行为要切实追究其责任，树立责任意识和观念。要做到所有的行政行为都要于法有据、事出有因，把整个行政体系置于法治的监控之下。只有更好地发挥政府的“领头羊”角色，才能更好地引导民众对于法律以及党和政府的情感，促进法治政府的构建。

从“胡星案”看死刑的限制适用

中南财经政法大学法学院　王晓丹

摘要　根据中国当今社会的现实，保留死刑是必要的，但是死刑具有严厉性与无法改正性，这也决定了必须慎用死刑，限制死刑的适用成了立法与司法不可回避的问题。死刑的限制适用，要求我们要严格贯彻死刑复核程序和坚持死缓制度。

关键词　死刑限制适用　死刑复核程序　死缓制度

案情简介　胡星，从 1995 至 2004 年，在历任昆明市规划管理办公室主任、市城建投资开发有限责任公司总经理、市长助理、市规划局局长、副市长、云南省交通厅副厅长职务期间，利用职务便利，通过其他国家工作人员，为请托人谋取不正当利益，在长达十年的时间里，先后 10 次非法收受 12 个单位和个人给予的人民币 2 905 万元、港币 1 100 万元以及价值人民币247 980 元的住房一套。

案发后，被告人胡星为逃避国家法律的打击，于 2007 年 1 月 19 日持假护照越境潜逃国外，其间被中国警方通缉追捕，后在专案组办案人员的规劝下，逃至新加坡的胡星表示愿意回国接受刑事调查，回国后如实交代了自己的上述犯罪事实，并将上述赃款赃物及孳息退清。

2007 年 8 月 8 日上午，昆明市中级人民法院对胡星案作出一审判决：被告人胡星犯受贿罪，判处无期徒刑，剥夺政治权利终身，并处没收个人全部财产。宣判结束后，胡星表示自己服法认罪不上诉。

对于胡星的判决，也许很多民众不能理解，为什么巨贪可以不被判处死刑，却判无期徒刑。昆明理工大学法学院院长、法学博士曾粤兴教授认为，胡星被“轻判”充分体现了宽严相济的刑事政策。笔者认为要严格限制死刑，一个法律体制完善的国家，在适应本国国情的情况下，还要不断修正完善自己的法律制度，死刑严格适用制度与国际社会接轨正是当务之急。

一、我国的死刑存废观

死刑，作为人类最古老的刑罚，也是我国刑罚体系中最严厉的惩罚手段，至今已存续了数千年。从它的产生、发展并盛行的历史可以看出，其存在是有生命力的——它以最强的威慑效果在惩罚犯罪和预防犯罪中独树一帜。同时，这也说明了它存在的必要性和合理性。我们知道，当犯罪分子被判处死刑并交付执行后，犯罪分子生命终结。从生死观的意义上讲，人都具有趋利避害、向乐避苦的本质和求生的本能，这样，死刑的严惩性迫使犯罪分子不得不考虑犯罪所付出的代价，一般人是不会以生命为赌注而进行犯罪的。这就是死刑最直接的功能效用，也是其生命力的源泉。

部分学者认为我国应顺应时代潮流的发展，废除死刑；而有些学者则要求在原有刑罚的基础上，加重刑罚，加大死刑执行量，显然这一观点是不可取的。大部分学者则要求保留死刑，减少死刑并避免适用死刑，死刑的限制论一直以来是我国刑法学界的通说观点，由于中国几千年封建文化的沉淀，以及目前东西部经济发展的不平衡，决定了中国目前无法全面的废除死刑。所以，保留死刑，严格限制死刑，走符合中国现状的道路才能正确引导法治社会的发展。

二、死刑改革——死刑严格限制适用

无论如何，死刑都是极端残酷的，这是不可否认的。结合历史和现实，在现阶段，我们既不能过分地坚持保留死刑，也不能过分地强调废止死刑。过分地坚持保留死刑就与人道主义的要求离之甚远，而一味地强调废止死刑又不太符合实际。就我国的现行死刑制度的改革而言，在这点上应坚持的态度是力求废止死刑，努力限制和削减死刑，积极适用死刑缓刑，一定程度保留死刑，最终逐步废止死刑。

（一） 严格限制死刑的原因

1. 人道主义的精神要求

何为人权？何谓人道？雷永生在《谈谈人道主义问题》里曾提到过，“人人有权享有生命、自由和人身安全”[①]，这就是人权。“人的宝贵与尊严”[②]，这就是

① 《世界人权宣言》第三条规定：“人人有权享有生命、自由和人身安全”。

② 《人道主义宣言（二）》对于人道主义确定了以下的内容：“人的宝贵与尊严，是人道主义的中心价值。”

人道。捍卫人权是人道主义的核心，人道主义可解释为“人生只有一次，人们应当充分利用它去进行创造性的工作和追求幸福”[①]。对于罪犯来说，生命也同样只有一次。对于个别的死刑犯来说，用有限的生命来弥补物质损失，这是不等价的交换，人的生命高于一切，不能就这样轻取一个人的生命。河南大学的郝守才教授说过：“人的生命只有一次机会，每个人都希望幸福。可是对于死刑犯来说，他们的生命是极其悲惨和受人唾骂的，失去了上天赐予的唯一的机会。”犯罪人的死很可能使其家庭丧失主要劳动力，从而断绝了主要经济来源，生活从此陷入困境。更重要的是，犯罪人的死意味着父母失去孩子、孩子失去父母，妻子失去丈夫、丈夫失去妻子。

2. 司法不完善

由于司法上的腐败或法律上的不完善，使许多判决由于量刑上的不当或社会腐败造成的错杀与枉杀再所难免。一旦发生错误，如果是其他刑罚还可以改判，恢复其清白，而死刑则无可挽回了。

（二） 限制死刑的适用

1. 如何界定“罪行极其严重”

“罪行极其严重”是死刑适用的国际标准在我国的具体体现。所谓“罪行极其严重”是说犯罪性质、危害后果特别严重，情节特别恶劣的犯罪。我们可从三方面把握：（1）犯罪性质特别严重，即从整体上看是否具有特别严重的社会危害性的故意实施犯罪（刑法中对性质特别严重的如故意杀人罪、放火罪、抢劫罪等才在法定刑中规定死刑）。（2）危害后果特别严重是说犯罪在客观上导致了多人死亡、重伤，财产遭受了重大损失或有其他特别严重的后果。犯罪性质特别严重并不一定都是危害后果特别严重。（3）情节特别恶劣是指犯罪的手段特别残忍，犯罪的目的最为卑鄙恶劣或有其他特别恶劣的情节犯罪。性质特别严重也并不都只有特别恶劣的情节，法律上往往列举特别恶劣的具体情节来作为选择条件适用死刑，如在“故意伤害罪”中就规定，“以特别残忍的手段致人重伤或造成严重残废的”应当判处死刑。性质特别恶劣根据具体情况造成了特别严重的后果（如绑架罪致被绑架人死亡）或具有多种特别严重情节的才应视为严重的犯罪。总之，评价“罪行极其严重”不能只从客观上看，还应结合主观恶性看，根据案件的犯罪性质的具体情况综合加以认定，才可作出正确的结论。

---

① 雷永生．谈谈人道主义问题，中国青年政治学院学报，1994 年 4 期，第 62 ~ 64 页。

2. 限制死刑的适用对象

《中华人民共和国刑法》第四十九条规定：犯罪的时候不满18周岁的人和审判时怀孕的妇女，不适用死刑。在审判时怀孕的妇女，即使是发生了人工或自然流产，仍按孕妇对待。在国际上《公民及政治权利国际公约》和《美洲人权公约》等文件中，除了以上两条之外，对单纯的政治犯和70岁以上的人犯罪被指控时，不应判死刑。这一规定已被许多国家适用。对于组织、策划、参与、执行了犯罪行为的政治犯则不在此列，他们的行为罪大恶极、性质恶劣、罪不容诛。在我国，也应将这两条内容提上议事日程。对于70岁以上老人，当其受审时，已无力再去犯严重的罪行，社会危害性较小，本着尊重老人的态度，不判死刑也可以，不会产生很大的民意情绪。

（三）严格程序，有效控制死刑的适用——完善死刑复核条件

死刑复核程序是最高人民法院对判处被告人死刑的案件进行审查核准时所采用的一种特别审判程序。它可以有效地保证死刑判决的正确性，防止错杀，有利于控制死刑的适用，有利于贯彻少杀方针。通过死刑复核程序可以防止和纠正死刑案件中可能发生的偏差和错误，有效地保证不伤害好人，防止错杀罪不及死的犯罪分子，切实保障公民的人身权利。死刑案件除由最高人民法院判决的以外，应当报请最高人民法院核准。

（四）认真执行死缓制度

我国刑法规定："对于应当判处死刑的犯罪分子，如果不是必须执行的，可以判处死刑，同时宣告缓期两年执行，实行劳动改造，以观后效。"这就是我国独创的"死刑缓期执行"制度。它是对死刑的限制使用，如果在此期间，表现良好，则很有可能改判为无期徒刑，进而有期徒刑，这样就不会再执行死刑了。严格控制并尽量减少死刑的实际执行，是我国刑法设立死刑缓期执行制度的目的。

重视死缓制度的应用，有利于全面贯彻我国的死刑政策。死缓制度是我国长期贯彻"少杀慎杀"政策的法律表现，是当前我国处理死刑问题的一项正确有力的措施。[①] 坚持"少杀"就是杀人越少越好，必须坚持少杀，严禁乱杀、多杀。在刑事司法中不仅要贯彻好，而且还要执行好，才能符合中国国情和世界死刑思想的发展趋势。能否将死缓作为死刑的必经程序，还需要对立法的必要修改

① 马克昌. 论死刑缓期执行，《中国法学》1999年2期，第111～116页。

和适当的程序制度配合，才能保证该制度的良好运行并发挥积极作用。[1]

三、结语

高尔斯华绥说过，“法律就是法律，它是一座雄伟的大厦，庇护着我们大家；它的每一块砖石都垒在另一块砖石上。”死刑虽然在打击犯罪或其自身上存在一定的局限性，但在我国现阶段，死刑的价值本质及死刑特殊的作用，使得我们国家仍然必须保留死刑。随着社会文明日新月异的发展，引导死刑走向文明化，限制死刑的适用，完善死刑复核程序，进而减少死刑，创造废除死刑的客观条件，在社会条件允许的情况下，为死刑建一座“死刑之墓”。

---

① 张文、黄伟明. 死缓应当作为死刑执行的必经程序，《现代法学》2004 年 8 月第 26 卷第 4 期，第 75 ~ 79 页。

邱兴华案：对刑事司法精神病鉴定中程序正义的思考

中南财经政法大学法学院　龚子英

摘要　邱兴华案二审法院不予采纳为邱兴华做精神病鉴定的裁定，让我们不得不审视其程序正义问题。刑事司法精神病鉴定是程序正义的必然要求，而我国刑事司法精神病鉴定程序的缺陷，要求其启动权被平均赋予控辩双方。

关键词　程序正义　刑事司法精神病鉴定

案情简介　2006 年 7 月 16 日，邱兴华在陕西汉阴县平梁镇凤凰山山顶的铁瓦殿持刀斧砍死十人。随后，邱兴华又在湖北省随州市曾都区万福店农场一带抢劫、打死一人，打伤三人。8 月 19 日邱兴华潜逃回家时被公安机关抓获。10 月 19 日，陕西省安康市中级人民法院作出一审判决，以故意杀人罪与抢劫罪数罪并罚，判处邱兴华死刑，剥夺政治权利终身，并处没收个人财产人民币5 000元。邱兴华上诉。其妻子和二审律师向二审法院提交了司法精神病鉴定的申请。江苏省无锡市精神卫生中心主任医师刘锡伟教授、中国司法精神病鉴定领域泰斗杨德森教授和以北京大学贺卫方教授为代表的五位专家也呼吁二审法院对邱兴华做司法精神病鉴定。二审法院不予采纳上述主张，维持原判，并于12 月 28 日上午10 时许在安康江北枪决邱兴华。

一、司法精神病鉴定概述

“司法部门在审理各种案件时，对涉及法律问题而又患有或怀疑患有精神病的人，委托有关鉴定人运用司法精神病学的理论和技术，对其进行精神状态检查、分析和诊断，判定其精神状态与法律关系，这一过程称为司法精神病学鉴定，简称司法精神病鉴定。”① 这是在我国现行制度下对司法精神病鉴定的定义。

① 陈霆宇、丁风深．司法精神病学教程，警官教育出版社，1993 年 12 月版，第 19 页。

二、刑事司法精神病鉴定的必要性

(一)对邱兴华是否应做刑事司法精神病鉴定

此案中,邱兴华于一夜之间杀害十人,其中九人与他素不相识且无怨无仇;邱兴华的妻子证明,邱兴华的家人四代人中三代人有精神病史;邱兴华在被执行死刑前说,死没什么,只是自己写的关于台海关系的书没人买了。由此我们对邱兴华的精神是否正常产生了疑惑。邱兴华自称杀人原因是熊万成调戏其妻,而其妻则否认熊万成有不轨之举。根据此作案动机,我们有理由怀疑他患有偏执型精神病中的偏执狂。该症“多发于中年男性,脑力工作者多见”;病人“敏感、多疑”,认为自己“被迫害”,“推理有一定的逻辑性,条理清楚,自成体系”;“对不明真相者不易发现其精神病状态”。[①] 邱兴华的精神状态与此症十分相似,对其进行司法精神病鉴定是完全必要的。

(二)刑事司法精神病鉴定是审理刑事案件时程序正义的必然要求

我国1997年刑法关于精神病人犯罪问题在1979年刑法的基础上,增添了“经法定程序鉴定正确的”这句话,说明刑事司法精神病鉴定已得到立法机关的重视。当怀疑被告人有精神病时,做司法精神病鉴定是程序正义的必然要求,具体体现在以下三点。

1. 它约束审判人员的权力,促使其理性选择并作出公正的判决

刑事司法精神病鉴定是法学和医学相结合的专业技术。设立这个程序可以监督和制约法官,防止其利用人们的知识缺陷滥用职权,随意对被告人出罪或入罪。正如有的学者所说的“法律的重点不是决定的内容、处理的结果,而是谁按照什么手续作出决定问题的决定”[②],它能阻碍程序外的因素,使法官放弃因先入为主的观念而对结果的过早把握。刑事司法精神病鉴定作为证据的一种,是确定犯罪主体要件的有力证明。启用此程序,法官能掌握被告人作案时的精神状况及其与危害行为之间的因果关系,避免刚愎自用、固执己见,集思广益、理性思索,作出公正的判决。

2. 它能保障被告人应有的诉权

刑事审判中,在强大的国家机器前,被告人往往处于不利地位。在我国的刑

① 陈霆宇、丁风深. 司法精神病学教程,警官教育出版社,1993年12月版,第111~112页。
② 季卫东. 法治秩序的建构,中国政法大学出版社,1999年版,第21页。

事案件侦查、起诉阶段，公安机关、人民检察院对疑有精神病的被告人往往作了鉴定；为了平衡控辩双方的势力，辩方对控方的鉴定结论有异议时，也应有此权利。“任何不具备司法精神病鉴定资格的人以‘某人不可能是精神病人’为由反对其作司法精神病鉴定的做法都是对犯罪嫌疑人、刑事被告人诉讼权利的严重践踏。”①

3. 它给控辩双方显而易见的公正

按照司法公正原则，当事人在司法活动中应受到公平对待。《公民权利与政治权利国际公约》第十四条第一款规定：“所有人在法庭和裁判面前一律平等，在判定对任何人提出的任何刑事指控或确定他在一件诉讼案件中的权利义务时，人人有资格由一个依法设立的合格的、独立的和无偏倚的法庭进行公正和公开的审判。”刑事司法精神病鉴定就是确保当事人受到公正审判的关键环节。不论鉴定的结果如何，只有经过这道显而易见的程序，才能确保判决的公正。

三、刑事司法精神病鉴定的启动

上文已论证，对疑有精神病的被告人进行司法精神病鉴定是十分必要的。邱兴华案反映的我国刑事司法精神病鉴定的一个突出问题就是此程序启动权归谁。

（一）各国刑事司法精神病鉴定启动制度

我国刑事司法精神病鉴定启动制度主要是由《精神疾病司法鉴定暂行规定》（以下简称《规定》）和《刑事诉讼法》规定的。依据《规定》第五章第十七条，司法机关拥有鉴定的启动权；依据《刑事诉讼法》第一百二十一、一百五十九条，侦查机关也有该启动权，而辩方只能提出申请。

英美法系国家奉行当事人主义，控辩双方都有司法精神病鉴定的启动权，鉴定结论可以通过法庭辩论确保准确，这样充分保证了当事人的诉权；大陆法系国家奉行国家职权主义，鉴定的启动权归法院，控辩双方都只有要求鉴定的权利。虽然两大法系国家鉴定启动权的主体不同，但都保证了控辩双方势力的均衡。

（二）我国刑事司法精神病鉴定启动制度的不足及完善建议

相对于两大法系国家，“我国鉴定程序启动权的配置实质上属于问题制度或

① 张竹君. 从人权保护角度看司法精神病鉴定——中国邱兴华案与美国欣克利案之比较，《法制与社会》2007年6月，第538页。

病态制度”。[①] 首先，控方享有鉴定的启动权而辩方只有申请权，既未充分保障辩方的诉权，又未控制控辩双方力量的均衡。其次，法官掌握鉴定启动权容易造成徇私鉴定和自鉴自判；而《法官法》规定法官应和违法犯罪行为作斗争，无形中把法官拉到与被告人对立的境地，使其认为被告人显然无精神病而拒绝辩方的鉴定申请。

结合外国的经验，要克服我国刑事司法精神病鉴定启动权配置的弊端，就要把鉴定的启动权赋予控辩双方。按照“无罪推定”原则，控方证明被告人有罪，须确定犯罪构成的主体要件，对疑有精神病的被告人应作司法精神病鉴定。辩方对鉴定结论不服时可自行鉴定。双方鉴定结论不一致时，认为无病的一方及法官可就被告人的精神状态、法律关系及鉴定过程向另一方质询，前两者假定被鉴定人无精神病，检查被鉴定人有病的证据；质询人须出庭作证，直到质询方和法官不再有疑问为止，否则法官不采用其鉴定结论。最后，法官根据质询中的胜方作出判决，不服者上诉。这种程序既保证了辩方的诉权，又简单易行，不存在控辩双方相持不下而重新鉴定的局面，可以说公平与效率兼顾。

四、结论

本文以邱兴华案为切入点，通过分析我国刑事司法精神病鉴定中程序正义的问题，得出以下结论：

（一）刑事司法精神病鉴定是确保审理刑事案件程序正义的关键；

（二）我国刑事司法精神病鉴定启动权的配置不符合程序正义的要求；

（三）应将刑事司法精神病鉴定的启动权赋予控辩双方，并对鉴定结论质证。

如果能做到第三点，则我国刑事司法在程序正义上将迈出重要一步，审判将达到一种公正的效果，“这种效果并不是来自于判决内容的‘正确’或‘没有错误’等实体性理由，而是从程序本身的公正性、合理性产生出来的”。[②]

---

① 郭华. 证明责任与强制鉴定“精神病”的鉴定问题研究，《中国司法鉴定》2007 年 3 月，第 12 页。

② ［日］谷口安平. 程序的正义与诉讼（增补本），王亚新、刘荣军译，中国政法大学出版社，2002 年版，第 10 页。

反垄断第一案：对中国反垄断法的思考

中南财经政法大学公安学院　黄　宁

摘要　反垄断第一案的出现标志着在我国计划经济时代建立的行政垄断体系开始动摇。尽管如此，我们仍须逐步建立和完善与反垄断法相适应的制度，用法律的权威扫除障碍以维系社会主义市场经济秩序的稳定和正常运行。

关键词　反垄断法　行政垄断　市场秩序

案情简介　2008年8月1日，我国反垄断法实施首日，北京兆信信息技术有限公司等四家防伪企业，对国家质检总局提起诉讼，认为国家质检总局从2005年开始就不断推广一家名为中信国检信息技术有限公司经营的“中国产品质量电子监管网”的经营业务，违反我国《反不正当竞争法》《反垄断法》《产品质量法》和《招投标法》。一个多月后，有着“反垄断第一案”之称的该案终于有了一个阶段性结果。2008年9月4日，北京市第一中级人民法院向防伪企业代理律师周泽送达书面裁定，称“本院不予受理”。法院认为，当事人向人民法院提起行政诉讼应当在法定期限内提出，本案起诉人兆信公司、惠科公司、网盟公司、恒信公司所诉超过法定起诉期限，依据《中华人民共和国行政诉讼法》第五十八条、最高人民法院《关于执行〈中华人民共和国行政诉讼法〉若干问题的解释》第四十一条第一款的规定，法院裁定“不予受理”。

我国《反垄断法》于2008年8月1日实施，当日即爆发出中国反垄断第一案——企业状告国家质检总局这样的典型案例。“第一案”引发的后续事件和讨论仍在继续，政府有关部门在应用“新法”时也会面临诸多问题。

一、现实的困境与面临的挑战

（一）现实的困境：行政权力的滥用

由于我国长期实行计划经济体制，由此造成了行政权力对经济生活的过度干预和垄断现象，虽经三十年改革开放的洗礼，滥用行政权力而形成的各种垄断行为并未完全消除，残留在各级权力机关和执法人员头脑中的特权思维以及由此产生的大量滥权行为也未能彻底转变，这就给反垄断法的实施带来很大的困惑和阻力。因此，在实施反垄断的工作中，当前应重在规制滥用行政权力。首先应在各级权力机关大力倡导维护公平竞争责无旁贷的思想观念，严格规制滥用行政权力排除、限制竞争的行政垄断的行为和现象。

（二）面临的挑战

1. 我国的反垄断法较为原则，有些条文的可操作性较差

在最为迫切的《国务院关于经营者集中申报标准的规定》于2008年8月3日出台之后，仍须加快制定其他实施细则的步伐。例如，垄断行业的反垄断规则、知识产权适用反垄断法的适用细则、反垄断法的域外适用规则，等等。只有尽快建立起完整的反垄断规则体系，包括反垄断的法律、行政法规、司法解释和指南等，才能从根本上缓解由于制度供给不足导致的执法困境。

2. 我国反垄断法设计的执法体制不尽合理

反垄断法的实施效果在很大程度上取决于执法体制和机制。我国采取了“双层次多机构”的执法体制，在反垄断执法过程中极有可能出现“错位”“缺位”“越位”的现象。在多机构执法的背景下，没有有效的协调机制难以形成较强的执法能力，也难以取得较为理想的执法效果。

3. 观念上障碍仍存

尽管反垄断法已进入施行阶段，但曾经制约反垄断立法工作的错误观念并未完全消除，并将负面影响反垄断法的实施。例如，把反垄断法与发展规模经济对立起来的观念、把反垄断法与企业做大做强对立起来的观念、把反垄断法与知识产权保护对立起来的观念、法外开恩的思维惯性导致的特权观念，以及对反垄断法误读和曲解等。

4. 反垄断法执行能力较弱

客观来看，我国是一个没有反垄断传统的国家，反垄断执法经验也十分不足，执行能力较弱。事实上，世界上所有反垄断的发达国家都面临着执法能力建设的问题。因此，我们亟须加快执行能力的建设步伐。

二、解决的途径

（一）构建完整的反垄断法体系，包括反垄断法、配套的行政法规、规章、指南以及司法解释等规则。只有尽快建立起完整的反垄断的规则体系，才能从根本上缓解由于制度供给不足导致的执法困境。但是，我们也必须注意到，反垄断

法制定过程中面临的一些难题并没有随着法典的出台而解决，因此，规则体系的完善尚需必要的时间，以积累经验、化解难题。在《国务院关于经营者集中申报标准的规定》出台之后，最为紧迫的是加快制定“国务院反垄断委员会的工作规则”以及其他实施细则的步伐。

（二）如果说《反垄断法》的颁布标志着我国已经有了“纸上的法律”，那么，《反垄断法》的施行就应当意味着该法应当变成为“行动中的法律”。因此，如何在准确把握《反垄断法》的内容和精神的基础上，消除种种错误观念，建立高效的实施机制，在《反垄断法》实施初期，显得尤为重要。因此就要求准确地把握《反垄断法》的内容和精神，消除诸如把《反垄断法》与发展规模经济对立起来的观念、把《反垄断法》与企业做大做强对立起来的观念、法外开恩的特权观念，形成正确的《反垄断法》法律意识，营造一个有效实施《反垄断法》所必须依赖的社会氛围。同时，由于我国《反垄断法》确立了行政主导型的实施体制，因此，反垄断执法机构有必要以积极的姿态和实际的执法行动回应公众对于《反垄断法》的期待。

（三）建议尽快由国务院甚至全国人大而非由国资委划定“关系国民经济命脉和国家安全的行业”的范围。这是因为如果赋予国资委划定“关系国民经济命脉和国家安全的行业”的范围的权力，至少在理论上不能完全排除这一可能：作为大部分央企的监管部门，国资委为了扩大自身的权力边界，有可能不适当地划大“关系国民经济命脉和国家安全的行业”的范围。从《反垄断法》的实施角度，深化垄断行业改革的思路只能是：除非必须，否则应最大程度地放松管制，并以向民营经济开放和产权多元化等方式来实现引入竞争机制。

（四）在外资并购方面，选择双边的反垄断国际合作机制。外资并购有可能在我国境内进行，也有可能在我国境外进行。无论外资并购发生在境内或者境外，从《反垄断法》的立法目的分析，我们实施的重点都是为了防止那些具有或者可能具有排除或者限制竞争效果的并购行为。就外资并购境内企业的情形而言，《反垄断法》的难点是如何处理好竞争政策与产业政策的关系，吸引外资与保护和发展民族产业的关系。就发生在境外的外资并购而言，《反垄断法》实施的难点是如何实现《反垄断法》第二条规定的域外管辖，防止其“花瓶化”。

《反垄断法》的实施，让越来越多的行政垄断问题浮出水面。行政垄断的危害在于它模糊了政府与市场的边界，削弱了政府的服务职能，而成为参与市场竞争的一方垄断管辖领域中的利益、繁殖“近亲企业”、获取部门利益的手段。

也许沸沸扬扬的“反垄断第一案”并不能产生法律意义上的最终结局，但其启示作用却远远大于法律效应。通过舆论、立法和综合的制度安排，给政府权力的行使划定一个相对清晰的边界，用中国政法大学李曙光教授的话就是“划清政府公共管理者角色与公共产品提供者角色之间的界限，划清政府公共服务行为与政府经营行为的界限，划清政策制定者与经济增长推动者之间的界限。”

“中国辛普森”案：从中美对比中看中国司法程序公正的局限性

中南财经政法大学哲学院　苏杏意

摘要　十多年前的美国辛普森案曾经轰动一时，其裁决结果已经成为彰显美国司法程序公正的典范。近些年来，中国也发生过类似的案件，体现出在司法程序公正上取得的进步。然而，从中美两国对比中，我们仍看到中国司法程序公正的局限性。

关键词　中美对比　程序公正　局限性

案情简介　**案例一**　2004 年 1 月 23 日，我国海南省儋州市发生一起杀人案，犯罪嫌疑人谢某在案发后投案自首，但由于警方“在侦查办案中，对案件细节没有深入调查，没有充分开展现场访问和证据搜集工作，没有落实印证当时相关现场情节问题，导致案件部分事实不清”；海南中级人民法院以该案“证据不足”为由，判决犯罪嫌疑人无罪。之后受害人家属多次上访，当地“公检法司等相关部门领导曾先后作过批示”。2005 年 10 月 26 日，在“海南省政法委及公检法司第二次大接访中，被害人亲属（儋州市 56 岁的渔民林元喜和妻子带着儿媳吴丽卿和 3 个年幼孙子）捧着死者的遗像来到接访现场，向省委常委、省政法委书记钟某诉说林宏安被杀的冤情”，并要求政法部门依法严惩杀人凶手。钟某接访此案后当场批示：案件由省高院限期处理，省政法委将挂牌督办。

案例二　2001 年 3 月 13 日，我国广东省云浮市新兴县发生一起弑母案，犯罪嫌疑人梁某在杀死自己的母亲黎某后主动供认铁锤弑母行径，但云浮市人民法院在审理此案过程中认为案件中存在三大疑点，而“在黎某尸体未能找到的情况下，公诉机关起诉指控梁某故意杀人，只有被告人梁某的口供，而没有其他直接证据证实，同时，所提供的间接证据也不能形成证据链条，”因此“认定公诉机关指控被告人梁某犯故意杀人罪证据不足，宣告梁某无罪并当场释放”。审判结果令当地村民大吃一惊。

以上两则案件与美国辛普森案有着很大的相似之处，即犯罪嫌疑人在客观事实上都极有可能是真正的犯罪人，而由于程序上的证据不足被判无罪。这样的结果尽管大大出乎人们的意料，但却体现了现代法律理念重实物、重证据的“零口供”概念；无罪推定原则；重实体公正更重程序公正的意识。一定程度上体现了我国在司法程序公正上迈出的步伐。然而，在为取得进步感到高兴的同时，我们必须看到司法程序公正当前在我国的局限性。

一、法制不完善，法律不健全

美国辛普森案中，由于警方在调查过程中未能严格遵循正当程序，出现了一系列严重失误而让辛普森的“梦幻律师队”有了扭转乾坤的机会；而在案例一中，却是由于警方在侦查办案过程中没有深入调查，没有在现场充分搜集证据，没有落实印证现场情节而导致部分事实不清。尽管结果相似，导致结果的原因却有本质的区别，即美国警方是取证过度，而中国警方是取证不力。这在某种程度上折射出我国执法机关的执法水平有待提高。程序公正或者说程序正义，强调司法活动过程本身的严格和平等，尊奉“程序正义”或者“正当程序原则”。“对案件细节没有深入调查，没有充分开展现场访问和证据搜集工作，没有落实印证当时相关现场情节问题”本身就有违司法活动过程的严格，其结果直接导致对被害人的不平等。程序公正与实体公正在大多数情况下是不矛盾的，执法机关保证高效的执法水平，维护程序的公正，才能真正实现实体的公正。执法机关执法不力则严重破坏司法程序的公正性，从而歪曲事实的真相。案例一中，如果警方深入调查，充分取证，落实印证现场情节，或许足以证明犯罪就是一个事实。

当前我国法律不健全也是实现程序公正的一大局限。美国法律体系发达，法律覆盖面广，对程序有明确的规定，遵循程序大多数情况下通向真理。程序公正与实体公正一般是一致的。在我国立法上，我国民事诉讼法尽管完善了某些程序保障机制（如允许当事人对不予受理、驳回起诉和对管辖权异议的裁定提起上诉），然而仍然流露出对程序独立价值的忽视。突出表现是，对于法官严重违反民事诉讼程序但不会影响案件实体审理结果的行为，不能成为废止法官裁判结论的根据。我国实体法也存在不少空缺，有时不得不依靠法官带有主观色彩的判决来维护实体的公正。案例二中云浮中院副院长谭掌泉曾发出感慨：假如梁某一案放在 1997 年前审理，梁某至少要被判成死缓，因为无罪推定原则是在 1997 年才被明确写进我国刑法的。因此法律不健全是实现司法程序公正道路上的一大障碍。

二、“重实体轻程序”的传统观念

中美对于法律的不同理解决定了两国司法制度的差距。学者们发现，一般美国人之所以守法，根本原因是他们感到司法程序公平、不偏不倚，且符合他们的价值观。他们须要体验到案件的处理方式是公平的，他们须要有一个庭审过程，这样他们就有机会提供自己的证据，通过法律程序来裁决罚单的合理性。对他们来说，在法庭上据理力争比得到一个有利的结果更为重要。由此我们不难理解，辛普森案的结果尽管出人意料，但美国民众在惊讶的同时却不对判决提出异议，因为他们没有看到权力的直接干预，没有看到程序的明显不公，他们相信法律。巧合的是，13 年后，辛普森却因为“从两名出售体育纪念品的人那里强行取走据称属于辛普森自己的橄榄球和相册”而将面临终身监禁。在这一过程中，法庭保持独立性，没有让民意左右裁决。可见，“搞定”辛普森的依然是美国司法制度。在美国，执法者公正地作出决定已经成为一种法律文化。

在中国，尽管《中华人民共和国刑事诉讼法》第五条规定：“人民法院依照法律规定独立行使审判权，人民检察院依照法律独立行使检察权，不受行政机关、社会团体和个人干涉。”但人民法院的独立审判却没有得到民众的普遍信赖，这是因为浸润在人情世故、差序格局的伦理有一两千年的中国社会，对于法律的不近人情、不分内外，基本上是排斥的。法律在广大民众中没有得到真正的认同，人们遵守法律，并不因为法律符合他们的道德观，法律的权威让他们信服，而是迫于违反法律会受到惩罚。因此，当 2001 年“刘涌案”发展到有关专家认为案件证据存在严重问题，刘涌可能不死时，社会各界都感到震惊与愤怒，一些人大代表甚至态度强硬地当面质问法官是否有背景。姑且不去考虑刘涌到底该不该死的问题，就社会民众和人大代表的反应看来，中国人对实体公正的追求是根深蒂固的，“以事实为依据，以法律为准绳”是我国司法审判的一项基本原则，事实始终是摆在最前面的，严重违背事实的辛普森案式的结果是中国民众所不能承受的。“重实体轻程序”的传统观念在实践中依然起着很大的作用。由此，不得不让人想到，假如辛普森在中国，也许 13 年前就受到了法律的惩罚。假如刘涌在美国，凭借他雄厚的财力，或许也能聘请到一支“梦幻律师队”而免于法律的制裁。

此外，对权利的认识也是影响程序公正的因素。在标榜民主与自由的西方国家，民众的权利意识很强，诉讼人的权利也得到很好的尊重与保护。而在中国，由于民众权利意识淡薄，诉讼人的权利经常受到损害，“抄家搜查”“刑讯逼供”还时有发生，严重破坏了司法的公正性。

三、难以承受法治的代价

法治的代价之一是法庭审理案件要花费大量的社会资源。在审理辛普森案过程中，仅代表政府的控诉方在整个案件中就耗费了八百多万美元，而辛普森的“梦幻律师队”正常运作的全部开销至少600万美元上下。控辩双方强大的阵容靠的是雄厚的财力支撑。这是发生在经济发达的美国。在发展中的中国，具体的国情决定了如此高昂的费用是难以承受的，有些程序正义的代价我们承受不起。

法治代价之二是为了实现程序正义而不得不忍痛牺牲一部分社会实体正义。由于法庭在审理中只能根据经过控辩双方质证后的证据来认识案件事实，而司法实践中往往会由于各种原因而不能获取全部证据，这就会导致某人在客观实际的层面上是有罪的，但在经过法庭审理后却是无罪的现象。这是实体、程序两难中作出的“艰难”的价值取舍，是追求正义过程中的必然选择。在美国，民众可以坦然接受这种对部分正义的牺牲，而在中国，对牺牲部分正义还缺乏充分的思想准备，控方的上诉、民众的不满、舆论的压力迫使司法机关采取行动，绕过程序以实现实体正义。

综上所述，我国司法程序公正的道路依然很长。尽管当前在司法改革中取得了明显的进步，但法制的不完善、传统的法制观念束缚、难以承受法治的代价这些现实都是局限程序公正的因素。要在我国司法实践中强化程序公正，必须从根本上转变“重实体轻程序”的观念，完善法律法规，增强民众的法律意识和法律信仰，正如曾在辛普森一案中担任辩方律师的美国哈佛大学法学院知名教授艾伦·德肖微茨教授2001年3月在北京会见记者时所说：“正义是须要追寻和求索的，因为我们无法达到一个完美的正义的现实，我们必须去追求。公正不是结果，而是一个过程。”随着时间的推移，相信我国在追求司法程序公正上一定会取得更大的进步。

谁应为校园伤害赔偿案件买单：对校园伤害案件归责问题的思考

中南财经政法大学法学院　黄燕君

摘要　校园伤害案件是近年来发生得较多的侵权案件。在校的未成年学生的各种权益应如何才能得到保障？本文从学校与未成年学生的法律关系，法律责任归责问题以及学校加强学生安全、减少伤害案件发生应采取的措施三方面进行了阐述。

关键词　校园伤害　监护职责　归责问题

案情简介　被告江苏省淮安曙光双语学校（以下简称曙光学校）是民办寄宿制小学，对在校学生实行封闭式管理。2004 年 6 月 13 日，原告吴凯（8 岁）的监护人与被告朱超（7 岁）的监护人分别与曙光学校签订入学协议书，送吴凯与朱超入学。同年 9 月，吴凯与朱超成为曙光学校一年级（1）班学生，在同一宿舍住宿。同年 12 月 17 日晚 10 时许，吴凯与朱超在宿舍内各自床上休息时，朱超将一个橘子扔到吴凯右眼上，致吴凯右眼受伤。老师发现后即送吴凯到校医务室治疗，但由于伤势较重，虽经校医治疗十余天，未见明显好转。同年 12 月底，曙光学校将吴凯受伤一事通知了吴凯的父母。吴凯的父母带吴凯到多家医院住院治疗，朱超的监护人和曙光学校也垫付了部分医疗费用。后经法医鉴定，吴凯的右眼钝挫伤、右玻璃体积血、右视网膜脱离，致右眼低视力 1 级，构成十级伤残。因三方就赔偿事宜协商未果，吴凯认为，曙光学校对其负有监护职责，其在校学习生活期间受伤，曙光学校理应赔偿其损失；朱超是直接致害人，亦应承担赔偿责任，故起诉要求曙光学校与朱超赔偿其医疗费、护理费、误学费等损失。

被告朱超辩称：我是无民事行为能力人，在校期间父母对我无法履行监护职责，监护权已经转移给学校。被告曙光学校实行封闭式管理，对在校寄宿的学生负有监护职责，且在原告吴凯受伤后，曙光学校救治不力，延误了治疗，扩大了损失，应当对吴凯在校期间遭受的损害承担赔偿责任。

被告曙光学校辩称：法律规定，未成年人的监护人是其父母，只有监护人才对未成年人负有监护职责。监护职责不能随便转移给学校。原告吴凯是因被告朱超的行为受伤，受伤后得到我校及时救助。我校对寄宿学生已尽到保护、照顾和管理的职责，对原告受到的伤害没有任何过错，不应承担赔偿责任。请求法院驳回原告对我校提出的诉讼请求。

江苏省淮安市楚州区人民法院经审理认为，被告朱超在宿舍内扔橘子砸伤吴凯的右眼，因为其系无民事行为能力人，朱超的监护人依法应当对吴凯的损害后果承担赔偿责任。根据民法通则和相关司法解释规定，学校对在校未成年学生依法负有教育、管理、保护义务，其未尽职责范围内的相关义务致使未成年人遭受人身损害的，应当承担与其过错相应的赔偿责任。①

本案是一起典型的校园伤害赔偿纠纷案件。

在理论界和实务界，对校园伤害案件归责原则存在两种意见。一种意见认为，学校对在校未成年学生应承担监护职责或者认为未成年学生的父母将学生送到学校后，发生了监护权的转移。因监护责任在我国法律中规定是一种无过错责任，学校对校园伤害事故应承担无过错责任，即使学校在没有过错的情况下，也要承担赔偿责任。另一种观点认为，监护权属于亲权范畴，系基于特定的身份关系而形成的，属法定权利和义务，具有长期性和稳定性，非经法定程序不得变更或转移。学校与学生之间是教育与受教育的关系，学校对学生负有教育、管理和保护的职责，这也是法定义务，根本不可能存在监护职责。故学校对校园伤害事故应承担过错责任，即学校对校园伤害事故存在过错的情况下，才承担赔偿责任。

从本案法院的审理结果可以看出，法院支持的是第二种意见，即认为学校与学生是教育与受教育关系，根据案情认定其有过错的依据是《中华人民共和国教育法》《中华人民共和国未成年人保护法》的规定："学校对未成年学生负有教育、管理和保护的义务"，以及最高人民法院《关于审理人身损害赔偿案件适用法律若干问题的解释》中的第七条规定："对未成年人依法负有教育、管理、保护义务的学校、幼儿园或者其他教育机构，未尽职责范围内的相关义务致使未成年人遭受人身损害，或者未成年人致他人人身损害的，应当承担与其过错相应的赔偿责任。第三人侵权致未成年人遭受人身损害的，应承担赔偿责任。学校、幼儿园等教育机构有过错的，应当承担相应的补充赔偿责任。"

① 案例刊载于《最高人民法院公报》2006 年第 12 期。

本人对这两种观点都不完全认同。这里主要就赔偿责任的认定，即如何认定寄宿制学校和未成年学生之间的法律关系及承担责任的问题进行分析。

一、关于学校与未成年学生的法律关系

本人认为在本案中，学校对未成年学生承担的应该是未成年学生父母（即监护人）将未成年学生在校期间的监护职责暂时委托给学校，学校在未成年学生在校期间的角色为监护职责的被委托人。未成年学生在校期间，学校与学生应该属于监护与被监护的关系。“无民事行为能力人在幼儿园、学校、精神病医院学习、生活或者治疗时，受到伤害或者给他人造成损害，由于这些单位对这些民事行为能力人负有一定的监护性质的责任，因此，可视情况决定这些单位适当地承担民事责任。”① 虽然学校并非未成年人的监护人，但是作为监护职责的被委托人，对未成年人在法律上也负有监护职责，应该尽到作为监护职责的被委托人的责任。之所以认为学校对未成年学生的责任是监护职责，至少属于“一定的监护性质的职责”②，是因为未成年学生在校期间，已经脱离了其父母等监护人的照管范围，父母等监护人难以履行监护义务，而民法所确立的监护制度即是指对未成年人的人身、财产及其他合法权益进行监督和保护的一种民事法律制度，学校行使的正是法律规定应当由其父母等监护人行使但又难以行使的监护职责。如果认为学校对未成年学生承担的仅仅是一种管理、教育责任，那么对于学生在校期间、超越父母等监护人的能力范围的情况下追究父母等监护人的责任来说，可能会使父母等监护人承担过重的责任，以致造成对父母等监护人在民事责任的承担上的不公平。未成年学生在校期间，父母等监护人从事实上无法尽到监护义务，如果在这期间被监护人有侵权行为，而将责任完全归于父母等监护人未免有强人所难之嫌。所以，虽然有关法律和司法解释认为学校对未成年人只是负有教育、管理、保护的义务，但是本人认为将学校的资格认定为监护职责的被委托人更加合理。而这种委托的产生应是在监护人向学校办理了入学手续并将未成年人送至学校后，学校就自动负有对未成年人的监护职责。本案例中，朱超对吴凯造成的伤害发生在在校期间，是学校应对其进行监护的范围，但学校没有尽到对其进行管理、保护的监护职责而造成未成年学生伤害，学校应对其未尽到所负的监护职

① 马原主编．中国民法教程，人民教育出版社，1989 年版，第 324 ~ 325 页。

② 马原主编．中国民法教程，人民法院出版社，1989 年版，第 324 ~ 325 页。

责承担责任。

二、关于承担的法律责任归责问题

确定了未成年学生在校期间学校和未成年学生之间的关系后，就不难判断案件中的归责问题。“监护人将部分或者全部监护职责委托给他人期间，被监护人有侵权行为，并须要承担民事责任的，应当由监护人承担。但是，如果被委托人未尽力履行监护职责、确有过错的，被委托人负连带责任。如果监护人与被委托人就民事责任的承担有约定的，则应当按约定处理。”[①] 如果学校已经尽到了作为负有监护职责的被委托人的义务而无任何过错的话，被监护人在学校期间如果造成他人人身或财产的伤害，那么应由其父母等监护人承担必要的民事责任。但是如果被委托人没有尽到义务而被监护人造成的伤害其民事责任应由学校承担。在本案中，因为伤害事件发生在学生在校期间，学校没有对学生管理好，致使学生发生伤害事件，而在吴凯受伤之后，虽将吴凯送到校医务室进行治疗，但在校医治疗不见好转时并没有及时采取有效的救护措施，经过十余天才将情况通知学生家长，从而延误了对吴凯的治疗，造成不必要的结果出现。从这些方面不难看出，学校在对学生管理不力，又对伤害事件处理的不得当，所以学校就该承担作为被委托人的民事责任。

三、学校对未成年学生承担监护职责，加强学生安全、减少伤害事件发生应采取的措施

有人认为，让学校作为未成年学生在校时承担监护职责的被委托人，对学校施以过重的责任，使学校无法积极主动开展与素质教育相适应的各种教学活动。但本人认为，只要学校对于这些问题采取一定的、积极有效的措施就可以很大程度上保证学生的安全。在此我提出一些建议仅供参考。

（一）学校应加强校园内部设施的建设

对于学校的教学设施、建筑及场所，应定期进行检查、修复，使未成年学生在校园内生活、学习的安全得到最大程度的保证。

（二）学校应加强对未成年学生进行安全、道德教育

让未成年学生能够遵守学校规章，提高生存能力、安全意识以及与人和睦相

① 魏振瀛．民法（第三版），北京大学出版社，2007 年版，第 64 页。

处的能力，在校园中营造和谐的氛围。

（三）学校购买责任保险

对于一些难以避免的事件，学校可能因承担民事责任而须要赔偿一定数额的钱款，这对于学校来说可能造成一定的负担。购买了责任保险，那么在出现伤害事件时可以由保险公司赔付，这样就能很大程度地减少学校在财政上的负担。购买责任保险的费用可以从教育经费上专门划拨。

相信如果学校从各方面采取积极的措施，就能在很大程度上保障未成年学生的安全和健康，这样既使送孩子到学校读书的父母放心，又有利于未成年学生的健康成长，还有利于学校的健康发展。

宁夏赌博高利贷猖獗：对民间高利贷的刑事化思考

中南财经政法大学公安学院　彭　茜

摘要　我国高利贷始于原始社会末期，是伴随着阶级的出现而产生的。无论是在奴隶社会、封建社会还是半殖民地、半封建的社会，高利贷都是统治阶级政治经济利益的体现，都是奴隶主、封建主、资产阶级牟取暴利的手段，当然我们不能否定高利贷作为一种经济形式可能促进过社会生产力的发展，但是对于民间高利贷来说，在更大的程度上它是威胁、损害着人们的人身、财产安全的。

关键词　高利贷　法律规定　刑事化思考

案情简介　2005 年 7 月，宁夏石嘴山市公安局大武口分局一举侦破了以李某为首的、由 12 人组成的涉嫌黑恶势力的犯罪团伙。该局虽然掌握了犯罪嫌疑人李某及其团伙大肆为赌博人员发放高利贷的事实和证据，却因为没有明确的法律依据，只能以其涉嫌组织实施抢劫、伤害犯罪提请检察机关批准逮捕。办案民警说放高利贷在我国是一种民事行为，超过同期银行利息属于无效民事行为，但无法追究其刑事责任。目前，宁夏尚没有一例因赌博或放高利贷而被追究刑事责任的案件。①

一、高利贷的概念

民间高利贷现象可谓由来已久，民间通说认为高利贷是以高额利息从事放贷的经营活动。这里的“高额利息”是指超过社会民众普遍认同的正常放贷利率的利息。

对于究竟什么是高利贷，当前法律界、经济界大概有三种不同的观点。第一种观点认为超过银行利率就是高利贷；第二种观点认为高利贷应有一个法定界限，但这个界限不能简单地以银行的贷款利率为参数，应根据各地的实际情况制定事实上

① 马江、田丽、马彦娜．赌博高利贷横行法律真空，《宁夏日报》2005 年 9 月 7 日。

指导利率，超过指导利率的上限即为高利贷；第三种观点认为高利贷就是超过正常利率的借贷。所谓正常利率就是依据民法通则和有关法律规定的精神，本着保护合法贷款，有利于生产、稳定经济秩序的原则，本着公平原则确定。

民间通说高利贷的概念与民法学界的第三种观点有相似之处，它们都认为高利贷是一种超过正常利率的借贷，但对于所谓的“正常利率”的标准却没有明确的规定，可以说这两种高利贷的定义都比较模糊，如果运用到具体的高利贷案件中，一是可能导致司法无法可依，使受害者的利益得不到应有的保护；二是可能增强司法审判的主观性、随意性，甚至是过度或者不恰当地运用司法解释。

二、高利贷的不利后果

对高利贷借贷者而言，高利贷所包含的绝非简单的借款人和贷款人关系。高利贷的高营利性、非公平性以及不合法性都决定了高利贷背后的复杂性。一种高利贷行为往往包含着暴力、胁迫，隐藏着犯罪。随着“利滚利”的金钱诱惑，这种情况只会愈演愈烈，放贷人会采取“非法拘禁”“敲诈勒索”“故意伤害”或者利用黑社会组织等多种犯罪形式来追缴贷款。这诱使高利贷由民事违法向刑事犯罪转变，也说明高利贷具有严重的社会危害性和人身危险性。

对整个社会而言，可以说高利贷是滋生犯罪的温床，是犯罪率节节攀升的发动机。上至一些国家高官、公务人员利用职务之便进行放贷活动，如“衡南两法官放高利贷事件”①、“讨高利贷枪指人头，陕西山阳公安局副局长涉黑被捕”②，下至企业老板、普通百姓。这些都会增加社会治安问题，导致整个社会治安秩序混乱，从而影响社会主义市场经济的有序进行和社会的稳定发展。而这一系列的不利影响都使我国司法面临着严峻的挑战。

三、我国法律定义的高利贷及其有关规定

《人民法院审理借贷案件的若干意见》指出：民间个人借贷利率由借贷双方协商确定，但双方协商的利率不得超过中国人民银行公布的金融机构同期、同档次贷款利率（不含浮动的）的4倍数。超过上述标准的应界定为高利贷行为。那么对于高利贷应承担什么样的法律责任我国法律又是如何规定的呢？

---

① 洪克非. 衡南两法官放高利贷事件调查，《中国青年报》2007年6月20日。

② 强军. 讨高利贷枪指人头，陕西山阳公安局副局长涉黑被捕，《华商报》2006年10月20日。

首先，国务院于1981年5月8日颁布的《国务院批转中国农业银行关于农村借贷问题的报告的通知》中明确规定："对那些一贯从事高利盘剥，并为主要经济来源，严重危害社会主义经济和人民生活，破坏金融市场的高利贷者，要按情节轻重和国家法令、规定严肃处理。"这也就是说早在20世纪80年代我国有关规范性文件就已经明确指出了高利贷不受法律保护并且还应承担相应的法律责任。

其次，1998年6月30日国务院第5次常务会议通过的《非法金融机构和非法金融业务活动取缔办法》第四条规定："本办法所称非法金融业务活动，是指未经中国人民银行批准，擅自从事的下列活动：（一）非法吸收公众存款或者变相吸收公众存款；（二）未经依法批准，以任何名义向社会不特定对象进行的非法集资；（三）非法发放贷款、办理结算、票据贴现、资金拆借、信托投资、金融租赁、融资担保、外汇买卖；（四）中国人民银行认定的其他非法金融业务活动。"从高利贷的性质和其造成的社会影响来看，高利贷行为是符合该办法第四条中的（一）、（四）项之规定的，但是此办法并没有明确提及高利贷行为，更别谈有关高利贷的法律责任和制裁了。

第三，2002年1月31日《中国人民银行取缔地下钱庄及打击高利贷行为的通知》明确规定："中国人民银行各分行、营业管理部要组织力量摸清当地地下钱庄和高利贷借贷活动的情况，并对非法设立金融机构、非法吸收或者变相吸收公众存款以及非法集资活动，一经发现，应立即调查、核实，经初步认定后，及时提请公安机关依法立案侦查；对经调查认定的各类形式地下钱庄和高利贷活动，要坚决取缔，予以公告，没收其非法所得，并依法处以罚款；构成犯罪的由司法机关追究刑事责任。"从依法处以罚款，我们可以发现高利贷行为本身并不构成犯罪、只是属于民事违法，那我不禁疑问，难道法律是要等到高利贷引出犯罪之后再去发挥它制裁犯罪，保障受害人利益的职能吗？难道我国法律现在开始推崇事后法了？

在这里我们要思考的正是针对民事违法行为在司法上的弊端提出的高利贷行为由民转刑的问题，即高利贷刑事化的问题。

四、高利贷的刑事化思考

据宁夏赌博高利贷案，我国法律在高利贷案件的处罚问题上存在很大的漏洞，即使法律明确规定了高利贷不受法律保护，但是在处理具体案件时，由于法律存在的缺陷，特别是刑法上无明确的规定，造成举证困难，司法机关在处理案件时无法可依或是有法难依，广大的高利贷受害者只能做任其宰割的羔羊！那么面对这一法律困窘，是否可以考虑将高利贷的有关法律问题刑事化呢？

我认为这种办法是可行的。主要有以下四点理由。

首先，从刑法学界对犯罪的定义来看，高利贷行为完全符合犯罪的本质特征，即严重的社会危害性。只有具有严重社会危害性的行为才能够算是犯罪，而高利贷正好是严重危害社会的行为，符合这一要求。我们所欠缺的只是要在刑法中找到有关高利贷的法律依据，从而遵循刑法的罪刑法定原则。就目前而言，公诉机关对民间高利贷行为习惯以《中华人民共和国刑法》第二百二十五条第四项指控为非法经营罪。《中华人民共和国刑法》第二百二十五条第四项规定“其他严重扰乱市场秩序的非法经营行为”属于非法经营罪行列，而放高利贷正是“其他严重扰乱市场秩序的非法经营行为”。但其缺陷在于审判机关一般会因其法律依据不足，对此只能以其关联犯罪判刑，如将其作为赌博罪的一个情节等。因此使民间高利贷成为刑法中名正言顺的一员才是真正的解决之道。

其次，从《中华人民共和国刑法》第十三条关于犯罪的规定来看，“一切危害国家主权、领土完整和安全、分裂国家、颠覆人民民主专政的政权和推翻社会主义制度，破坏社会秩序和经济秩序，侵犯国有财产或者劳动群众集体所有的财产，侵犯公民私人所有的财产，侵犯公民的人身权利、民主权利和其他权利，以及其他危害社会的行为，依法应当受刑罚处罚的，都是犯罪。”其中高利贷就属于“破坏社会秩序和经济秩序”、“其他严重危害社会的行为”，可以说高利贷有纳入刑法的基本资格，只是需要刑法加以规定，而这就要靠我们的立法机关去考虑了。

第三，从犯罪的构成要件来看，犯罪的构成要件包括客体、客观方面、主体、主观方面。高利贷行为的客体是社会主义的经济秩序和社会秩序，客观方面是以高于银行 4 倍的利率进行放贷活动；主体是放贷者本身，主观方面是故意非法攫取高额利息或威胁他人人身安全。从构成要件来说从事高利贷活动是构成犯罪的，犯罪是应受刑罚处罚的，所以高利贷可以且应该纳入刑法，将其民转刑。

第四，将高利贷刑事化也是社会犯罪形式的客观需要和广大人民的普遍愿望。

其实对于高利贷这种危害性大的违法活动理应引起社会的广泛关注，只有关注度越高才有可能把高利贷的刑事规范化问题提上立法的议程。

我国立法机关须要根据我国的现实情况和法制形势来制定和修改相应的法律，填补法律上的漏洞和空白，只有这样才能切实保障好人民的利益，保证社会的长期稳定发展。

当然我们应该认识到完善法律的道路是漫长的，不可能一蹴而就。我们应该相信随着经济的发展，人们认识水平的提高，理智的不断成熟，法律最终一定会实现和完善它的公平、正义！

孟学农“梅开二度”：引咎辞职是一种政治理性

中南财经政法大学公安学院　滕同敏

摘要　山西省省长孟学农用自己的行动告诉了世界，什么叫一个官员的责任和担当。官员被追究责任与主动辞职是不同的，引咎辞职是要政府官员回到自己的内心，面对自己负责的领域所出现的事故，是否觉得有所愧疚，是否觉得对不起授权者，并以实际行动作出反应；引咎辞职不是一种惩罚，它是政治文明的体现。

关键词　引咎辞职　安全事故

事件简介　孟学农，2003 年 1 月曾出任北京市委副书记、市长，同年 4 月因 SARS 事件期间瞒报疫情遭到世卫组织批评，最终引咎辞职。2003 年 9 月，担任国务院南水北调工程建设委员会办公室副主任。2007 年 8 月，成为一个以产矿为主、安全事故多发的省级行政首脑之后，可说是如履薄冰。尽管他做了大量工作，可治下还是重大安全事故频发。2008 年 9 月 8 日，山西省襄汾县发生特大尾矿溃坝重大责任事故，造成重大人员伤亡，在社会上造成了特别恶劣的影响。任期不足一年的孟学农因为溃坝事故再次引咎辞职。经党中央、国务院批准，在 9 月 14 日召开的山西省第十一届人大常委会第五次会议上同意接受孟学农引咎辞去山西省省长职务的请求。孟学农五年中两次“下课”，成为唯一一位两次引咎辞职的省部级官员。

一、省长引咎辞职是一记治吏重拳

以往，安全责任事故发生后，我们看到的多是直接责任人比如企业负责人受到刑拘、判刑等处理，而对安全生产负责的官员，只要级别稍高，一句道歉就不仅官位能保，而且免于党纪、政纪和法律处分。事发之后，官员们临时抱佛脚一般的“勤政”能够使其免责吗？对于“问题在下面，根子在上面”这句话，我们耳熟能详。而对根子上的问题总是轻描淡写，避重就轻，网开一面，能够杜绝下面的问题吗？只要上面的个别官员自身存在问题，那下面就会有更多的官员出现更多的问题。看来，抓小放大，“舍车保帅”，是不能根绝问题的。

少数地方，安全责任事故频发，以致国家安全生产管理部门的领导刚到一个事故现场，旋即又奔波在赶往下一个出事地点的路上。而一次事故也许是偶然、是意外，但如此频繁的事故就不能简单地用概率论来为应该担责的人推脱干系了，也不能只把问题查到下面直接责任人的身上了。一个官员在任期内，分管工作频发问题，这个官员的职位还能安然无恙，不可谓不是奇迹；一个地方某项工作久治无效，这个地方的相关领导走马灯似的来了又走，换个地方照样做官，也不可谓不是“美谈”。

但是现在，山西省相关领导的辞职与被免职，恰如一记治吏的重拳，直接击向那些常能免于责任事故之责的官员的“保护伞”——他们的领导职务。这对于那些对安全生产负责的官员来说无疑是重重的警钟，对于少数试图借助永远不倒的上面官员的势力，来减轻自己罪责的下级官员和相关责任人来说，也是一个极大的教训。

（二）孟学农辞职：不是突然、不必哗然，而是必然①

从相关报道中我们得知，此次人事调整，是中央对山西省襄汾县“9·8 尾矿溃坝重大责任事故”的责任追究。这起特别重大事故是今年以来全国发生一次性死亡人数最多的，也是近四十多年来尾矿库溃坝最严重的一起特别重大事故。

经初步调查，导致发生事故的主要原因是企业违法违规生产和建库，隐患排查治理走过场，安全整改指令不落实，当地政府及有关部门监督管理不得力。作为一省之长、全省安全生产第一责任人的孟学农，对此负有不可推卸的领导责任。2008 年 9 月 11 日，孟学农已就此事“向中共中央、国务院和全省人民作出深刻的检讨”，如今又领责告退，不仅表明了他敢于承担责任的勇气，也凸显了中央加强追究领导责任的坚定决心。

由此来看孟学农领责告退，可说是一种“必然”，而不是“突然”，更不必为之“哗然”，一点也不冤枉。在他治下，接二连三发生重特大事故，人民的生命财产安全遭到重大损失，造成了特别恶劣的影响，这就意味着相关掌管用人、制定政策、监管下级的政府官员没有尽到自己的监督和管理责任。即使事故不是行政一把手直接造成的，他也应为此承担道义和政治上的责任。“引咎辞职”的“引”字，正是对官员自觉承担责任的内在要求。

① 高福生. 孟学农引咎辞职的新闻隐喻，《新西部》第 120 期。

孟学农再次引咎辞职，让我们看到了官员们在享受着特殊位置带来的权力感之外，还应背负着与之相应的巨大政治风险，具有积极的信号意义。此举成为官场常态和政治惯例，不仅有助于整肃吏治，树立官员“民本”思想，更是加强安全防范、杜绝安全事故频频发生、确立行政问责机制的迫切需要。

（二）解读中国式的引咎辞职

对于中国人来说，引咎辞职这个词既熟悉又陌生。从媒体上，我们经常看到关于国外或海外的高官们引咎辞职的报道，然而在国内特别在大陆却绝少见到哪位官员引咎辞职；我们经常看到，因为决策失误，给国家或集体造成了几千万乃至几个亿的损失，照样气壮如牛，指挥若定；一个官员贪污受贿几百万甚至几千万元，只要“金镯子”还没有戴到手上，依然在那儿发号施令，气指颐使；秘书贪污无耻，只管逮捕他去，我自脸不红、耳不热地做我的太平官。

据报道，重庆市在全国率先出台“引咎辞职”政令，2000 年 3 月 27 日颁布的《重庆市人民政府关于开展安全生产大宣传、大检查、大整顿工作的通知》规定：“对于一年内发生一次性死亡 10 人以上事故两次或发生死亡 30 人以上事故一次的地区、部门和单位的分管领导要引咎辞职，对党政领导也要给予相应的行政处分；因管理不到位，严重的官僚主义或失职、渎职而酿成社会影响大、性质恶劣的事故的地区、部门和单位行政一把手也要引咎辞职。”按照国家关于安全生产的规定，发生一次死亡 3 人以下的事故，即为重大事故，死亡 3～10 人的则为“特大事故”。根据《中华人民共和国刑法》第一百三十四条的有关规定，“发生重大事故即应追究有关人员的刑事责任”①，更不要说特大事故；党政领导干部因工作严重失误、失职造成重大损失或者恶劣影响，或者对重大事故负有重要领导责任的则不宜再担任现职，本人应当引咎辞去现任领导职务②。

“引咎辞职”反映的是社会的道德水准，是官员的良心和社会责任感。令人奇怪的是，这种引咎辞职的觉悟，古人有，洋人有，同为中国人的台湾人也有，我们的某些官员却至今仍不具备；他们最擅长的是挖空心思“辞咎”，而不是“辞职”。一个官员违犯了党纪国法，仍然厚颜无耻地趴在台上不肯下来，只好由党组织或是政府抄起棍子（政令）撸下台去，这真令人可悲可叹。

---

① 张明楷. 刑法学，法律出版社，2003 年版，第 206 页。

② 《党政领导干部辞职暂行规定》（中办发［2004］13 号）第四章第十四条，2004 年 4 月发布。

二、感悟

本人认为只在政治理论领域讨论官员的去留问题，对于解决中国现在的官员腐败、堕落不作为及各种违背职业道德的行为毫无意义。每一次我们从媒体上得到各种官员问题的信息，我们总是哀叹中国官员是如何如何的腐败，如何如何的对不起中国的老百姓，因为每个问题官员的揭发无不是和老百姓的利益挂钩的，其中受到伤害的总是百姓；而安全事故接连发生，似乎已成为中国经济发展的衍生物。

总之当下中国，官员责任追究制度仍有许多待完善之处。引咎辞职一旦形成惯例，就将是官员追究制度的有效补充，通过对官员职业伦理的要求和内心责任感的召唤，为官员成为道德标杆创造契机。官员应该更具职业荣誉感和责任担当意识的共识，已经不远了。

“三鹿毒奶粉”事件：关于单位犯罪的法律思考

中南财经政法大学法学院　王　勇

摘要　2008年8月份爆发的三鹿毒奶粉事件震惊全国，一个在国人眼中拥有良好声誉的特大型企业轰然倒塌，谁该为三鹿毒奶粉事件负责，又该如何避免此类事件的再次发生？本文着重从单位犯罪的概念和特点以及有效预防单位犯罪等角度来进行探讨。

关键词　三鹿　毒奶粉事件　单位犯罪

事件简介　大约从2008年3月份开始，在陕甘宁及江苏省等地陆续出现了多个婴儿患肾结石病例，疑为食用问题奶粉所致。2008年8月11日，卫生部证实，经调查，高度怀疑三鹿集团旗下的三鹿牌婴幼儿配方奶粉受到三聚氰胺污染。同日，三鹿集团承认奶粉受污染，全部召回8月6日以前产品。现已初步查明，导致多名儿童患泌尿系统结石病的主要原因是患儿服用的奶粉中含有三聚氰胺。三聚氰胺是一种非食品化工原料，按照国家规定，严禁用作食品添加物。三鹿牌部分批次的婴幼儿配方奶粉中含有三聚氰胺，是不法分子为增加原料奶或奶粉的蛋白含量而人为加入的。公安部门已经介入“毒奶粉事件”调查，对不法分子的犯罪行为进行查处，目前已经拘留了19个嫌疑人，传唤了78人。全国医疗机构共接诊、筛查食用三鹿牌婴幼儿配方奶粉的婴幼儿近万名，患儿6 244例(4例死亡)，影响波及千万个家庭。

三鹿事件之所以如此震动人心，主要原因是出问题的有毒奶粉直接的受害者是尚在襁褓中的婴儿，三聚氰胺作为一种非食品化工原料，自从在三鹿奶粉中查出后，全国主要奶制品生产企业的奶制品几乎无一幸免，整个民族奶业都遭遇了信用危机。谁该为三鹿毒奶粉事件负责呢？

《中华人民共和国刑法》第一百四十四条规定：“在生产、销售的食品中掺入有毒、有害的非食品原料的，或者销售明知掺有有毒、有害的非食品原料的食品的”，致人死亡或者对人体健康造成特别严重危害的最高可判死刑。因此为了通过蛋白质检测而故意往鲜奶中掺入三聚氰胺的行为人应负刑事责任。

《中华人民共和国刑法》第三十条规定："公司、企业、事业单位、机关、团体实施的危害社会的行为，法律规定为单位犯罪的，应当负刑事责任。"我认为三鹿集团已经涉嫌单位犯罪。

一、什么是单位犯罪

单位犯罪是在单位意志支配下由单位成员所具体实施的犯罪，其成立范围由《中华人民共和国刑法》分则或者分则性条文所规定。单位犯罪是单位本身犯罪，而不是单位的各个成员的犯罪的集合，也不是指单位中的所有成员共同犯罪。单位犯罪的刑事责任也是单位整体的刑事法律责任，而不是指单位中的所有成员共同犯罪。单位犯罪既不同于共同犯罪，也不同于集团犯罪，单位犯罪多发生于经济活动中，一些单位为了追求经济利益的最大化或者本单位的局部利益，不惜铤而走险。

根据《最高人民法院关于审理单位犯罪案件具体应用法律有关问题的解释》的规定，单位犯罪中的单位既包括国有、集体所有的公司、企业、事业单位，也包括依法设立的合资经营、合作经营企业和具有法人资格的独资、私营等公司、企业、事业单位。因此石家庄三鹿集团股份有限公司符合法律所规定的单位犯罪的主体条件。

单位犯罪的特征主要为下列三个方面：一是主体符合单位犯罪中单位的范围；二是在客观上应该是以单位的名义实施，行为代表单位意志，即由单位的决策机构按照单位的决策程序决定，由直接人员实施；三是在主观方面，可以是故意或者过失，单位犯罪是为本单位谋取非法利益或者以单位名义为本单位全体成员谋取非法利益；四是必须是刑法有明文规定的才构成犯罪。这里尤其要指出第三点，三鹿也许要辩解自身也是不法供奶户的受害者，但是正因为他们疏于质检和管理才造成过失，在客观上已经造成了毒奶粉流入市场严重危害人体健康的法律后果，因此从特征方面，三鹿集团也符合单位犯罪的条件。

单位犯罪在原则上是采用双罚制，而单位承担刑事责任的方式只能是罚金。《中华人民共和国刑法》第三十一条规定："公司、企业、事业单位、机关、团体实施的危害社会的行为，法律规定为单位犯罪的，应当负刑事责任。单位犯罪的，对单位判处罚金，并对其直接负责的主管人员和其他直接责任人员判处刑罚。"

2008 年 9 月 17 日，一条"三鹿集团原董事长田文华被刑事拘留"的消息，迅速被媒体广泛传播，所以从目前司法部门的调查行动来看，已经可以初步断定，三鹿集团已涉嫌单位犯罪，作为三鹿集团董事长的田文华，则被认为是“直接负责的主管人员或者其他直接责任人员”，因此才被依法刑事拘留。

三鹿毒奶粉事件的发生，使得一个国人皆知的大品牌瞬间倒塌，几十年苦心经营成就的知名企业最终却是这样的结果，不得不让人惋惜，而其中暴露出的社会主义市场经济体制下企业的诚信的缺失与道德的沦丧，对法律知识的匮乏又不得不让人心寒。

二、预防单位犯罪的有效途径

（一）要加强单位的普法教育，尤其是要增强决策者的法制观念

只有增强法律观念，企业才能够做到用法律来规范自己的行为，我国正处于社会主义初级阶段，国民的法律素质普遍不高，针对这种情况，加强企业员工特别是决策者的法律素质就非常必要，而普法教育是提高法律素质最有效的措施。

单位犯罪在通常情况下，均是由单位领导研究决策后实施的。一般的员工未经单位决策以单位的名义实施犯罪行为，事后又不能征得单位的认可，那么这一行为并不能构成单位犯罪，因此，提高领导者的法制观念更显得尤为重要。

（二）对现有单位进行公司化改革，建立和完善现代企业制度

改革开放以来，我国进行了经济体制改革。发展社会主义市场经济，企事业单位有了自主权，直接地面对市场。现代企业制度要求：“产权明晰、责权明确、政企分开、管理科学。”只有真正地建立起现代企业制度，才能减少甚至杜绝单位犯罪的发生。同时必须完善企业内部的决策方式和监督机制，防止过去那种“一言堂”现象的出现。

（三）加大打击力度，威慑犯罪分子

必须加大对目前所发生的单位犯罪现象的打击力度，对于一些典型案例要认真分析并当作反面教材广为宣传，借以引起企业的重视，威慑意图进行单位犯罪的犯罪分子，特别是领导者，使得有这种想法的单位能够悬崖勒马，放弃实施单位犯罪的念头，改过自新。

（四）政府应当完善相关法律制度

由于三聚氰胺不允许被添加到食品中，国际食品法典和国家标准，并没有对奶粉中三聚氰胺的含量等进行规定，因此监管部门不进行有针对性的检测并非过错，但是政府监管部门应该引以为戒，提高监管的预见性。三鹿毒奶粉事件的发

生是我国市场发育不成熟的表现，司法救济[①]和责任追究是纠正市场失灵的重要方式，但是我国在这方面的法律制度显然还有待完善。

目前单位犯罪大都集中于经济领域，严重的单位犯罪将危及国计民生，破坏正常的市场经济秩序，必须采取有效措施加以预防。预防单位犯罪依靠企业的道德良知是一方面，而不断完善我国的法律监督体制，加强政府在此方面的监管力度，通过法律手段规范企业的生产经营行为才是根本之策，而这，需要我们法律人的共同努力。

① 司法救济：指当宪法和法律赋予人们的基本权利遭受侵害时，人民法院应当对这种侵害行为作有效的补救，对受害人给予必要和适当的补偿，以最大限度地救济他们的生活困境和保护他们的正当权益，从而在最大程度上维护基于利益平衡的司法和谐。

“滕县追求直辖”引发的法制思考

中南财经政法大学法学院　余灏文

摘要　“滕县追求直辖”曾引起“数万人签名向国务院请愿”的轰动效应，被评为2007年度十大宪法事件之一。然而除了宪法上应该对这种地方行政力量分配与经济利益不相适应的冲突进行讨论和思考外，我们应该进行更深层次的思考，务求能找到更具体、更细致的解决办法。

关键词　利益诉求　行政力量分配　管辖　经济利益协调

事件简介　19年前的两份红头文件，虽然只相距数月，却给山东省滕州市送来了不同的命运。两份文件的主题都是“撤销滕县设立滕州市”。第一份是由国务院1988年3月7日发出，以批复的形式，同意“撤销滕县，设立滕州市（县级），由省直辖”。第二份则是山东省人民政府于稍后发出的通知，在转发上述批复后，通知称：“省政府确定，滕州市由枣庄代管”。①

按照前一份文件，滕州市将获得期待已久的独立地位，以及用人、财政上的自主权，而后一份文件，则重又把这一权力收归枣庄市。

马克思主义理论告诉我们，经济决定政治文化。从这起法律事件的争端中看出，经济原因是一个不可忽视的事由。新闻报道中主要提到几点：滕县在1979年划归枣庄市；在此之前，滕县一度是山东南部的工农业重地；它地处矿区，资源丰富，一直保持着良好的经济发展水平。划归枣庄之后，滕州市的发展速度和整个枣庄地区并不一致。这一现象，被许多滕州人称作“小马拉大车”。他们认为正是枣庄市的代管，严重束缚了滕州市的经济发展。然而山东省人民政府的文件，让滕县人多年夙愿化成泡影。这次事件中，我认为体现出来的问题主要有两个方面。

① 张伟．山东强县追求省直辖万人签名向国务院请愿，《中国青年报》2007年11月14日。

一、我国当代政治制度中利益诉求与行政力量分配

在这个事件中，很显然最终被落实执行的是后一份文件，也就是山东省人民政府的通知。然而两份文件的精神却完全南辕北辙。因此我认为其中最大的问题是，山东省人民政府对于国务院发出的批复，为何胆敢下达一份与国务院批复完全相反的指示文件，而这份文件又为什么会被最终执行？为何后来国务院对于被完全颠覆的批复的精神不闻不问？

在当前经济飞速发展的我国，尤其在改革开放以后，“先富带后富”的手段成为了我国地区经济发展的指引性政策。相当一段时间以来，地区之间的贫富差异、社会分化成为一种不可回避的现实问题，利益的多元化和冲突性也日渐突出、繁杂。这种发展不平衡导致的矛盾在本次事件中尤为突出。滕县和枣庄之间的经济差距，其实并不仅仅是一种分配制度不公的利益之争，更为突出的是不同群体在表达和追求自己利益的能力上也存在着巨大的差距。从根本上说，日益加剧的滕县这个强县脱离枣庄这个弱市的过程，本身就是社会权利不均衡造成的。换句话说，所谓强和弱只是相对而言，此消彼长，从经济发展上说，滕县比枣庄更强；然而从行政力量上说，两者则刚好相反，正是这种强弱的差距，勾勒出利益博弈的复杂性和长期性。

我们知道，在一个利益分化的社会中，表达和争取自己利益的行为，意味着社会政治的参与。这样的参与就包括利益诉求的表达，以及为了争取利益的实现而采取的施加压力等各种方式，而这也就往往成为社会冲突的源头，参与危机也往往因此而生。所谓参与危机，是指参与的需求总是产生于社会矛盾和冲突多而严重的时期。我们可以发现市民的权益，同行政权力相比，存在严重的失衡——官方可以选择沉默，以大局为重，而市民的利益诉求，却难以找到有效的表达。于是，参与危机便难以避免地发生了。这当中尤以滕州民间向当时的滕州市委书记发出落款为“离休干部1 600人、滕州市人民代表312人、滕州市民众12.5万人”的公开信和数万人签名向国务院请愿以及较为理性的起诉山东省政府、要求撤销省字号“代管”通知等最为突出。

二、当代我国地方管辖制度与经济利益协调间的矛盾

前文提到当地群众在争取经济发展自主权上的不同声音。但是，有关部门对民众的诉求总是不管不问，或是采取打压的态度，这种做法显然并不妥当。其实

放任和加剧持久的冲突无益于问题的解决，当地领导应当对民众的利益表达给予重视和解决，应当主动开启市民参与的大门，并且用这种有效的制度安排来容纳和规范参与。地方经济的差距作本就是事实，而弱市对强县的所谓“盘剥”还是合理分配，这需要当地领导正视而理性地对待，做好自上而下的解释说服工作；更主要的是要作好区域协调、共同发展这篇大文章，其中的主线包括缩小地区差距，均衡基本公共服务，科学把握区域协调发展等基本内涵。

我认为这涉及到我国地方管辖制度中的漏洞，或者说不完善，直接体现为枣庄市和滕县两级地方行政机构之间的矛盾。通过查阅资料得知，我国地方治理具有三重性，其中的典型是县域治理，具有几千年的一贯性。目前我国县治结构通常包括直辖市管县、省管县、地级市管县三种形式，而其中又以地级市管县为实际应用最多的形式。同时我了解到新中国成立 50 多年来，县治形式不断变化，但总的指导原则是发挥上级和县域两个积极性。

然而宪法告诉我们，在行政区划中一个重要的原则是有利于经济发展。从具体数据上分析，2003 年，枣庄市除滕州市外的其他 5 个区，财政总收入为 6.41 亿元，而滕州市的财政收入则为 19 亿元。枣庄市总人口数为 360 余万，而滕州市的总人口数量则达到了 157 万。显然滕州市已经凭借自身良好的经济基础和资源优势成为了经济发展的一个“强市”。然而却没有能够得到更多的发展空间，这不得不让人扼腕。而据其他报道中提及，18 年来，枣庄市上扣国家向滕州的财政拨款，下收滕州属地的税收，而且据闻枣庄市发展缺乏科学规划，违背产业政策，间接导致滕州的生态环境千疮百孔。这些都使得滕州当地的可持续发展受到严重制约。①

我认为导致这一矛盾的原因是我国在地方管理机制上监督力度不足，或者说缺乏良好的监督机制。因此出现了许多类似的案例，中央下达的指示到了地方无法得到全面的贯彻和落实，甚至变了个样。而国务院对于下达的指示“不闻不问”，我认为除了无暇顾及以外，无从下手也是一个重要原因。滕县的案例不过是由于坚持不懈的抗争而被置于高光之下的一个典型而已。

诚然，我国实行单一制的国家结构形式有利于中央对于地方事务的管理和决策，也有利于对全局经济发展的调控以及资源的分配。然而缺乏相配套的监督机制，所有英明的决策只会是人民心中美好的愿望而已。因此我认为在实行单一制

① 张伟. 山东强县追求省直辖万人签名向国务院请愿，《中国青年报》2007 年 11 月 14 日。

的国家结构形式以外，宪法中应该有关于政务监督和反馈制度的规定，并建立合适的惩罚机制，通过宪法精神将中央决策彻底落实。西方国家中的权力制衡思想在这方面值得借鉴。因此我认为建立这样一个监督机制十分有必要。

虽然我国当前的形势注定这样的监督机制的建立会是一个漫长的过程，然而正如我国的现代化进程一样，在经过长期的努力后，相信终将得到逐步完善并被忠实地执行。希望枣庄市和滕县之间的争端不会在我国的法治发展历程中再次发生。

“云南女马加爵案”：关于女大学生犯罪的哲学化思考

中南财经政法大学哲学院　宋　倩

摘要　本文主要利用哲学理论中内因与外因的相互关系理论分析女大学生的犯罪原因，并根据哲学唯物论中物质与意识的关系理论探寻预防女大学生犯罪的策略，以期达到遏制和减少女大学生犯罪的目的。

关键词　女大学生　犯罪　原因　对策

案情简介　2007 年 12 月 19 日，云南省丽江公路管理总段路桥公司一项目负责人木鸿章突然“失踪”。几日后，接报后的丽江玉龙县警方发现，木鸿章已于 2007 年 12 月 19 日深夜遭人杀害并被分尸。随着侦查工作的推进，幕后凶手逐渐浮出水面：张超，云南大学旅游文化学院 19 岁的大二女学生，据多方证实，张超与木鸿章之间是包养与被包养的关系。2007 年 6 月份，张超在“天上人间”夜总会与被害人木鸿章认识后，长期交往，关系暧昧。

2007 年 12 月上旬，张超与其恋人谢宏一起来到昆明，约见谢宏在昆明认识的朋友陈光吕。谢宏编造丽江有人欠他钱，请陈光吕帮忙一起讨债。12 月 16 日，谢宏打电话通知陈光吕到丽江，陈光吕 17 日凌晨到达丽江。12 月 18 日、19 日两天，谢宏、陈光吕陆续购买了尼龙绳、橡胶手套、黑色塑料垃圾袋等作案工具，在移动营业店购买了两张不须用身份证登记的 159 手机卡，并于 19 日将购买的其中一张手机卡交给了张超，张超从 19 日下午 14 时 22 分开始用手机不断地给木鸿章发短信联系，邀约相会。

19 日 20 时许，被害人木鸿章驾车来到张超租住的出租房楼下，张超下楼将木鸿章接到房间，木鸿章进入房间后被躲在门后的谢宏、陈光吕用刀逼住，谢宏持刀威逼木鸿章说出了银行卡密码后，由谢宏在出租房内看住木鸿章，张超、陈光吕两人换上事先准备好的衣物，骑自行车赶到事前踩好点的丽江市医院门口的农行自动取款机上蒙面取出人民币两万元。

返回出租房后，三被告人商议后害怕木鸿章报案，决定将其杀死。被害人死后，又被三人一起碎尸，尸体共被切割成达260余块，并被抛置于多处。

案发后，张超于2007年12月23日在丽江被抓获归案，被告人谢宏、陈光吕于2007年12月25日在昆明被抓获归案。

丽江市人民检察院以抢劫罪和故意杀人罪提出控诉，一审法院判决三人构成抢劫罪，张超、谢宏判处死刑，陈光吕判处死缓。三人不服，均提出上诉。云南省高院依法判决报请最高人民法院进行复核。最高法院审理后认为张超虽参与犯罪，但是未直接实施杀死被害人的行为，其作用小于谢宏，不排除张超被谢宏利用的可能。且归案后认罪态度较好。综合考虑丛案的犯罪事实和情节，对张超判处死刑可不立即执行，故改判张超“犯抢劫罪，判处死刑，剥夺政治权利终身，并没收个人全部财产”为“被告人张超犯抢劫罪，判处死刑，缓期两年执行，剥夺政治权利终身，并处没收个人全部财产”，同时核准谢宏的死刑裁定。

诗一样的古城丽江，和往常一样迎接着中外游客的到来。阳光未减，空气中却弥留着些许阴冷。美丽的地方发生了让人震惊的事件：一名大二女学生伙同男友雇凶杀死了包养自己的情夫，并将其“分尸260余块”，丢弃在“丽江城的大街小巷”。这名19岁的女大学生名叫张超，就读于云南大学旅游文化学院。3年零10个月前，该校有另一人也曾震惊全国——马加爵。

如果马加爵案件使我们更加关注大学生犯罪的现象，那么三年后发生的“女马加爵”张超杀人碎尸案引起了我们对女大学生犯罪现象的更深层次的思考。

一、女大学生犯罪的原因

唯物辩证法认为，事物的发展是内因和外因共同起作用的结果。内因是事物变化发展的根据，外因是事物变化发展的条件，外因通过内因起作用。依此类推可知，女大学生犯罪现象的出现，一定是由个人因素和社会因素等多方面导致的。

（一）个人因素

内因是事物变化发展的根本原因。外因总是通过促使内部矛盾双方情况的变化而推动事物运动、变化和发展，绝不能撇开内因而单独起作用。由于心理发展不成熟、情绪不稳定，当女大学生面临一系列生理、心理、社会适应的问题时，心理冲突矛盾时有发生，这些矛盾若得不到有效疏导、合理解决，久而久之会形成心理障碍，以致做出一些过激的行为，以泄其愤。所以，女大学生的内在心理因素对女大学生发生犯罪起到了决定性的作用。

首先，不成熟的恋爱心理是女大学生犯罪的一大因素。焕发着青春朝气的大学时代，青年期性机能的成熟与性意识的觉醒，引起了女大学生心理上的微妙变化。如今随着人们的社会观念和生活方式的改变，恋爱问题已渗透到她们的学习、生活、人生态度、理想等各方面。然而，由于女大学生的恋爱心理并未完全成熟，她们心理波动大、易冲动，加上她们社会阅历浅，在复杂的社会环境下，如果缺乏正确的引导，她们就很容易走上歧途，甚至诱发犯罪。这类犯罪在女大学生犯罪中占有相当比例。

其次，在市场经济的冲击下，部分女大学生的价值观和道德观发生了改变和错位。她们高消费心理突出，把穿名牌服装、买高档商品看成一种时髦。有的甚至把物质利益作为衡量个人成败得失的尺度。对物质享受和满足虚荣的过分追求诱发和刺激了女大学生们去进行偷盗、抢劫、诈骗等违法犯罪活动。有的女大学生甚至抛弃了个人的基本道德，出卖肉体、出卖灵魂。

再次，贫富差距导致心理失衡。目前，因家庭困难造成经济紧张而陷入困境的大学生在大学里占有相当大的比例。据统计，每年全国26.4%的大学生支付不起学费，13.5%的大学生甚至连生活费用都成问题。高额的学费与生活开支增加了他们的心理负担，而贫困的女大学生的心理负担尤甚。经济的窘迫使她们特别自卑和敏感，她们不愿让同学知道她们的情况，她们的苦闷只能压抑。一旦有什么事伤及她们的自尊，导致心理失衡，她们就很有可能走上犯罪的道路。

（二）社会原因

唯物辩证法中提到，外因是事物变化发展必不可少的条件，有时甚至还会起着非常重大的作用。张超在看守所中写的4 000字《上诉事实及理由》中提到："我曾经也是个天真、稚嫩的孩子，由于社会不良风气的影响才走到今天这步田地。而在之前的19年内，我并无犯罪史，更不是那种十恶不赦的人。"可见，社会原因在促使女大学生犯罪方面的影响是十分巨大的。

二、预防女大学生犯罪的有效途径

马克思曾指出："人的本质并不是单个人所固有的抽象物。在其限实性上，它是一切社会关系的总和。"[①] 正确道德观和良好行为习惯的养成，并非是一朝一夕之功，也绝非权力所能奏效。所以预防是减少大学生犯罪的最有效的途径。

---

① 《马克思恩格斯选集》第1卷，人民出版社1972年版，第18页。

从物质与意识的辩证关系中可知，世界上先有物质后有意识。物质决定意识，意识对物质有能动作用。意识能够正确地反映物质，而且正确的意识能够促进事物的发展。所以，在胡锦涛总书记强调倡导社会主义基本道德规范，国家在促进良好社会风气的形成和发展的同时，当代女大学生还必须从社会的实际出发，培养正确的人生观、世界观和价值观，运用正确的思维方法来引导自己。具体说来有以下两点。

（一）加强对女大学生的心理引导，培养良好的心理素质

引导女大学生控制情绪，消除其人格障碍。针对女大学生特殊的生理和心理特点，学校可以有意识地开展生理、心理健康知识讲座、开设女大学生心理咨询机构，帮助她们形成健康向上的心理，提高应对挫折的能力。学校的心理健康教育应该渗透在教育观、人才观和生活观中，教育模式也应以预防性为主，教育领域应从人格辅导扩展到学习、职业、生活辅导等多方面。

（二）重视对女大学生的理想信念教育

对女大学生进行“自尊、自信、自立、自强”的“四自”理想信念教育是非常重要的，帮助她们提高对社会现象的认识、分析和辨别能力，增强她们对社会负面影响的免疫力。帮助她们克服女性的个性缺陷，发扬自身优势取长补短，树立健康的价值观和远大的理想。

综上所述，虽然女大学生犯罪现象日益增多，但是通过哲学化的分析，女大学生犯罪原因和防范女大学生犯罪的策略变得清晰。相信通过国家政策法规的促进和现代女大学生的不断努力和进步，女大学生犯罪现象将在不久之后得到改善。

从“姐姐捂死精神病妹妹案”看刑法的公众认同问题

中南财经政法大学法学院　陆琳莎

摘要　近年来，刑法规范的大量出台以及刑法理论的日益专业化、系统化，使得公众越来越不懂法，其不认同刑法的现象屡见不鲜，刑法理论也日渐与实务脱节，这并非立法者制定刑法之初衷，也将不利于我国法制建设。

关键词　刑法　公众认同　利益均衡

案情简介　2001 年 6 月，家住四川的廖志勇一家由于二女儿廖娟娟的一场高烧陷入了无尽的痛苦之中，因为女儿高烧留下了后遗症——成为了“狂躁型器质性间歇精神病”患者，而且久治不愈。

2007 年 8 月 10 日，廖娟娟被送入彭州一家精神病院，但由于没有家人陪护，娟娟十多天不吃不喝。8 月 21 日，廖志勇夫妇带着大女儿廖婷婷一起去看望娟娟，随后，为了减少陪护费用，婷婷主动要求留下来照顾妹妹。当天，廖婷婷亲眼看见妹妹大小便失禁等一系列惨状，8 月 22 日凌晨 1 时，婷婷用枕头捂死了熟睡中的娟娟，两个小时后婷婷拨通了 110……

2008 年 2 月 26 日，彭州市人民法院开庭审理此案，认为婷婷的行为构成故意杀人罪，但有减轻情节，“判三缓五”（有期徒刑三年，缓刑五年），随后，彭州市人民检察院提起抗诉。

2008 年 7 月 23 日，成都市中级人民法院作出终审判决，驳回抗诉，维持原判。

至此，备受关注的“姐姐捂死精神病妹妹”案终于尘埃落定，但对此判决社会各界众说不一。

本案中，廖婷婷的行为构成故意杀人罪无可厚非，然而对于廖婷婷的量刑却是一波三折。案发后，廖志勇一家四处鼓动公众为婷婷向法院“说情”，网络上也不断上演着“婷婷保卫战”，据新浪网的调查，70% 的网友认为婷婷杀人情有可原，而报纸杂志也纷纷发表文章为婷婷叫屈，于是，在公众的“共同意愿”下，一审法院从轻发落了。然而，该市人民检察院认为本案并不具有从轻处罚的情节，以“婷婷杀死妹妹社会危害性极大，不适用缓刑，法院判决量刑畸轻”为由向上级法院提出了抗诉。顿时，社会上一片哗然。绝大多数民众表示极其不理解，并声讨该检察院工作人员，称其毫无人性，泯灭良知。约半年后，成都市中级人民法院作出终审判决，驳回检察院的抗诉，维持原判决。成都市中级人民法院作出此判决的理由是：“婷婷因特殊起因和动机而对家庭成员实施犯罪，与其他严重危害社会治安的故意杀人犯罪有着明显的区别。”那么，这“明显的区别”到底是什么呢？是廖婷婷杀人行为的社会危害性小吗？是身体残缺的廖娟娟的生命权可以遭到蔑视吗？

一定程度上来讲，这是刑法对公众的屈服。这是由公众认同代替应有的刑法要义而作出的判决。在这里，我们不禁要反思中国的刑法与公众认同的关系。

一、中国的刑法需要公众的认同

刑法，由于其本身的强制性与阶级性，在过去很长一段时间里被认为是国家单方面的一种强制性规范。但是现实情况却是随着一个个刑法规范相继出台、刑法理论体系日益完善，我们的公民却似乎越来越不懂刑法，法律的理论与实务渐渐脱节。然而，公民才是刑法所约束的主体，犯罪的主体也是公民中的一员，那么，对他们的惩罚到底是否需要他们的认同呢？换言之，刑事司法实践是否需要公众的认同呢？笔者认为，答案是肯定的。

（一）刑法本身就能体现公众的意志

我国是人民民主专政的法制国家，广大人民是国家的主人。全国人民代表大会及其常务委员会是我国的立法机关，由全国人民选举出来的代表所做的立法必然会在一定程度上体现全国人民的共同意志。当然，刑法作为宪法位阶下的一部极其重要的法律，必然要具备极强的专业性与规范性，规范社会秩序是其根本任务，从这一点来看，刑法又并非完全是普通公众的简单认同。但是，刑法的制定毕竟来源于生活，与公民认同同根同源，实乃众望所归。

（二）公众意志与刑法法益存在内在一致性

刑法对社会关系中的各种利益予以确认、保护和否定，通过对法益的保护以及社会秩序的维护来完成它应有的使命。法益是一种生活上必须给予保障的生活利益，任何人为了生存和发展，必须认同并保守一些重要利益。在公众确认生活利益的重要性以后，立法者也会情同此心，以刑法典的形式固定、确保这些利益。[1] 于是公众意志与刑法法益之间就有了很好的契合点。任何公民都有着认同、忠诚于刑法规范的内在动机，因为每个人都清楚，如果人人都认同法律规范，人人都去遵守，那么这个社会必将井然有序，每个人都可以在和谐的环境中做自己的事情。反之，若有人违反法律规范，那么该行为就会冲击本应安定的社会秩序，这想必是任何人都不想看到的，每个人的心中自有一杆秤，经过一番权衡，人们最终会保持对法律的认同感。

（三）刑法需要公众认同

一个法律规范，要想实现其对公民行为的规制作用，维护社会秩序，首先必须得到公众的认同。无论制定怎样的法律，立法者的初衷都是预防规范人们的行为而并非对人们违反法律规范的行为作出事后的惩罚。因此，要想刑法切实实现其法益，切实维护社会的良好秩序，它事先必须得到公民的认同。随着法治的发展，刑法规范的日益专业化，使刑法越来越疏离公众，公众对其日渐具有距离感和模糊感，在这种情况下，要想公民遵守刑法，就会出现很大的障碍，这对于我国本身薄弱的法制建设来说，无疑是雪上加霜。刑事法律规范作为一个外因，必须通过公众认同这个内因来起作用。只有克服公众对刑法的疏离感，使其认同刑法，将其内化为自我约束的思想机制，公众才能自觉守法，社会才能真正安宁。强加给公众的、或者说完全不为公众所认同的法律，其实践结果只会换来公众的不理解，整个社会将离井然有序的法治社会越来越远。

二、保持公众认同与刑法间的张力，实现社会利益均衡

有一点必须指出，公众认同目前不可能达到与刑法的完全一致，我们必须保持公众认同与刑法间的张力。本案中法院的最终判决，看似完全符合了民意，然而这却是对司法独立、对刑法要义的一种威胁和破坏。刑法，不可能完全因为公众期待什么就制定出怎样的规范或者作出怎样的判决。

（一）公众认同具有主观性，难以实现社会利益的均衡

一些学者在提出刑法的公众认同问题时，曾经强调此处的公众并非指社会舆论、并非指公民的大多数，而是指一个法规范共同体。但是笔者认为这种法规范共同体的意志在目前我国法制建设相对落后、法律观念尚未完全普及的情况下难

① 陈兴良. 法治的界面，法律出版社，2003 年，第 431 页。

以从普通大众中抽象出来，我们姑且还是把公众认同停留在普遍民意这个较为浅显的基础上，毕竟这是升华到法规范共同体的必经之路。

作为一种意志，公众认同本身就具有一种强烈的主观性，加之公众对专业化刑法的不理解，他们的意志往往会与刑法规范有出入。如本案，在普遍的民众意志压力下，法院最终轻判了廖婷婷。然而廖婷婷真的就应只受到判三缓五的惩罚吗？这是刑法罪责刑相适应原则的体现吗？答案显然是否定的。廖婷婷之所以受到轻判，是因为公众意志为她撑起了一把牢不可破的保护伞，大家认为她情有可原，不想再让廖家承受更大的痛苦，毕竟法律也不外乎人情。也许，我们应该为公众有如此善心而感到欣喜，但是，善良的公众们是否考虑过廖娟娟这个真正的受害者呢？作为一个弱者，她仅有的残缺的生命就这样被她的亲人肆意剥夺的事实难道就没有人看到吗？廖娟娟的生命权就不能受到刑法的保护了吗？公众意志的主观片面性在此可见一斑。他们保护了廖婷婷，那么弱者的利益谁来保护呢？如果以后再完全按照公众的此种善意来进行司法实践，那么，我相信廖娟娟的悲剧会再次发生，刑法对犯罪的预防性功能将不复存在，弱者的利益将无从得到保障，整个社会将失去平衡。

（二）公众认同具有不稳定性

人类社会在历史车轮的滚动下不断地前行，人的意识亦是如此。随着社会的不断变革，公众的行为观、价值观都会随之改变。我们能让刑法与公众意志完全保持一致吗？当然是不能的。刑法作为一种强制性规范，必须具有很强的稳定性，如果让其随公众意志不断变化，那么公众自身将失去对其行为的预先评价，人们不知道何种行为是合法的，何种行为又是为法律所不容的，整个社会人心惶惶，何来安定与法治可言？

那么，怎样处理好刑法的公众认同问题呢？笔者认为，应该将公众意志抽象出来，使刑法既能反映公众意志，同时也对其进行包装提炼，巧妙地去适应不断变化中的公众认同，从而使二者有机地结合，达到利益的均衡，共同为建设法治社会服务。

从能源环境视角：评2008年极端恶劣天气引发南方严重灾情

中南财经政法大学金融学院　孙程程

摘要　2008年恶劣极端天气引发南方严重灾情，给人们带来了巨大的损失，在悲伤之余，我们更应该清醒地认识到灾难背后所隐藏的一系列问题。本文通过分析灾情出现的原因，发现我国能源危机问题凸显，并提出了相关的问题解决方案。同时，进一步说明了环境保护和环境法制完善的重要性，呼吁人们在灾难过后理性地分析问题，善待环境。

关键词　南方灾情　能源危机　环境法制

事件简介　2008年中国环境历史大事件上，值得一提的莫过于极端天气所引发的南方入冬灾情。2008年初，一场历史罕见的低温雨雪冰冻灾害天气降临南方大部分地区，持续时间长，波及范围广，影响程度大。持续低温雨雪冰冻天气给湖南、湖北、安徽、江西、广西、贵州等20个省（区、市）造成重大灾害，特别是对交通运输、能源供应、电力传输、通信设施、农业生产、群众生活造成严重影响和损失受灾人口达1亿多人，直接经济损失达1 111亿元，农作物受灾面积和直接经济损失均已经超过2007年全年低温雨雪冰冻灾害造成的损失。

长江中下游及贵州雨雪日数为1954至1955年以来历史同期最大值，冰冻日数为历史同期次大值。其中湖南、湖北雨雪冰冻天气是1954年以来持续时间最长、影响程度最严重的，贵州43个县（市）的冻雨天气持续时间突破了历史记录。这次严重的极端天气所引发的灾情，在中国历史上可以称之为“半世纪或百年一遇，历史罕见”。

一、南方重灾情出现的原因

（一）自然界原因

气象专家认为，造成这次南方出现重灾情的自然原因主要是大气环流异常和拉尼娜现象的爆发。强大的冷空气遇上了活跃的暖气流，受西北太平洋副热带高压阻挡，造成大范围冻雨的出现。“当强大的冷空气与来自南方的暖湿气流相遇时，雨雪天气就容易发生；我国东部地区的水气条件又比较好，江河湖面多，就使得降水更易发生；而且，这次的冷空气与以往不同，是一个缓慢的补充过程，冷暖空气不断在长江中下游地区交织聚集，就出现了持续不断的雨雪天气。”

（二）社会原因

1. 全民预防灾难的意识不强

事实也确实让人困惑。2008 年元旦之后，华中、华东、华南、西南各地阳光明媚，许多城市气温高达 20℃，人们以为又迎来一个“暖冬”。可随后，一场 50 年罕见的雨雪冰冻天气，使半个中国陷入了前所未有的混乱之中。人们似乎已经习惯了过“暖冬”。惯性的思维方式让人们对极端恶劣的天气带来的严重灾难估计不足，防灾准备工作不充分。

2. 防、抗灾基础设备设施落后

抗灾的过程既是一场人类与大自然的对抗，也是一场人力与机械化的较量。在基础设施方面，除冰、扫雪机械设备严重不足。冻雨使电线不堪承受超过其一般承受重量的设计标准而纷纷断裂，受灾地区出现前所未有的“电荒”。同时，冻雨的降临使得地面异常湿滑，交通运输出现短时间的“瘫痪”状态。春节期间，大批返乡过年的旅客滞留在火车站，一些群众因交通运输系统的瘫痪而无法回家过年。这些都暴露出我国基础设施的落后，欠缺应对紧急、危机情况的能力。

3. 各部门应对灾难的预案不健全

南方首次出现如此大的雪灾，各部门在应对灾难时工作经验明显不足，各部门应对灾情的手段和方法比较单一，缺乏相应的诸多提前预案和紧急方案，使得整个抗灾过程在前期显得有些无序，部门间缺乏联防合作应对机制。

二、我国能源危机问题凸显

（一）天灾暴露能源供给紧张

正如上文中提到的，灾难的出现诚然是各方面综合因素共同作用的结果。由于灾情的出现，使本已很紧张的电力供应，更不堪重负，一时间全国“荒”成一片，煤荒、电荒、油荒、气荒。供电、供水、供油、铁路、公路、民航全部亮起红灯，数十万人滞留在汽车站、火车站、飞机场和高速公路上。

我国能源资源可利用总量比较丰富，结构以煤炭为主，一次能源的生产能力在 20 世纪 80 年代以来有了长足发展，基本满足和支持了我国经济与社会发展的能源需求。但是随着我国工业化进程的发展，能源消费总量增加较快，一次能源消费中对石油的需求不断增加。种种迹象表明，中国成为煤炭、钢铁、铜等世界第一消费大国、继美国之后的世界第二石油和电力消费大国后，主要能源和初级产品的供求格局发生了较大变化，资源对经济发展的制约作用开始显现，且差距越来越大。现在中国的原油对外依存度接近 50%。中国能源问题的特点是人口基数大，人均消费量低，经济高速增长，能源需求增长快，而且增长潜力很大。

（二）能源体制亟须改革

1. 中国能源领域问题及原因剖析

从表面上看，“荒情”的出现是，冰冻雨雪灾害天气导致的电线损坏，电力供应困难，铁路、道路的损坏导致煤炭运输困难。但这都说明伴随着我国经济的飞速发展，能源耗费、能源浪费现象严重。能源供求与经济发展的协调、能源体制改革已经成为一个亟须面临和解决的问题。

在目前电煤价格放开，销售电价格在受到政府管制的条件下，进行以厂网分开和竞价上网为核心的电力改革，无论对于电力行业还是煤炭行业都存在着极大的风险。第二次煤电联动至今煤炭价格累计涨幅过大，尤其是 2008 年重点合同电煤价及市场价均出现显著上涨，导致发电企业生产热情急剧降低，与煤矿之间长期达不成一致的煤价协议，造成电厂供煤不正常。能源问题的出现也与我国煤、电、运等行业的改革进程不同、市场化不同以及宏观改革的配套、能源产业发展政策的制定等息息相关。

2. 能源问题解决方案

（1）建立能源价格决定机制，公平分配产业链各环节利益。建立全面完整的能源价格决定机制须要考虑到平衡能源产业链各环节的利益公平分配问题，在产生市场经济与社会生活的矛盾、资源稀缺与可持续发展的矛盾、公共利益与商业利益的矛盾时，需要能源产业链各环节共同承担社会责任，在煤电两行业利润已经重新合理分配、电网高垄断利润而经营效率低的情况下，公平分配煤电产业链诸如煤炭、发电、电网各环节的利润。

（2）能源行业、部门进行全面统一的规划和管理。明确政府职能，强化政府效能。中国的能源管理的职能部门比较分散，各自为政，很难形成综合有效的管理。其中，煤电问题分别由国家发改委、国家安监总局和国家电监会分而管之。煤炭企业由煤炭部门监管，发电企业由电监部门监管。当两个监管部门监管不能协调，甚至存在着严重的部门利益冲突的情况下，电煤供应不足几乎不可避免。如果对全国能源的可持续发展制定相关政策、发展战略和规划，那么，当发电企业和煤炭企业发生利益冲突时，将能得到公正的调和，不至于通过电荒来解决。因此，政府有必要成立一个能源综合管理部门来对全国能源的可持续发展制定相关政策、发展战略和规划来集中力量统一调控能源问题。

（3）开源节流，提高资源使用成本。从资源供求角度分析不难知道，如果资源价值随人们需求的满足而不断贬值，无偿或廉价得到自然资源，会进一步减退资源价值，也造成资源使用的浪费和效率低下。这也是我国资源浪费严重、资源危机重重的症结之所在。

三、灾难、危机的背后——中国环境保护和环境法制完善的重要性

法律往往是利益集团冲突的一种均衡选择，它具有公共选择性和权威性。法律会对行政权力起约束作用，政府相关部门就必须依法和执法。妥善地处理资源与环境、经济发展与环境保护的关系是未来中国社会的一项基本政策。作为一名大学生，在学习书本知识的同时，要关乎民生、了解时政、体察民情、捕捉最新资讯。灾情已经过去，但灾难带给我们的问题和思考、远没有结束。环境的维护、资源的保护，需要全社会、整个民族和国家的共同努力。我们不希望因为资源的短缺，再有片刻人为“黑暗”的出现。

参考文献

[1] 张文显. 法理学［M］. 北京：高等教育出版社，北京大学出版社，1999.
[2] 沈宗灵. 现代西方法律哲学［M］. 北京：法律出版社，1983.
[3] 何勤华. 西方法学史［M］. 北京：中国政法大学出版社，1996.
[4] 贺卫方. 中国法律教育之路［M］. 北京：中国政法大学出版社，1997.
[5] 茨威格特·克茨. 比较法总论［M］. 潘汉典等译. 贵阳：贵州人民出版社，1992.
[6] 唐坤，苏民. 儒释道与人生［M］. 武汉：湖北人民出版社，1998.
[7] 吴汉东. 法学通论［M］. 北京：北京大学出版社，2007.
[8] 刘献君，胡树祥. 思想道德修养［M］. 武汉：武汉大学出版社，1998.
[9] 冯向东. 大学生思想品德修养［M］. 华中理工大学出版社，1994.
[10] 刘瑞复，李毅红. 思想道德修养与法律基础［M］. 北京：高等教育出版社，2008.
[11] 王伟伟. 论法治过程中道德因素的影响［N］. 光明日报，2003-02-10.
[12] 冯军，刘涛. 德性、知识、理性、经验——法官的素质解读［J］. 学习与探索，2004（1）.
[13] 周叶中. 宪法［M］. 北京：高等教育出版社，北京大学出版社，2000.
[14] 任进. 齐玉苓案宪法适用的若干问题［J］. 国家行政学院学报，2002（1）.
[15] 韩大元. 中国宪法事例研究（一）［M］. 北京：法律出版社，2005.
[16] 周伟. 宪法基本权利司法救济研究［M］. 北京：中国人民公安大学出版社，2003.
[17] 张千帆. 宪法学导论［M］. 北京：法律出版社，2004.
[18] 齐文远，刘艺乒. 刑法学［M］. 北京：人民法院出版社，中国社会科学出版社，2003.
[19] 高铭暄，马克昌. 刑法学［M］. 北京：北京大学出版社，高等教育出版

社，2000.
［20］马克昌. 刑罚通论［M］. 武汉：武汉大学出版社，2002.
［21］赵秉志，吴振兴. 刑法学通论［M］. 北京：高等教育出版社，1993.
［22］张晋藩. 中国法制史［M］. 北京：中国政法大学出版社，2002.
［23］任东来等. 美国宪政历程：影响美国的25个司法大案［M］. 北京：中国法制出版社，2004.
［24］杨亮庆. 辛普森案的辩方律师谈中美法律热点［N］. 中国青年报，2001-3-26.
［25］李立众. 刑法一本通［M］. 北京：法律出版社，2003.
［26］朱新蓉. 金融学［M］. 中国金融出版社，2005.
［27］曹诗权. 婚姻家庭继承法学［M］. 北京：中国法制出版社，1999.
［28］吴汉东. 知识产权法通识教材［M］. 北京：知识产权出版社，2007.
［29］曹新明. 知识产权法学［M］. 北京：中国人民大学出版社，2008.
［30］郑成思. 知识产权法教程［M］. 北京：法律出版社，1993.
［31］周冶金. 论大学生心理素质结构［J］. 高等教育研究，2003，24（3）.
［32］王植彬. 现代人才素质概论［M］. 北京：中央编译出版社，1996.
［33］谷口安平. 程序的正义与诉讼. 王亚新，刘荣军，译. 北京：中国政法大学出版社，1996.
［34］徐亚文. 程序正义论［M］. 山东人民出版社，2004：265-272.
［35］樊崇义，夏红. 正当程序文献资料选编［M］. 北京：中国人民公安出版社，2004.
［36］鲁千晓，吴新梅. 诉讼程序公正论［M］. 北京：人民法院出版社，2004：6-18.
［37］郝亚洲. NGO. 兴邦新力量［J］. 北大商业评论，2008（7）.
［38］赵灵敏. 解救“NGO失灵”［J］. 南风窗，2007（3）：64.
［39］朱永新. NGO发展需要更好的制度环境［N］. 新京报. 2007-03-04.
［40］中共中央宣传部理论局. 理论热点面对面·2008［M］. 北京：人民出版社，学习出版社，2008.
［41］马怀德. 法律的实施与保障［M］. 北京：北京大学出版社，2007.
［42］文正邦. 法治政府建构论：依法行政理论与实证研究［M］. 北京：法律出版社，2002.

[43] 姚锐敏. 依法行政的理论与实务 [M]. 北京：法律出版社，2000.
[44] 朱维究. 行政行为的司法监督 [M]. 山西教育出版社，1997.
[45] 方世荣，石佑启. 行政法与行政诉讼法 [M]. 北京：北京大学出版社，2005.
[46] 莫洪宪. 死刑辩护——加强中国死刑案件辩护技能培训 [M]. 北京：法律出版社，2006：48－130.
[47] 陈兴良. 刑种通论 [M]. 北京：人民法院出版社，1993.
[48] 胡笑红. 反垄断第一案被法院裁定不予受理 [N]. 京华时报，2008－09－05.
[49] 陶海青.《反垄断法》实施几大难点 [N]. 财经时报，2008－09－05.
[50] 马原. 中国民法教程 [M]. 北京：人民教育出版社，1989.
[51] 魏振瀛. 民法（第三版）[M]. 北京：北京大学出版社，2007.
[52] 李立众. 刑法一本通 [M]. 北京：法律出版社，2008.
[53] 刘东根，刘宇萍. 刑法 [M]. 北京：法律出版社，2007：79.
[54] 王秉中. 罪犯教育学 [M]. 群众出版社，2004.
[55] 陈兴良. 法治的界面 [M]. 北京：法律出版社，2003.
[56] 丁后盾. 刑法法益原理 [M]. 北京：中国方正出版社，2000.
[57] 郑国光. 气象局：我国正经历一场历史罕见雨雪冰冻灾害 [N]. 人民日报，2008－02－11.
[58] 杨学祥. 厄尔尼诺事件产生的原因与验证 [J]. 自然杂志，2004，26（3）.
[59] 杨学祥. 厄尔尼诺事件的时空特征及其地球物理解释 [J]. 中国学术期刊文摘，2001，7（4）.
[60] 黄全权. 电煤短缺、雪上加霜、全国电煤库存降至2119万吨 [N]. 北京晨报，2008－02－12.
[61] 范思立. 评论：电煤告急求解治本之策 [N]. 中国经济时报，2008－01－09.